# A POLÍTICA ECONÔMICA BRASILEIRA NO PERÍODO 2019-2022

# PAULO GUEDES
# ADOLFO SACHSIDA

# A POLÍTICA ECONÔMICA BRASILEIRA NO PERÍODO 2019-2022

CONSOLIDAÇÃO FISCAL E REFORMAS PRÓ-MERCADO
PARA AUMENTO DA PRODUTIVIDADE

SÃO PAULO | 2024

LVM
EDITORA

Copyright – Paulo Guedes e Adolfo Sachsida

Os direitos desta edição pertencem à
LVM Editora
Rua Leopoldo Couto de Magalhães Júnior, 1098, Cj. 46
04.542-001 São Paulo, SP, Brasil
Telefax: 55 (11) 3704-3782
contato@lvmeditora.com.br

**Editor-chefe** | Pedro Henrique Alves
**Editores assistentes** | Geizy Novais e Felipe Saraiça
**Revisão** | Luiz Henrique
**Preparação de texto** | Alexandre Ramos da Silva e Pedro Henrique Alves
**Capa** | Mariângela Ghizellini
**Diagramação** | Décio Lopes

Impresso no Brasil, 2024

Dados Internacionais de Catalogação na Publicação (CIP)
Angélica Ilacqua CRB-8/7057

| | |
|---|---|
| G958p | Guedes, Paulo. Sachsida, Adolfo |
| | A política econômica brasileira no período 2019-2022: consolidação fiscal e reformas pró-mercado para aumento da produtividade / Paulo Guedes, Adolfo Sachsida. São Paulo: LVM Editora, 2024. |
| | 288 p. |
| | ISBN 978-65-5052-236-0 |
| | 1. Brasil - Política e governo – 2019-2022  2. Ciências políticas  3. Economia I. Título II. Sachsida, Adolfo |
| 24-3715 | CDD 320.981 |

Índices para catálogo sistemático:
1. Brasil - Política e governo

Reservados todos os direitos desta obra.

Proibida toda e qualquer reprodução integral desta edição por qualquer meio ou forma, seja eletrônica ou mecânica, fotocópia, gravação ou qualquer outro meio de reprodução sem permissão expressa do editor.

A reprodução parcial é permitida, desde que citada a fonte.

Esta editora empenhou-se em contatar os responsáveis pelos direitos autorais de todas as imagens e de outros materiais utilizados neste livro.

Se porventura for constatada a omissão involuntária na identificação de algum deles, dispomo-nos a efetuar, futuramente, os possíveis acertos.

## COM A COLABORAÇÃO DE

Ana Carolina Tannuri Laferté
Diogo Mac Cord de Faria
Emmanuel Sousa de Abreu
Erik Figueiredo
Esteves Pedro Colnago Júnior
Fausto Vieira
Hailton Madureira de Almeida
Isabela Sales Vieira
Jeferson Bittencourt
João Daniel Cascalho
Júlio César Costa Pinto
Lucas Ferraz
Marcelo Pacheco dos Guaranys
Marcos Troyjo
Martha Seillier
Pedro Paulo Dias Mesquita
Peng Yaohao
Renata Rosada da Silva
Ricardo Marques Alves Pereira
Ricardo Soriano
Roberto Fendt
Rogério Marinho
Solange Vieira

*Esta é a nossa vida, esta é a nossa canção.*
Twisted Sister, *We're Not Gonna Take It*

# DEDICATÓRIAS

**Paulo Guedes:**

Dedico o livro à minha família, agradeço a indicação do presidente Bolsonaro, a equipe que lutou ao meu lado, e a todos que nos ajudaram.

**Adolfo Sachsida:**

Ofereço o livro à Nossa Senhora de Cimbres. Deixo aqui um pedido a todos os leitores do livro: visitem, divulguem e acompanhem a história de Nossa Senhora de Cimbres. Da mesma maneira que milhares de devotos visitam Fátima por causa das aparições, acredito que devemos fazer o mesmo visitando o distrito de Cimbres que fica na cidade de Pesqueira em Pernambuco. Nossa Senhora fez diversas aparições em Cimbres entre 1936 e 1937, nosso país precisa conhecer mais nossa bela e iluminada história.

Em 2020, no meio da pandemia, vendo o desastre econômico que se aproximava orei muito pedindo a ajuda de Deus. Os dados econômicos falam por si, poucos países do mundo apresentaram melhora dos indicadores macroeconômicos e sociais após a pandemia. O Brasil foi um deles. Esse livro é um registro de nosso trabalho, e da graça que Deus nos concedeu de termos tido a honra de liderar o país no período mais difícil de nossa história.

# SUMÁRIO

**17** | PREFÁCIO

**23** | 1. INTRODUÇÃO

**27** | 2. O BINÔMIO ECONÔMICO

**29** | 3. OS FUNDAMENTOS TEÓRICOS DO BINÔMIO ECONÔMICO

**33** | 4. A PARTE MACROECONÔMICA DO BINÔMIO ECONÔMICO: CONSOLIDAÇÃO FISCAL VIA REDUÇÃO DO GASTO PÚBLICO E ESTABILIDADE MONETÁRIA

    4.1. Seção Especial: O Novo Marco Fiscal
*Por Esteves Pedro Colnago Júnior*

    4.2. Seção Especial: Reforma da Previdência
*Por Rogério Marinho*

**57** | 5. A PARTE MICROECONÔMICA DO BINÔMIO ECONÔMICO: REFORMAS MICROECONÔMICAS PARA AUMENTO DA PRODUTIVIDADE

**59** | 6. RESUMO DE ALGUNS DOS PRINCIPAIS MARCOS LEGAIS APROVADOS NO PERÍODO

    6.1. Seção Especial: Medidas econômicas para o setor agropecuário
*Por Peng Yaohao*

    6.2. Seção Especial: A importância do aprimoramento das garantias
*Por Emmanuel Sousa de Abreu*

    6.3. Seção Especial: Principais mudanças no mercado de seguros
*Por Solange Vieira*

**91 | 7. AS REFORMAS SILENCIOSAS IMPLEMENTADAS E OS NOVOS INSTRUMENTOS FINANCEIROS CRIADOS**

7.1. Modernização da legislação trabalhista (Normas Regulamentadoras de Saúde e Segurança no Trabalho)
*Por Erik Figueiredo*

    7.1.1. Seção Especial: A modernização e o aprimoramento das normas regulamentadoras de saúde e segurança no trabalho
    *Por Rogério Marinho*

7.2. Reforma Administrativa – redução de funcionários e digitalização

    7.2.1. Seção Especial: A criação do Ministério da Economia
    *Por Marcelo Pacheco dos Guaranys*

7.3. Reforma Tributária – redução permanente de vários tributos

    7.3.1. Seção Especial: Transação Tributária
    *Por Ricardo Soriano*

    7.3.2. Redução do Adicional de Frete de Renovação da Marinha Mercante – AFRMM
    *Por Erik Figueiredo*

7.4. Reformas no setor financeiro e mercado de capitais – desestatização do crédito e novos instrumentos financeiros

    7.4.1. Seção Especial: Recicla+
    *Por Erik Figueiredo*

    7.4.2. Seção Especial: Marco Legal da Securitização (Lei 14.430/2022)
    *Por Júlio César Costa Pinto*

    7.4.3. Seção Especial: Modernização das notas comerciais
    *Por Júlio César Costa Pinto)*

7.5. Reformas nos marcos legais – reformas microeconômicas importam

    7.5.1. Seção Especial: As mudanças de rumo nos investimentos em infraestrutura
    *Por Diogo Mac Cord de Faria*

7.6 Privatizações e concessões

    7.6.1. Seção Especial: Programa de Parcerias de Investimentos do Ministério da Economia – PPI
    *Por Martha Seillier*

7.7. Abertura Econômica

    7.7.1. Seção Especial: Inserção competitiva do Brasil na economia global
    *Por Marcos Troyjo*

    7.7.2. Seção Especial: Abertura da economia
    *Por Roberto Fendt*

    7.7.3. Seção Especial: Inserção internacional soberana
    *Por Lucas Ferraz*

7.8. Estabelecimento de direitos de propriedade de imóveis rurais e urbanos

## 159 | 8. A INFLUÊNCIA DA AGENDA ECONÔMICA NO MINISTÉRIO DE MINAS E ENERGIA

8.1 Introdução

8.2. Os problemas urgentes relacionados ao MME

    8.2.1. Aumento nos preços do petróleo, gás, gasolina, diesel e energia elétrica

    8.2.2 Desestatização da Eletrobras

8.3. A agenda estrutural no Ministério de Minas e Energia (MME)

8.4. Reflexões e considerações finais

8.5. Tópicos Especiais

    8.5.1. Seção Especial: Renovação das concessões vincendas de transmissão de energia elétrica
    *Por Isabela Sales Vieira e Hailton Madureira de Almeida*

    8.5.2. Seção especial: Reformas pró-investimento para produção de minerais
    *Por Pedro Paulo Dias Mesquita*

    8.5.3. Seção Especial: Respeito aos contratos do Procedimento Competitivo Simplificado – PCS
    *Por Isabela Sales Vieira e Hailton Madureira de Almeida*

8.5.4. Seção Especial: Abertura do Mercado de Energia Elétrica
*Por Renata Rosada da Silva e Hailton Madureira de Almeida*

8.5.5. Seção Especial: Importação e exportação de energia elétrica para Argentina e Uruguai
*Por Ricardo Marques Alves Pereira e João Daniel Cascalho*

8.5.6. Seção especial: Judicialização no Setor Elétrico
*Por Ana Carolina Tannuri Laferté*

    8.5.6.1. Linhão Manaus-Boa Vista

    8.5.6.2. A judicialização de medida excepcional de enfrentamento da situação de escassez hídrica (Portaria MME 17/2021) – a ação de R$ 1 bilhão

    8.5.6.3. A judicialização do setor elétrico e o escudo jurídico

**215 | 9. DADOS ECONÔMICOS DO BRASIL: COMPARAÇÃO 2018 X 2022**

**233 | 10. A RESPOSTA DA POLÍTICA ECONÔMICA À PANDEMIA DE COVID-19**

10.1. Introdução

10.2. Os choques econômicos associados à pandemia

10.3. A lógica econômica das medidas econômicas de combate à pandemia de Covid-19

10.4. Considerações adicionais

10.5. Seção Especial: Regras fiscais e a pandemia de Covid-19
*Por Jeferson Bittencourt*

10.6. Seção especial: PEAC-Maquininhas (Lei 14.042/2022): o socorro aos realmente pequenos
*Por Emmanuel Sousa de Abreu*

**263 | 11. A IMPLEMENTAÇÃO DE UMA AGENDA ECONÔMICA LIBERAL NO GOVERNO FEDERAL, NOS ESTADOS E MUNICÍPIOS**

11.1. Regras Gerais

    11.1.1. Primeira lição: respeite o passado

    11.1.2. Importância de perseguir objetivos claros

    11.1.3. Uma democracia avança em consensos

11.1.4. Proteja o consumidor

11.1.5. Existem falhas de mercado, mas existem também falhas de governo

11.1.6. Reduzir a burocracia

11.1.7. Fortalecer a previsibilidade e a segurança jurídica

11.1.8. A política pública deve ser julgada por seus resultados, e não por suas intenções

11.1.9. Não tenha medo de copiar o que funciona em outros locais

11.2. Regras específicas

11.2.1. Realizar o ajuste fiscal via redução dos gastos é um norte seguro a ser trilhado

11.2.2. Reforma administrativa

11.2.3. Revisar constantemente a qualidade do gasto público

11.2.4. Sempre que for fiscalmente possível, reduza tributos

11.2.5. Sempre que possível, doe para famílias, ou para empresas, os imóveis abandonados do governo

11.2.6. Evitar criar leis que aumentam os custos de produção

10.2.7. Evite criar leis que reduzam a competição entre empresas

11.2.8. Privatizar empresas estatais, desde que associadas ao aumento da competição, costuma aumentar a eficiência econômica

**271 | 12. CONSIDERAÇÕES FINAIS**

**281 | SOBRE OS AUTORES**

# PREFÁCIO

Na primeira metade do século XX o Brasil foi um destino preferencial de migração de vários povos. Fomos a maior população japonesa fora do Japão, a segunda maior população de italianos fora da Itália, a terceira maior população alemã fora da Alemanha, mais libaneses no Brasil do que no Líbano, destino de judeus e de árabes, africanos, ocidentais e orientais. O Brasil atraiu e assimilou em sua rica e generosa cultura um imenso contingente de imigrantes das mais diversas partes do mundo.

A nossa dinâmica de crescimento atraía povos do além-mar. A sociedade brasileira em seu dinamismo era capaz de assimilar e incorporar a cultura trazida por novos povos. A coesão nacional se fortalecia e o senso de uma nação brasileira se consolidava, acabando de vez com rompantes separatistas regionais. De fato, até a crise dos anos 1980, a economia brasileira estava entre as que apresentavam as maiores taxas de crescimento econômico no século XX.

De 1900 até 1980 o Brasil figurava como uma das economias mais dinâmicas do mundo. Não apenas as taxas de crescimento eram elevadas, mas a sociedade brasileira demonstrava capacidade de assimilar repetidas ondas de imigração de outros países, a população nacional era majoritariamente jovem, os recursos naturais abundantes, e um oceano nos separava dos principais conflitos bélicos mundiais. O Brasil era sem dúvida o país do futuro.

Infelizmente algo deu muito errado. Crises cambiais recorrentes, forte desaceleração econômica, planos de estabilização mal concebidos e uma trajetória rumo à hiperinflação marcaram a década de 1980, que passou a ser conhecida como a "década perdida". Na década de 1990 estabilizamos a inflação (mesmo que em patamares elevados para padrões internacionais), mas as taxas de crescimento econômico foram semelhantes às da década de 1980 (conhecida por década perdida). Entre 1980 e 2020 a produtividade da economia brasileira ficou estagnada, a população envelheceu, as contas públicas se deterioraram, o endividamento cresceu em bola de neve e o fluxo migratório se inverteu: hoje são os brasileiros que saem do Brasil para outros países, em busca de melhores oportunidades e de segurança.

Quando chegamos ao governo em janeiro de 2019 esse era o cenário econômico brasileiro: marcos regulatórios inadequados, elevada carga tributária, queda nas taxas de investimento, produtividade estagnada, baixo crescimento econômico, gastos crescentes do governo, contas públicas deterioradas, endividamento em bola de neve e uma economia fechada, desperdiçando décadas de globalização acelerada com a integração competitiva das cadeias produtivas. Com base nesse diagnóstico, de um ambiente econômico desfavorável, desenhamos nossa política econômica, centrada no binômio consolidação fiscal e reformas pró-mercado para aumento da produtividade.

No que se refere a consolidação fiscal e ao equilíbrio das contas públicas deflagramos uma sequência de medidas estruturais para interromper a trajetória explosiva dos gastos do governo e da dívida pública como percentual do PIB. A prioridade era reconfigurar a trajetória futura das principais despesas públicas. A reforma da previdência era fundamental para evitarmos o mergulho no abismo fiscal. A redução dos privilégios e a mudança para um regime de capitalização eram o nosso primeiro objetivo, usando o capital político de um governo recém-inaugurado com foco nos fundamentos para obtermos o maior impacto fiscal sobre a trajetória futura dos déficits. A segunda maior despesa eram os juros sobre a dívida interna, outra perversa transferência de renda. Era fundamental atuar sobre fluxos (mudar o policy mix fiscal e monetário) e estoques (balance sheet repair program).

O foco no controle de gastos nos permitiria escapar da armadilha do baixo crescimento mudando do fiscal frouxo com pé no freio monetário (juros elevados e câmbio sobrevalorizado) para um fiscal forte com juros de equilíbrio mais baixos (favorecendo investimentos) e câmbio de equilíbrio mais alto (estimulando exportações). Ao contrário da habitual negligência ou das repetidas alegações que a dívida era uma herança do passado e os juros são responsabilidade do Banco Central, não cabendo portanto qualquer responsabilidade ao agente fiscal pela imenso custo com os serviços da dívida, disparamos desinvestimentos estatais, privatizações, e desalavancagem de bancos públicos em um vigoroso programa de reparo do balanço patrimonial da União.

Encaminhamos também uma proposta de reforma administrativa e implementamos um programa de digitalização dos serviços públicos e preparamos com o Congresso um pacto federativo endereçando questões de desobrigação, desvinculação e desindexação dos gastos públicos em períodos críticos de colapso fiscal.

Uma quarta despesa mostrou uma evolução que se revelou incompatível com seu padrão histórico exigindo também reforma estruturante para recolocar sua trajetória embaixo do teto de gastos foi a conta de precatórios. Medida formulada com apoio de ministros do STF e do TCU seguindo jurisprudência prévia para o caso de precatórios estaduais e municipais onde o parcelamento já era permitido para evitar o colapso financeiro. Importante ressaltar que a regra adotada permitiu que fossem pagas todas as requisições de pequeno valor – RPV (até 60 salários-mínimos). As RPV's representavam mais de 90% do número de casos julgados, e se referiam a valores que cabiam folgadamente embaixo do teto de gastos, restando espaço ainda para o pagamento de parte dos valores mais expressivos. Isto é, os casos socialmente mais graves eram plenamente atendidos. As maiores causas seriam quitadas de diversas formas: descontos a vista, moedas de privatização, aquisição de imóveis da União, pagamento de tributos, entre outras possibilidades. E caso nenhuma opção fosse aceita o precatório seria pago em data futura segundo fila estabelecida. Assegurando a previsibilidade dos gastos públicos e a responsabilidade fiscal na trajetória futura das despesas com precatórios.

A reforma da previdência e o respeito ao teto de gastos foram apenas as pontas mais visíveis de nossa política de consolidação fiscal. Ao longo do livro descreveremos em detalhes todo o processo e medidas que resultaram na queda da dívida pública e nos gastos do governo ao final de nosso período. Isso sem esquecer que entre 2020 e 2022 tivemos a pior pandemia de saúde pública de nossa história (Covid-19), a maior guerra europeia desde a segunda guerra mundial (invasão da Ucrânia pela Rússia), a maior crise hídrica em cem anos, e o movimento mais rápido de elevação de taxas de juros mundiais desde 1980. Críticas sempre podem ser feitas, mas atenção aos dados é essencial. Em 2018, a dívida brasileira em relação ao PIB era de 75,3% e o governo gastava 19,3% do PIB. Em 2022, a dívida havia sido reduzida para 71,7% do PIB e os gastos do governo foram reduzidos para 18%. Fato inédito em nossa história desde a redemocratização de nosso país em 1988: fomos o primeiro governo a encerrar seu ciclo gastando menos do que quando entramos.

No que se refere as reformas pró-mercado para aumento da produtividade é fundamental ressaltar os novos marcos legais aprovados no período: novo marco do saneamento, novo marco do gás, novo marco de cabotagem, novo marco de ferrovias, nova lei de falências, nova lei cambial, autonomia do Banco Central, desestatização do mercado de crédito, novo marco de registros públicos, novo marco de securitização, novo FGTS (saque aniversário de FGTS), lei de liberdade econômica, etc. Além disso, 1/3 das empresas estatais foram vendidas (incluindo a Eletrobras, a maior privatização já realizada no Brasil) ou fechadas no período, a abertura da economia ao comércio internacional bateu recordes, treze tributos foram reduzidos de maneira permanente para toda economia (com destaque para redução de 30% no Imposto sobre Produtos Industrializados), os programas sociais foram fortalecidos, títulos de propriedade rurais e urbanos foram dados aos moradores, várias medidas de desburocratização foram implementadas no mercado de trabalho, e um robusto programa de concessões foi posto em prática atraindo bilhões de dólares em investimentos. Como disse antes, críticas sempre podem ser feitas. Mas não é correto desmerecer a força e o impacto das medidas pró-mercado para aumento da produtividade postas em prática no período 2019-2022. Ao longo do livro comentaremos em mais detalhes sobre essas medidas.

Em 2020 o Brasil e o mundo foram atingidos pela pior pandemia dos últimos cem anos, a Covid-19. As medidas sanitárias para combater a pandemia implicavam numa série de restrições a atividade produtiva. Tais restrições tinham implicações econômicas severas. Os dados sugeriam que 50% da população moradora de favelas começaria a passar fome em quatorze dias em decorrência das restrições ao trabalho. As microempresas não tinham sustentação financeira para períodos prolongados de fechamento da atividade produtiva. Os estados e municípios se confrontavam com severas dificuldades financeiras ocasionadas pela queda na arrecadação.

Foi então posto em ação um eficiente plano econômico centrado em salvar vidas e manter a atividade econômica em funcionamento. Evitando assim que um choque econômico transitório se transformasse numa depressão.

No combate aos efeitos econômicos da pandemia fizemos uso combinado de uma política anticíclica Keynesiana com a aplicação do conceito de renda básica de Milton Friedman na formulação do auxílio Brasil; a camada de proteção aos idosos foi reforçada com a antecipação de pensões e aposentadorias; para melhorar a estrutura de saúde foi aplicada uma redução de tarifas de importação para mais 1500 produtos médico hospitalares e foram feitas encomendas para produção de ventiladores pulmonares; uma série de postergações de recolhimento de impostos foi aplicada para dar fôlego financeiro às empresas; o princípio federativo foi fortalecido e realizamos uma exitosa distribuição de recursos extraordinários aos estados e municípios (despesas temporárias no combate ao COVID) com o simultâneo impedimento do uso destes recursos para ampliação de despesas permanentes com a máquina pública.

As transferências de renda dos programas sociais foram triplicadas, 60 milhões de "invisíveis" foram incorporados nos cadastros sociais e todos receberam uma conta de poupança social digital (responsável pelo maior processo de inclusão financeira da história brasileira). Em menos de trinta dias após a declaração de pandemia pela Organização Mundial de Saúde (OMS) os mais vulneráveis no Brasil já estavam recebendo ajuda financeira via depósitos bancários feitos diretamente na conta dos beneficiados (programa inclusive elogiado por órgãos internacionais). Um forte programa de transferência de recursos públicos federais para estados e municípios foi elaborado e posto em prática, possibilitando assim que tivessem recursos suficientes para financiar suas prioridades durante as fases mais agudas da pandemia (mantendo e ampliando suas estruturas de saúde, ampliando leitos, e criando e mantendo hospitais de campanha e expandir as estruturas de saúde). Os recursos para a compra de vacinas foram disponibilizados tão logo elas estivessem disponíveis. Programas de crédito emergenciais para empresas foram disponibilizados. Importante ressaltar que mais da metade da expansão do crédito foi para micro, pequenas e médias empresas (democratização do acesso ao crédito) e mais da metade dos empréstimos foi feito por instituições financeiras do setor privado. Programas de preservação de empregos foram criados, recursos do FGTS foram disponibilizados a população, tributos foram reduzidos e um amplo conjunto de medidas com e sem impacto fiscal foram postos em prática para salvar vidas e manter a estrutura produtiva da economia.

Em 2022, último ano de nosso governo, o PIB brasileiro cresceu igual ao PIB da China, e a inflação brasileira foi menor do que a inflação americana. Fato inédito em nossa história. Além disso, 100 milhões de brasileiros estavam trabalhando (recorde da série histórica), e a pobreza e a desigualdade de renda estavam em queda. Prova de que nossa política econômica centrada na consolidação fiscal e reformas pró-mercado para aumento da produtividade estava no caminho certo. Estávamos no Caminho da Prosperidade.

# 1. INTRODUÇÃO

O presidente Jair Messias Bolsonaro governou o Brasil entre 2019 e 2022. Seu ministro da Economia, Paulo Roberto Nunes Guedes, foi o responsável pela elaboração da política econômica nesse período. Entre janeiro de 2019 e maio de 2022, Adolfo Sachsida ocupou os cargos de secretário de Política Econômica e chefe da Assessoria Especial de Assuntos Estratégicos do Ministério da Economia. Entre maio e dezembro de 2022, Sachsida foi ministro de Minas e Energia. Este livro é um relato de quem esteve ligado aos temas econômicos desde a montagem do plano econômico, ainda em 2018, até o final do governo.

O leitor precisa ter em mente que o período 2019-2022 foi, pelo melhor de nosso conhecimento, o período com mais choques econômicos negativos (tanto no Brasil como no mundo inteiro) pelo menos desde a Segunda Guerra Mundial. Nesse período tivemos os seguintes choques negativos:

- **a.** Em 2019 ocorreu o maior desastre ambiental da história brasileira. A tragédia do rompimento da barragem de Brumadinho tirou a vida de mais de duzentos brasileiros. Além da terrível perda humana, a tragédia teve consequências danosas para todo o setor de mineração no Brasil, que sofreu uma queda expressiva nesse ano.
- **b.** Ainda em 2019, a crise na Argentina gerou uma significativa redução no comércio com um de nossos principais parceiros comerciais.
- **c.** Em 2020 o Brasil e o mundo confrontaram-se com a pior pandemia desde a gripe espanhola em 1918. Um desastre que ceifou a vida de milhões de pessoas em todo o mundo. As consequências dessa pandemia ainda irão acompanhar o Brasil e o mundo por décadas.
- **d.** Em 2021 tivemos a continuidade da pandemia no Brasil e no mundo.
- **e.** Também em 2021, e em decorrência da pandemia, ocorreu uma severa quebra de cadeias produtivas, gerando escassez de insumos básicos importantes no processo produtivo (o mais famoso deles foi a escassez

de microchips, que afetou negativamente diversas indústrias) e levando à dificuldade de se manter a produção.

**f.** Ainda em 2021, e como consequência da retomada da economia num ambiente com pandemia, ocorreu uma severa restrição de *containers* no mundo todo que dificultou em muito e encareceu demais o transporte de mercadorias. Com efeito, o preço dos *containers* para transporte de mercadorias aumentou substancialmente, encarecendo diversos processos produtivos.

**g.** Para complicar o ano de 2021, o Brasil ainda se confrontou com a maior crise hídrica em cem anos, o que gerou um grande aumento no preço da energia elétrica. Dado que a energia é um insumo básico no processo produtivo, isso encareceu diversos produtos, pressionando a inflação. Além disso, a seca prolongada gerou também o maior choque negativo do agronegócio em quase uma década (no terceiro trimestre de 2021).

**h.** Em 2022, além da continuidade da pandemia, o mundo confrontou-se com a maior guerra europeia desde a Segunda Guerra Mundial. A invasão da Ucrânia pela Rússia gerou diversos efeitos negativos ao redor do mundo. No lado econômico, o efeito negativo mais visível foi o aumento explosivo nos preços de energia (gás, petróleo e seus derivados).

**i.** Por fim, em 2022 foi observado o maior aumento de juros internacional desde 1980. Foi o maior ciclo de aumento da taxa de juros (taxa de dois anos) americana desde 1980 (aumento de 4,5 pp. entre o começo e o final de 2022). Com efeito, tanto no Brasil como no resto do mundo observou-se uma forte política monetária contracionista, com vários países confrontando-se com índices inéditos de inflação alta.

Em vista do exposto, resta evidente que o período 2019-2022 foi um dos mais desafiadores da história recente. Acrescente-se a isso que o Brasil vinha da mais forte recessão econômica de sua história (2015-2016), com várias empresas e famílias que ainda tentavam se recuperar do triênio 2014-2016, três anos consecutivos de redução do PIB per capita.

No começo de 2019 o Brasil confrontava-se com uma situação fiscal temerária e uma produtividade estagnada há quarenta anos. É curioso que alguns analistas se esquecem desse ambiente, se esquecem dessa "herança" que precedeu o período 2019-2022.

Este livro é um relato da política econômica do período 2019-2022. Além desta introdução, o livro está assim dividido: o capítulo 2 descreve nossa política econômica, centrada no binômio consolidação fiscal e reformas pró-mercado para aumento da produtividade. O capítulo

3 ressalta os fundamentos teóricos que embasaram a elaboração do Binômico Econômico. O capítulo 4 descreve a parte macroeconômica de nossa agenda. O capítulo 5 descreve nossa agenda microeconômica. O capítulo 6 apresenta um esforço de síntese dos principais marcos legais aprovados no período. O capítulo 7 ressalta um conjunto de oito reformas "silenciosas" que foram executadas no período 2019-2022. O capítulo 8 mostra a influência da agenda econômica no Ministério de Minas e Energia, sobretudo após maio de 2022, ressaltando várias inovações pró-consumidor realizadas. Ainda no capítulo 8 são analisadas diversas medidas implementadas pelo Ministério de Minas e Energia, com o apoio do Ministério da Economia, que reduziram a má alocação de recursos, aumentaram a competição e favoreceram o consumidor brasileiro. O capítulo 9 apresenta os principais dados socioeconômicos do Brasil ao final de 2022, e os compara com os dados que nos antecederam. O capítulo 10 apresenta nossa resposta de política econômica à maior crise de saúde pública em cem anos, a pandemia de Covid-19. O capítulo 11 é um guia para a implementação de uma política econômica liberal nos governos federal, estaduais e municipais. Por fim, o capítulo 12 conclui o livro com observações sobre o futuro das economias brasileira e mundial.

Não podemos encerrar esta introdução sem ressaltar que o período de julho de 2020 a dezembro de 2021 foram os 18 meses mais reformistas da história econômica recente. Além disso, o período de janeiro de 2019 a dezembro de 2022 entrará para a história como os quatro anos com o maior número de reformas econômicas desde a redemocratização do país em 1988. Nunca, durante um regime democrático, num período tão curto foram aprovadas tantas novas legislações estruturais, visando o aprimoramento de marcos legais e a consolidação fiscal, quanto nesses 48 meses que certamente entrarão para a história econômica como um intenso período de reformas econômicas. Sendo assim, achamos importante deixarmos registrado nosso agradecimento aos presidentes da Câmara e do Senado, aos líderes do governo, líderes de partido, e a todos os deputados e senadores pelo apoio e parceria que recebemos do Congresso Nacional para a implementação de nossa agenda econômica.

## 2. O BINÔMIO ECONÔMICO

Em diversas ocasiões, jornalistas e editoriais de jornais criticaram a ausência de uma política econômica no governo Bolsonaro. Mesmo analistas treinados repetiram essa crítica. A origem dessa dificuldade encontra-se principalmente na tradição de grandes anúncios de planos econômicos que marcam cada governo. Seja o Plano de Metas de Juscelino Kubitschek, o Plano de Ação Econômica do Governo (PAEG) de Castelo Branco, ou os Planos Nacionais de Desenvolvimento (PND's) dos anos 1970, ou o Plano Cruzado de José Sarney, ou o Plano Collor de Fernando Collor de Mello, cada governo que inicia seu mandato escolhe um conjunto central de diretrizes e o anuncia publicamente. Na história recente do Brasil tivemos o Plano Real, o tripé econômico e a Nova Matriz Econômica.

Ao contrário de outros governos, no período da presidência de Jair Bolsonaro nunca foi feito o anúncio de um grande plano econômico, nenhum setor estratégico foi definido, e nem mesmo um nome bonito foi elaborado para representar a agenda econômica. Essa aparente falta de um objetivo central, de um setor-chave da economia para comandar o crescimento, levou à visão equivocada de que não havia um projeto econômico estruturado.

O objetivo deste livro é, uma vez mais, esclarecer a política econômica do governo, suas bases teóricas e as medidas concretas que foram levadas a cabo para implementá-la. De maneira objetiva, podemos nomear nossa política econômica como seguindo o binômio econômico consolidação fiscal e reformas pró-mercado para aumento da produtividade.

# 3. OS FUNDAMENTOS TEÓRICOS DO BINÔMIO ECONÔMICO

A base sustentável do crescimento econômico de longo prazo de uma economia é a produtividade. Elevar o uso ou adicionar fatores de produção (terra, capital, trabalho etc.) contribui para o crescimento, mas é o aumento da produtividade que dá sustentação ao crescimento de longo prazo. Os dados indicam que a produtividade no Brasil está estagnada desde a década de 1980. Aumentar a produtividade é fundamental para dinamizar o crescimento sustentável de longo prazo da economia brasileira.

O processo de deterioração fiscal está na origem de diversas crises econômicas brasileiras, notadamente a recessão de 2015-2016. Na literatura econômica existe ampla sustentação teórica sobre os efeitos positivos da consolidação fiscal sobre o risco-país, a incerteza, a taxa de inflação, a taxa de juros, o investimento privado e o crescimento econômico[1]. Dada a situação das contas públicas ao final de 2018, era urgente a tomada de medidas para garantir a consolidação fiscal.

Quando assumimos o governo em 2019, nos defrontamos com um problema urgente – a necessidade de consolidação fiscal – e um problema importante – a necessidade de aumentar a produtividade da economia brasileira. Exatamente por isso, nossa política econômica foi centrada

---

1. Exemplos podem ser encontrados em: TELES, Vladimir Kühl e LEME, Maria Carolina (2009). "Fundamentals or market sentiment: what causes country risk?". *Applied Economics*, 2009, p. 1-9; BLANCHARD, O. "Fiscal dominance and inflation targeting: lessons from Brazil". F. Giavazzi, I. Goldfajn e S. Herrera (eds.), MIT Press, Cambridge, 2005, p. 49-84; DELL'ERBA, Salvatore e SOLA, Sergio. "Does fiscal policy affect interest rates? Evidence from a factor-augmented panel". *The B. E. Journal of Macroeconomics*, 2016 16(2), p. 395-437; CAGGIAN, Giovanni e GRECO, Luciano. "Fiscal and financial determinants of Eurozone sovereign spreads". *Economics Letters*, v. 117, i. 3, dezembro de 2012, p. 774-776; ARDAGNA, Silvia. "Financial markets' behavior around episodes of large changes in the fiscal stance". *European Economic Review* 53, 2009, p. 37-55.

no binômio econômico (consolidação fiscal e reformas pró-mercado para aumento da produtividade).

Ao contrário de governos anteriores, que escolheram determinados setores como chaves para o crescimento e adotaram políticas econômicas para fortalecer tais setores, optamos por um moderno planejamento econômico via mercado. Isto é, a adoção de políticas econômicas horizontais que beneficiassem todos os setores, gerando ganhos para toda a população. Essa importante inovação teórica confundiu diversos analistas econômicos, que buscavam no passado um paralelo para o presente. Evidentemente, tal paralelo não existia.

Nossa política econômica não estava preocupada com setores específicos, não tinha elegido setores estratégicos, e nem era restrita a variáveis macroeconômicas. Aliás, parte expressiva de nosso trabalho tinha por foco a agenda microeconômica, o que destoava bastante da tradição brasileira. Por exemplo, tanto o tripé econômico (metas de inflação, taxa de câmbio flexível e superávit primário) como a Nova Matriz Econômica (taxa de câmbio competitiva – desvalorizada – para fortalecer a reindustrialização, o gasto público como motor do crescimento e crédito subsidiado para setores-chave da economia) centravam-se em variáveis macroeconômicas. Essa mudança de concepção até hoje não foi compreendida por muitos analistas de mercado e jornalistas.

No binômio econômico ficava clara a necessidade de uma urgente reforma da Previdência Social e do controle do crescimento do gasto público, mas também estava clara a importância de uma agenda microeconômica para corrigir a má alocação de recursos (corrigir ineficiências alocativas), melhorar o ambiente de negócios e reduzir a burocracia, fortalecer marcos legais e aumentar a segurança jurídica para estimular o investimento privado, abrir a economia para estimular a competição e reduzir tributos de maneira horizontal e permanente para toda a sociedade, para redução do peso morto dos tributos e consequente ganho de produtividade. Além disso, a autonomia do Banco Central vinha também para garantir a estabilidade monetária.

O binômio econômico era então baseado em duas variáveis macroeconômicas-chave e uma série ampla de reformas microeconômicas. Do lado macroeconômico o foco estava **1)** no controle e redução do gasto público para obter a consolidação fiscal (Reforma da Previdência e manutenção do teto de gastos) e **2)** na autonomia do Banco Central para obter estabilidade monetária. Em outras palavras, no lado macroeconômico buscávamos a consolidação fiscal via redução do gasto público e a estabilidade monetária, e os instrumentos que usamos para isso foram as reformas da Previdência, a manutenção do teto de gastos, a redução do gasto com funcionalismo público e a autonomia do Banco Central.

Na agenda microeconômica o foco estava nas reformas pró-mercado para aumento da produtividade agregada da economia brasileira. Nessa agenda incluem-se o aprimoramento de diversos marcos legais, a política de concessões e privatizações, o fortalecimento da segurança jurídica, a redução horizontal e permanente de tributos, as medidas de correção de má alocação de recursos, a redução do crédito direcionado (e aumento do crédito livre), a redução do crédito via instituições públicas (e aumento do crédito via instituições privadas), a desalavancagem dos bancos públicos, indicações de gestores qualificados para o comando de empresas públicas, o fortalecimento dos mercados de crédito, capitais e seguros, a abertura da economia ao exterior, a desburocratização, a transferência de títulos de propriedades rurais a agricultores sem-terra, a transferência de imóveis urbanos do governo federal a pessoas sem casa e a melhoria no ambiente de negócios.

# 4. A PARTE MACROECONÔMICA DO BINÔMIO ECONÔMICO:
## consolidação fiscal via redução do gasto público e estabilidade monetária

A agenda macroeconômica do binômio econômico estava centrada na estabilidade monetária e na consolidação fiscal via redução do gasto público. Essa última é uma inovação importante de nossa política econômica já que, historicamente, no Brasil, os governos promovem o ajuste fiscal via aumento de tributos. De fato, o governo do presidente Bolsonaro foi o primeiro desde a redemocratização do país a terminar gastando, em proporção do PIB, menos do que quando começou.

Nas contas públicas, os três principais gastos do governo eram as despesas com a Previdência, o funcionalismo público e o pagamento de juros da dívida pública. A reforma da Previdência era a resposta para a redução dos gastos previdenciários. A reforma administrativa a resposta para a redução dos gastos com o funcionalismo público. E a manutenção do teto de gastos, aliada às reformas previdenciária e administrativa, daria as condições adequadas de consolidação fiscal que gerariam a redução do risco-país, com a consequente redução no prêmio de risco, valorizando a taxa de câmbio e reduzindo a inflação, o que por sua vez possibilitaria a redução da taxa de juros praticada pelo Banco Central, e que, por fim, reduziria as despesas com o pagamento de juros da dívida.

Para fortalecer o processo de consolidação fiscal, uma ampla série de receitas não recorrentes foi usada para abater a dívida pública. Esse é um detalhe importante, já que na história brasileira é comum o uso de receitas não recorrentes para o financiamento de gastos públicos. Das receitas não recorrentes que usamos para abater dívida pública, as mais importantes foram as provenientes dos leilões de partilha do excedente da cessão onerosa do pré-sal (2019 e 2021), das concessões e privatizações realizadas no período, dos dividendos pagos pelas empresas estatais e da desalavancagem dos bancos públicos.

Devemos ressaltar ainda a criação do Novo Marco Fiscal, composto pelas **a)** Lei Complementar 173/2020: Lei de Assistência aos governos estaduais e municipais (impedindo o aumento de salário para funcionários públicos por dois anos – 2020-2021); **b)** Lei Complementar 176/2020: resolução do passivo da Lei Kandir (passivo que se prolongava há anos no Brasil); **c)** Lei Complementar 178/2021: estabelecendo gatilhos para travamento de gastos públicos de estados e municípios e implementação de melhorias na Lei de Responsabilidade Fiscal; **d)** Emenda Constitucional 109 (que tinha por objetivo impor medidas de controle do crescimento das despesas obrigatórias permanentes, no âmbito dos orçamentos fiscal e da Seguridade Social da União, estados, e municípios); **e)** Manutenção do teto de gastos; e **f)** Reforma da Previdência.

Do lado do gasto público, é importante notar que o período 2019-2022 foi marcado pela maior pandemia da história brasileira (Covid-19), da maior crise hídrica em cem anos, da maior guerra europeia desde a Segunda Guerra Mundial e por um incremento vertiginoso nas despesas da União com o pagamento de dívidas judiciais decorrentes de governos passados (os chamados precatórios). Um estudo da Controladoria Geral da União (CGU) demonstrou que o gasto com precatórios saltou de 0,3% do PIB em 2013 para 0,69% do PIB em 2020. Em valores nominais, os gastos com precatórios aumentaram de R$ 14,2 bilhões em 2010 para R$ 55,2 bilhões em 2021[2]. É importante ressaltar que, até 2021, os gastos com precatórios estavam sujeitos à regra do teto de gastos. Esse forte incremento gerou dificuldades razoáveis para a manutenção do teto de gastos, e mostra o forte compromisso do governo com a redução do gasto público. Afinal, para manter a política do Teto de gastos foi necessário que o incremento com os gastos com precatórios fosse compensado com a redução de uma série de outras despesas. A partir de 2022, com os precatórios atingindo a cifra de quase R$ 90 bilhões, foi necessário criar outra regra para seu pagamento. É evidente que tais despesas compuseram surpresas negativas e extraordinárias, obrigando-nos a tomar medidas

---

2. RELATÓRIO DE AVALIAÇÃO: Precatórios e Requisições de Pequeno Valor (RPV). Controladoria Geral da União, 2023.

igualmente extraordinárias que, em tempos normais, não fariam parte de nosso rol de políticas econômicas.

Nossa estratégia de consolidação fiscal baseava-se na ideia de que reduções no gasto público são mais eficientes do que incrementos na carga tributária para a concretização do ajuste fiscal[3]. Dessa forma, um pilar central de nossa agenda econômica concentrava-se na redução do gasto público (e não no aumento de tributos) para a realização do ajuste fiscal. Cabe ressaltar que essa diretriz de política econômica foi inédita no Brasil. Afinal, em nosso país, os ajustes fiscais são tradicionalmente feitos via aumento de tributos. Ao final de nosso ciclo de quatro anos de governo, encerramos 2022 com um gasto público (despesa total primária) de 18% do PIB, valor inferior aos 19,3% de gasto público ao final de 2018 (último ano do governo Temer). Fomos o primeiro governo, desde a redemocratização do país, a encerrar seu ciclo gastando menos em relação ao PIB do que quando começamos.

Além de focar no ajuste fiscal via redução do gasto público, é importante ressaltar a expressiva lista de reduções tributárias que promovemos. Ao todo foram 13 tributos reduzidos ou extintos entre 2019 e 2022. Entre eles podemos citar a redução de 35% do IPI, a extinção do adicional de multa de 10% do FGTS (parcela que ficava com o governo federal), o começo do fim do IOF câmbio (início da trajetória anual de redução a zero do IOF câmbio), entre outros[4]. A redução de tributos reduz seu peso morto e, por consequência, aumenta a eficiência econômica, aumentando assim o dinamismo da economia e sua produtividade com consequências positivas para o crescimento econômico de longo prazo.

É importante ressaltar que as reduções tributárias realizadas entre 2019 e 2022 foram permanentes (não transitórias) e gerais (para todos os setores), evitando assim os problemas econômicos associados a reduções transitórias e setor-específicas de tributos. Por exemplo, quando se reduz o IPI dos automóveis por apenas três meses, o efeito econômico é uma antecipação na compra de automóveis (e redução na venda de outros

---

3. BLANCHARD, O. e PEROTTI, R. "An empirical characterization of the dynamic effects of changes in government spending and taxes on output". *Quarterly Journal of Economics*, v. 117, no 4, 2002, p. 1.329-1.368.
4. A lista completa de todos os tributos extintos ou reduzidos está no capítulo 7 ("As reformas silenciosas implementadas e os novos instrumentos financeiros criados").

bens) para se aproveitar a redução temporária do tributo. Ao final dos três meses a venda de automóveis se reduz, pois as pessoas apenas anteciparam seu consumo, e o consumo de outros bens volta a aumentar. Ao final, o efeito econômico de medidas de redução tributária temporárias e setor-específicas é, geralmente, negativo. Afinal, elas reduzem a arrecadação do governo sem promover uma melhor alocação de recursos e, não raras vezes, contribuem com uma piora na alocação econômica, reduzindo dessa maneira a produtividade agregada da economia.

Ao contrário do que foi feito em vários governos anteriores, e notadamente no governo Dilma, nossa redução tributária, como já dito, foi permanente e geral. Essa foi a principal diferença entre nossa política de redução tributária e a de governos passados. Nossas reduções tinham como claro objetivo reduzir a carga tributária da economia brasileira de maneira permanente, e não apenas aliviar temporariamente a situação de algum setor específico. Com uma carga tributária menor, a perda de peso morto dos tributos se reduz e a eficiência da economia aumenta.

No que se refere à política fiscal, nosso mix de política econômica era claro: o processo de consolidação fiscal se daria pela redução do gasto público. E a redução do gasto público, associada a uma melhoria no lado fiscal, tornaria possível a redução de tributos. Com um gasto público menor e controlado, e uma situação fiscal melhor, seria possível reduzir a carga tributária da economia e aumentar sua eficiência econômica. Assim, nosso processo de consolidação fiscal baseava-se na redução do gasto público e em devolver para a sociedade, via redução de tributos, parte da melhoria fiscal. A outra parte da melhoria fiscal foi utilizada para abater a dívida pública. Com efeito, mesmo com os diversos choques econômicos negativos do período, fomos capazes de reduzir a relação Dívida/PIB de 75,3% em 2018 (último ano do governo Temer) para 71,7% ao final de 2022 (último ano de nosso governo).

No lado monetário, a ênfase era na estabilidade da moeda. Para tanto, dois eram os remédios: a consolidação fiscal (já exposta) e a autonomia do Banco Central. Era nosso entendimento que o processo inflacionário está na raiz dos principais problemas socioeconômicos brasileiros. A inflação alta afeta negativamente toda a população, e mais severamente a parte mais pobre de nossa sociedade. Combater a inflação é uma importante política social de qualquer governo. Com as contas públicas em ordem e um Banco Central autônomo, era nosso entendimento que a inflação brasileira convergiria para padrões de Primeiro Mundo.

A Lei Complementar 179/2021 (Autonomia do Banco Central) deu liberdade operacional ao Banco Central do Brasil, dando autonomia a seu presidente e diretores para tomarem as melhores decisões de política monetária sem interferência política. A autonomia do Banco Central foi um marco na história da política monetária brasileira, protegendo a autoridade monetária de pressões políticas.

Em determinados momentos de nossa história, o Banco Central fixou artificialmente a taxa de câmbio, ou reduziu artificialmente a taxa de juros, para garantir a reeleição de presidentes. As consequências sempre foram danosas para a população, seja pelo aumento da inflação no período seguinte, seja pelas grandes desvalorizações cambiais como a vista em janeiro de 1999. Ao conceder independência operacional ao Banco Central obtivemos um importante ganho institucional para nossa República.

Uma curiosidade interessante é que nas eleições presidenciais de 2022 foi a primeira – e única – vez em nossa história que um presidente concorreu à reeleição com um teto de gastos impedindo o aumento do gasto público e um Banco Central independente que não fixou a taxa de câmbio nem reduziu a taxa de juros durante o processo eleitoral (pelo contrário, as taxas de juros entre 2021 e 2022 sofreram seguidos aumentos, até terminarem 2022 na taxa máxima do período). Uma pena que poucos reconheçam o ganho institucional que isso representou. Afinal, quando não se reconhece coisas boas, é inevitável que coisas não tão boas ocupem seu lugar, como de fato ocorreu. Já no começo de 2023 o teto de gastos foi abandonado, e uma nova regra fiscal que aumenta o gasto público foi implementada. Ainda, a autonomia do Banco Central vem sofrendo seguidas críticas por parte de alguns membros do atual governo.

Dentro de nossa estratégia de estabilidade monetária, era ainda importante ancorar as expectativas em relação à inflação futura. Para fortalecer o processo de ancoragem das expectativas – e em conjunto com a consolidação fiscal e a autonomia do Banco Central – aprovamos no Conselho Monetário Nacional novas metas de inflação, que estabeleciam reduções anuais de 0,25 ponto percentual na meta de inflação de um ano em relação ao ano anterior. Essa prática foi mantida até chegarmos a uma meta anual de inflação de 3% a partir de 2024, sendo dali em diante mantida nesse patamar. As margens de tolerância de 1,5 ponto percentual para cima ou para baixo foram mantidas inalteradas, sendo nosso entendimento que tais margens são suficientes para acomodar a maior parte dos choques econômicos.

## 4.1. Seção Especial[5]: O Novo Marco Fiscal[6]

Aprovada pelo Congresso Nacional em face à crescente fragilidade das contas públicas e à crise de confiança vivenciada ao final do triênio 2014-2016, a Emenda Constitucional 95, de 15 de dezembro de 2016, mais conhecida como "Regra do Teto dos Gastos Públicos", permitiu ao país e seus agentes econômicos um armistício e um voto de confiança na reconstrução das contas públicas. Não obstante, e em que pese a efetividade da regra do Teto dos Gastos Públicos como mecanismo de controle e previsibilidade das contas públicas, restava claro, já no início de 2019, que novas medidas para garantir a consolidação fiscal e aprimorar a Regra do Teto de Gastos deveriam ser elaboradas.

A principal fragilidade da Regra do Teto de Gastos estava na sua baixa capacidade de controle das contas públicas estruturalmente mais importantes, como as de políticas públicas recorrentes, mas mal focalizadas (p. ex., o auxílio defeso para pesca de peixes exóticos em açude) e as de manutenção, organização e custeio da máquina pública. O foco de controle nas despesas recaía sobre contas com menor "proteção política", mas de grande importância para a sustentabilidade do crescimento econômico de médio e longo prazo, como as de investimento público ou de manutenção da infraestrutura pública existente.

Além desse desvio de foco no controle das contas públicas, a Regra do Teto dos Gastos, por construção, ignorava os volumosos e, em vários casos, mal concebidos benefícios fiscais que vigoravam e ainda vigoram em nosso país. Os gastos tributários, vantagens tributárias dadas a setores específicos e de maneira transitória, que, já em 2019, consumiam mais

---

5. As seções especiais são espaços abertos neste livro para que os principais membros da equipe econômica comentem tópicos de interesse que estiveram sob sua responsabilidade.
6. Por Esteves Pedro Colnago Júnior, que foi secretário especial da Secretaria de Tesouro e Orçamento do Ministério da Economia, e Adolfo Sachsida.

de 4% do PIB, por exemplo, não eram combatidos pela Regra do Teto de Gastos.

Por fim, havia a situação dos estados e municípios, que não eram alcançados pela regra do Teto dos Gastos e vinha num crescente desrespeito ou "criatividade interpretativa" frente às disposições da Lei de Responsabilidade Fiscal. Desrespeito ou "criatividade" que, em especial, abarcava as despesas com a folha de pagamento – umas das principais, se não a principal, despesa nos orçamentos dos estados e municípios.

Enfim, restava clara a necessidade de ajustar o marco fiscal vigente para garantir o processo de estruturação fiscal do setor público consolidado (isto é, garantir a consolidação fiscal da União, estados e municípios). Essas medidas formariam a base do Novo Marco Fiscal.

O Novo Marco Fiscal foi caracterizado pelas seguintes medidas: **a)** manutenção da Regra do Teto de Gastos; **b)** Lei Complementar 173/2020 (Lei de Assistência aos governos estaduais e municipais); **c)** Lei Complementar 176/2020 (resolução do passivo da Lei Kandir); **d)** Lei Complementar 178/2021 (estabelecimento de gatilhos de travas para gastos de estados e municípios e aprimoramentos na Lei de Responsabilidade Fiscal); **e)** Emenda Constitucional 109 (PEC 186 – Emergencial); e **f)** Reforma da Previdência.

**Lei Complementar 173, de 27 de maio de 2020 – Estabelece o Programa Federativo de Enfrentamento ao Coronavírus SARS-CoV-2 (Covid-19), altera a Lei de Responsabilidade Fiscal e dá outras providências**

Em 11 de março de 2020, a Covid-19 foi caracterizada pela Organização Mundial de Saúde (OMS) como uma pandemia. A partir de então, um conjunto de medidas de isolamento e de distanciamento social foram adotadas em diversos países e no Brasil. Essas medidas, embora necessárias para o combate à pandemia, impunham enorme prejuízo e insegurança ao setor privado, que, em muitos casos, viu reduzida, de forma abrupta, tanto sua demanda como sua capacidade de produção. Como consequência, uma série de empresas viu seu faturamento ser reduzido praticamente a zero. Além disso, devido às incertezas associadas à pandemia e à sua duração, não havia qualquer perspectiva quanto ao retorno à normalidade.

Os governos – União, estados e municípios – com vistas a proteger a vida e a saúde da população, bem como a mitigar a insegurança e os prejuízos impostos ao setor privado e a proteger os postos de trabalho, iniciaram a adoção de um amplo conjunto de políticas públicas com elevado custo fiscal, como, por exemplo, pagamentos de auxílios sociais emergenciais (para permitir que a população ficasse em casa), a postergação no recolhimento de tributos e a renegociação de dívidas entre os entes federados.

Com o objetivo de auxiliar os estados e municípios no enfrentamento da pandemia, a União editou a Lei Complementar 173, de 27 de maio de 2020, criando o Programa Federativo de Enfrentamento ao Coronavírus SARS-CoV-2 (Covid-19). Em linhas gerais, a LC 173 trazia os seguintes benefícios aos estados e municípios:

a. um auxílio financeiro de R$ 60 bilhões para estados e municípios, pago em 4 parcelas ainda durante 2020;

b. a suspensão do pagamento de dívidas de estados e municípios para com a União no exercício de 2020, cujo valor estimado de economia para os entes girava em torno de R$ 35,4 bilhões;

c. a suspensão do pagamento da dívida com bancos públicos, garantida pela União, cujo valor estimado de economia para os entes girava em torno de R$ 14 bilhões;

d. a possibilidade de suspensão do pagamento da dívida com o sistema financeiro (bancos privados) e bancos multilaterais, em ambos os casos com garantia da União, cujo valor estimado de economia para os entes girava em torno de R$ 10,7 bilhões;

e. a suspensão de pagamento de refinanciamento de dívidas com a Previdência Social dos municípios, com economia estimada para os entes de R$ 2,7 bilhões;

f. a possibilidade de lei municipal suspender provisoriamente as contribuições previdenciárias patronais aos regimes próprios, com economia estimada para os entes de R$ 19 bilhões, sendo R$ 17 bilhões de contribuição patronal e R$ 2 bilhões de aporte financeiro para cobertura do déficit atuarial.

Para garantir que essa ajuda financeira a estados e municípios não se transformasse em gastos permanentes, e preparando os entes federados para ajudar no processo de consolidação fiscal que seria necessário ao final da pandemia, a Lei Complementar 173/2020 promoveu aprimoramentos no marco fiscal vigente. De maneira objetiva, foram impostas travas para conter o crescimento de diversas despesas estruturais dos estados e municípios. Essas restrições foram desenhadas para permitir o equilíbrio das contas públicas em médio e longo prazos. A LC 173/2020 fez os seguintes aprimoramentos na Lei de Responsabilidade Fiscal:

    **a.** tornou nulo o aumento da despesa com pessoal que previsse parcela a ser implementada em período posterior ao final do mandato dos titulares de Poderes ou órgãos, eliminando a prática adotada por alguns prefeitos, governadores ou mesmo pelo Judiciário ou Ministério Público, que aprovava aumentos, com base em leis ou meros atos administrativos, com impacto além do seu mandato e, regra geral, incompatíveis com a solvência de médio e longo prazos das contas públicas. É graças a esse aprimoramento que presidentes, governadores e prefeitos não podem mais dar aumentos salariais que ultrapassem seus mandatos. Até essa lei, era comum governadores e prefeitos darem aumentos de salário que só iriam vigorar no ano seguinte ao término de seu mandato. O exemplo mais óbvio foi o do governo Temer, que honrou a construção realizada ainda no governo Dilma e concedeu um reajuste de salários para funcionários públicos em 2017, pago em três parcelas de aumentos, em 2017, 2018 e 2019. Ou seja, a última parcela do reajuste salarial dado pelo governo Temer teve que ser paga já durante o governo Bolsonaro. Hoje, graças a esse aprimoramento legal, essa prática não é mais permitida;

    **b.** disciplinou os limites de atuação dos entes em futuras situações de calamidade pública, desde que reconhecidas pelo Congresso Nacional, nas quais, em especial, estariam flexibilizadas as regras de aprovação e de renegociação de operações de crédito entre os entes.

No que diz respeito à contenção das despesas dos estados e municípios entendidas como estruturais, a LC 173 proibiu, até 31 de dezembro de 2021:

    **a.** a concessão, a qualquer título, de vantagem, aumento, reajuste ou adequação de remuneração a membros de Poder ou de órgão, servidores e empregados públicos e militares, exceto quando derivado de sentença judicial transitada em julgado ou de determinação legal anterior à calamidade pública;

    **b.** a criação de cargo, emprego ou função que implicasse aumento de despesa;

    **c.** a alteração de estrutura de carreira que implicasse aumento de despesa;

    **d.** a admissão ou contratação, regra geral, de pessoal, a qualquer título, ressalvadas as reposições de cargos de chefia, de direção e de assessoramento, que não acarretassem aumento de despesa;

- e. a realização de concurso público, exceto para as reposições de vacâncias;
- f. a criação ou majoração de auxílios, vantagens, bônus, abonos, verbas de representação ou benefícios de qualquer natureza, inclusive os de cunho indenizatório, em favor de membros de Poder, do Ministério Público ou da Defensoria Pública e de servidores e empregados públicos e militares, ou ainda de seus dependentes, exceto quando derivado de sentença judicial transitada em julgado ou de determinação legal anterior à calamidade;
- g. a criação de despesa obrigatória de caráter continuado;
- h. a adoção de medida que implicasse reajuste de despesa obrigatória acima da variação da inflação medida pelo Índice Nacional de Preços ao Consumidor Amplo (IPCA), observada a preservação do poder do salário-mínimo, que é constitucional;
- i. a contagem do período entre a aprovação da Lei e 31 de dezembro de 2021 como período aquisitivo necessário à concessão de anuênios, triênios, quinquênios, licenças-prêmio e demais mecanismos equivalentes que aumentassem a despesa com pessoal em decorrência da aquisição de determinado tempo de serviço.

Segundo estimativas da Consultoria de Orçamento e Fiscalização Financeira da Câmara dos Deputados[7], a economia proporcionada aos estados e municípios com essas contenções temporárias somava R$ 98 bilhões. Matéria do jornal *Valor Econômico* de 28 de novembro de 2023 ajuda a ilustrar a repercussão dessa contenção temporária de despesas para as finanças dos entes:

> As despesas de pessoal, que representam 43,6% do gasto total dos municípios, avançaram 8,3% reais – em 2022 – em relação a 2021. O aumento reflete o fim da restrição imposta pela Lei Complementar 173/2020, a lei que estabeleceu os repasses extraordinários a estados e municípios no combate à pandemia e que trouxe junto limitações para contratações e reajustes salariais de servidores que valeram até o fim de 2021. Sob a restrição, o gasto de pessoal dos municípios chegou a recuar 1,8% em 2021, mas avançou no ano passado, sob pressão

---

7. Disponível em: https://www2.camara.leg.br/orcamento-da-uniao/estudos/2020/NotaInformativa21LeiComplementarn173_2020_principaismedidasevetos.pdf. Acesso em: 2 fev. 2024.

de reajustes de salários que ficaram congelados e de recomposições, como a do piso nacional da educação[8].

O Relatório de Acompanhamento Fiscal, de julho de 2023, da Instituição Fiscal Independente (IFI), também auxilia na visualização da repercussão dessa contenção temporária de despesas para as finanças dos entes federados:

> A ocorrência de eventos fiscais e econômicos de grande impacto afetou as finanças das unidades da federação nos últimos anos. As transferências da União para apoio financeiro em decorrência dos efeitos da pandemia de Covid-19 e o choque positivo sobre os preços de commodities após a fase mais aguda da pandemia produziu um efeito importante sobre as receitas desses entes, principalmente por meio dos recolhimentos de ICMS. Ao mesmo tempo, os comandos da Lei Complementar (LC) 173, de 2020, que vedou aumentos nos vencimentos do funcionalismo, garantiram que as despesas de pessoal ficassem relativamente controladas, propiciando aos estados a realização de superávits primários até junho de 2022.

O gráfico abaixo confirma a melhora do resultado primário após a adoção da LC 173, com a obtenção de resultados primários positivos em 2021, 2022 e até junho de 2023 (acumulado de 12 meses de julho de 2022 a junho de 2023).

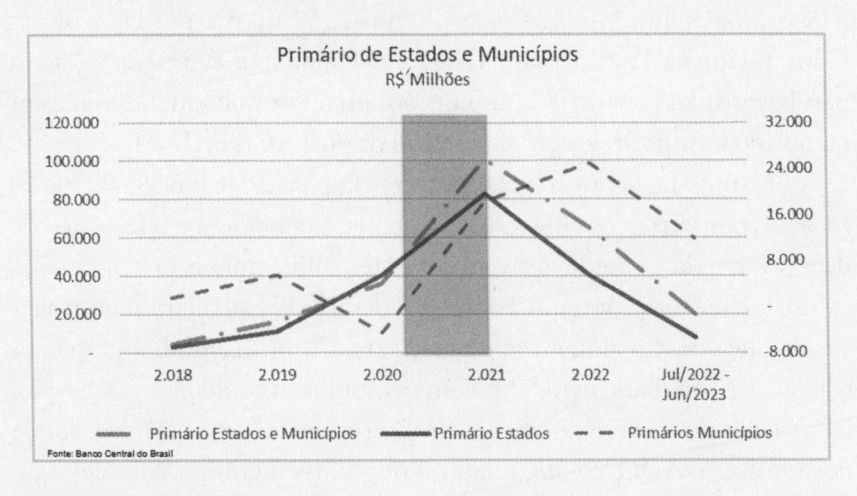

---

8. Disponível em: https://valor.globo.com/brasil/noticia/2023/11/28/municipios-tem-maior--volume-de-investimento-em-20-anos.ghtml. Acesso em: 2 fev. 2024.

**Lei Complementar 176, de 29 de dezembro de 2020 – Equacionamento da Discussão da União com Estados e Municípios quanto ao ressarcimento dos entes subnacionais pela desoneração das exportações (Lei Kandir)**

Ainda como fruto das incertezas trazidas pela Covid-19, em especial quanto à capacidade das finanças estaduais e municipais em arcar com os programas e políticas necessárias ao auxílio da população e da economia local, começou a ganhar força a discussão quanto à resolução de litígios entre União e estados e municípios, que, ao final, poderiam não apenas encerrar incertezas jurídicas e fiscais de grande monta – o que seria benéfico para todas as partes envolvidas –, mas também proporcionar novos repasses de recursos da União para os demais entes, o que, naquele momento, se fazia necessário.

Ganhou importância então uma antiga discussão, que remontava ao ano de 1996 (quase vinte e cinco anos de litígio), e dizia respeito a uma suposta dívida da União para com os estados e municípios. Essa suposta dívida teria se originado em decorrência da desoneração das exportações promovida em 1996 por uma lei federal (Lei Kandir). Segundo alegavam os entes, a União devia a eles valores substanciais, em montantes que variavam de R$ 139 bilhões a R$ 600 bilhões, e havia uma omissão legislativa por parte do Congresso Nacional ao não editar a lei complementar prevista no caput do art. 91 do Ato das Disposições Constitucionais Transitórias (ADCT). A União, por sua parte, alegava não haver qualquer dívida ou omissão, uma vez que entendia já estar cumprido o disposto no §2º do mesmo dispositivo do ADCT.

O ambiente de incertezas trazido pela Covid-19, a necessidade de recursos por parte dos entes para combater a pandemia e o histórico de decisões amplamente favoráveis aos entes subnacionais em discussões contra a União no Supremo Tribunal Federal (STF) auxiliaram na avaliação de que seria fiscalmente vantajoso para a União caminhar para uma conciliação, mediada pelo STF, com os estados e municípios nessa ação. Essa mediação ocorreu por meio da Ação Direta de Inconstitucionalidade por Omissão (ADO 25), de relatoria do ministro Gilmar Mendes, que também foi o ministro condutor da então inédita iniciativa de mediação entre União, estados e municípios, no âmbito do STF.

Em 21 de maio de 2020, a conciliação resultou no reconhecimento, por parte da União, de uma dívida de R$ 62 bilhões, a ser paga em prestações mensais até 2037. A efetivação das transferências da União para os entes ainda demandava aprovação de lei complementar pelo Congresso Nacional, o que ocorreu quando da aprovação da Lei Complementar 176, em 29 de dezembro de 2020.

A inédita conciliação pelo STF permitiu, pela ótica da União, uma redução de um risco fiscal de mais de R$ 75 bilhões (R$ 139 bilhões menos R$ 62 bilhões), ou próxima a R$ 540 bilhões, se considerarmos a estimativa de litígio mais elevada de R$ 600 bilhões argumentada por alguns entes. Pela ótica dos entes, ela também foi meritória, pois assegurou o reconhecimento de uma obrigação que a União entendia inexistente, eliminou um foco de discussão federativa que se arrastava há décadas e assegurou a entrada de recursos em um importante momento de suporte à população e à economia local.

É importante ressaltar que iniciativas como essa são de grande importância para a redução de litígios e de riscos fiscais que rondam e fragilizam as contas públicas. Apenas a título de ilustração, o Anexo de Riscos Fiscais do Projeto de Lei de Diretrizes Orçamentárias (PLDO) para o ano de 2024 da União aponta passivos contingentes advindos de demandas judiciais com classificação "de risco provável" da ordem R$ 1,1 trilhão, e de "risco possível" em R$ 2,6 trilhões. Por seu turno, o estoque de potenciais direitos da União, na forma de Dívida Ativa, monta em R$ 2,9 trilhões, sendo R$ 2,3 trilhões entendidos como direitos de menor probabilidade de êxito ou realização.

**Lei Complementar 178, de 13 janeiro de 2021, estabelece o Programa de Acompanhamento e Transparência Fiscal e o Plano de Promoção do Equilíbrio Fiscal (Lei Mansueto), altera Marcos Fiscais e dá outras providências**

Mais uma vez, a situação fiscal dos estados e municípios e o pano de fundo da calamidade pública, que recrudescia com os dados de contaminação e os de óbitos, trazia preocupação à União e impulsionava discussões que giravam em torno de medidas para abrir espaço no orçamento dos entes subnacionais para atender à população e à economia local. Ao mesmo tempo, era necessária a criação de mecanismos estruturais que auxiliassem na consolidação das contas públicas dos entes subnacionais em médio e longo prazos. Dessa forma, surgiu a proposta do então secretário do Tesouro Nacional, Mansueto Almeida, que previa uma nova estrutura de acesso dos estados e municípios às operações de crédito garantidas pela União, desde que, em contrapartida, houvesse a assunção por esses entes de um conjunto de compromissos e iniciativas que permitissem uma melhoria nas contas públicas em médio e longo prazos.

O Programa de Acompanhamento e Transparência Fiscal previa uma liberação de até R$ 10 bilhões em operações de crédito, com garantia da União aos entes que cumprissem, além das metas e compromissos assumidos, ao menos três de oito das seguintes medidas:

**a.** alienação total ou parcial de participação societária, com ou sem perda do controle, de empresas públicas ou sociedades de economia mista, ou a concessão de serviços e ativos, ou a liquidação ou extinção dessas empresas, para quitação de passivos com os recursos arrecadados;

**b.** a adoção pelo Regime Próprio de Previdência Social, no que couber, das regras previdenciárias aplicáveis aos servidores públicos da União;

**c.** redução de pelo menos 20% dos incentivos e benefícios fiscais ou financeiro-fiscais dos quais decorram renúncias de receitas;

**d.** revisão dos regimes jurídicos de servidores da administração pública direta, autárquica e fundacional para reduzir benefícios ou vantagens não previstos no regime jurídico único dos servidores públicos da União;

**e.** instituição de regras e mecanismos para limitar o crescimento anual das despesas primárias à variação do Índice Nacional de Preços ao Consumidor Amplo (IPCA);

**f.** realização de leilões de pagamento, nos quais seria adotado o critério de julgamento por maior desconto, para fins de prioridade na quitação de obrigações inscritas em restos a pagar ou inadimplidas, e a autorização para o pagamento parcelado destas obrigações;

**g.** adoção de gestão financeira centralizada no âmbito do Poder Executivo do ente, cabendo a este estabelecer para a administração direta, indireta e fundacional e empresas estatais dependentes as condições para o recebimento e a movimentação dos recursos financeiros, inclusive a destinação dos saldos não utilizados quando do encerramento do exercício, observadas as restrições a essa centralização estabelecidas em regras e leis federais e em instrumentos contratuais preexistentes; e

**h.** instituição do regime de previdência complementar para os servidores públicos.

Diferentemente de planos anteriores, o Programa de Acompanhamento e Transparência Fiscal previa que a liberação das operações de crédito garantidas pela União não se daria logo após a adesão do Plano, mas apenas em parcelas (*tranches*) e conforme fossem sendo verificadas melhorias nas contas públicas do respectivo ente federado. Ademais, a adesão do estado, do Distrito Federal ou do município ao Programa de Acompanhamento e Transparência Fiscal era condição para poderem aderir a um amplo conjunto de ações de interesse desses entes junto à União, em especial ao Regime de Recuperação Fiscal (RRF), de que trata a Lei Complementar 159, de 19 de maio de 2017.

A Lei Mansueto também alterou o próprio Regime de Recuperação Fiscal, regime fiscal voltado aos entes subnacionais (estados e municípios) entendidos como superendividados, notadamente os estados do Rio de Janeiro, Minas Gerais e Rio Grande do Sul. O intuito de ajustar o RRF era tanto o de facilitar a adesão dos entes quanto o de tornar mais consistentes e críveis os incentivos e instrumentos para permanência e saída do ente no RRF. Por exemplo, para aderir ao RRF o ente não precisaria mais obter autorização para privatizar empresas, mas tão somente ter o compromisso de que os recursos arrecadados com a alienação total ou parcial de participação societária, com ou sem perda do controle, seriam utilizados para quitação de passivos. Com relação ao ajuste nas regras de permanência e de saída do RRF, podem ser destacadas:

**a.** a ampliação do prazo do Regime, que antes era de até três anos – período tido como curto para o ajuste das contas de entes superendividados – para até nove anos;

**b.** a adoção de um prazo de três anos para a redução em 20% dos incentivos e benefícios fiscais ou financeiro-fiscais dos quais decorram renúncia de receita;

**c.** a criação de uma regra de permanência que reduzia a zero o pagamento dos contratos de dívidas junto à União, bem como de contratos junto ao sistema financeiro e às instituições multilaterais, garantidos pela União, no primeiro ano de vigência do Regime, mas que elevasse o valor pago anual e linearmente, de tal forma que, no último ano do Regime, o pagamento estivesse muito próximo a 90% do que seria pago fora do Regime.

Por fim, a Lei Mansueto, assim como a LC 173, adotou medidas de reforço à responsabilidade fiscal. Nesse caso, assim como na LC 173, buscou-se clarificar melhor o cômputo das despesas com pessoal nos entes, uma vez que essa despesa é tida como estrutural e extremamente engessada, além de, regra geral, apresentar crescimento vegetativo que supera os índices de inflação e, muitas vezes, o de arrecadação do ente. Os seguintes ajustes merecem destaque:

**a.** a despesa total com pessoal deveria ser apurada somando-se a realizada no mês em referência com as dos 11 imediatamente anteriores, adotando-se o regime de competência, independentemente de empenho. Havia ente que, mesmo sendo devida, não empenhava a despesa com pessoal – primeiro estágio da despesa orçamentária – para burlar os controles fiscais e não ter sua capacidade de gestão restringida;

**b.** a apuração da despesa total com pessoal deveria observar a remuneração bruta do servidor, sem qualquer dedução ou retenção. Alguns entes deduziam o valor devido como Imposto de Renda como forma de reduzir a despesa com pessoal;

**c.** as parcelas pagas a inativos e pensionistas, ainda que pagas por intermédio de unidade gestora única ou fundo próprio, deveriam ser computadas na despesa com pessoal. Antes dessa lei alguns entes não computavam o pagamento com inativos e pensionistas como despesa com pessoal, reduzindo assim de maneira artificial essa despesa (evitando então, por um truque contábil, as travas da Lei de Responsabilidade Fiscal referentes a despesa com pessoal); e

**d.** as despesas com inativos e pensionistas de Poderes ou órgãos deveriam ser computadas como despesas desses Poderes ou órgãos, ainda que o custeio de parte ou da totalidade das mesmas estivesse a cargo de outro Poder ou órgão.

### PEC Emergencial, transformada na Emenda Constitucional 109 de 15 de março de 2021 (elaborada com base na PEC 186 de 5 de novembro de 2019)

O diagnóstico de que o antigo Marco Fiscal continuava necessitando de aprimoramentos, os recorrentes sinais de fragilidade da situação fiscal dos entes subnacionais e as incertezas da Covid-19 (que se mostrava mais duradoura e agressiva do que o inicialmente previsto) levaram à elaboração da PEC Emergencial que depois de aprovada resultou na Emenda Constitucional 109 (EC 109).

As bases da PEC Emergencial já estavam previstas no texto da PEC 186, apresentada ao Congresso Nacional no final de 2019. Contudo, o texto da PEC 186 (elaborada antes da pandemia de Covid-19) trazia mecanismos de aperfeiçoamentos estruturais das regras fiscais. A PEC Emergencial foi então o resultado da inclusão de mecanismos para lidar com a pandemia dentro de um texto que propunha reformas estruturais para as regras fiscais (a PEC 186). O texto aprovado no Congresso Nacional deu origem à Emenda Constitucional 109 (EC 109). Na EC 109, fortaleciam-se e criavam-se novos mecanismos para garantir a sustentabilidade da dívida:

a. constitucionalização da obrigatoriedade de realização de avaliações periódicas das políticas públicas e, consequente, dos seus gastos e custo-benefício, com necessária divulgação do objeto a ser avaliado e dos resultados alcançados;

b. previsão de lei complementar para dispor sobre a sustentabilidade da dívida, especificando:

    1. indicadores de sua apuração;

    2. níveis de compatibilidade dos resultados fiscais com a trajetória da dívida;

    3. trajetória de convergência do montante da dívida com os limites definidos em legislação;

    4. medidas de ajustes, suspensões e vedações; e

    5. planejamento de alienação de ativos com vistas à redução do montante da dívida;

c. obrigação de União, estados, Distrito Federal e municípios conduzirem suas políticas fiscais de forma a manter a dívida pública em níveis sustentáveis, devendo, para tanto, a elaboração e a execução dos planos e orçamentos refletirem a compatibilidade dos indicadores fiscais com a sustentabilidade da dívida; e

d. a necessidade da Lei de Diretrizes Orçamentárias (LDO) estabelecer diretrizes de política fiscal e respectivas metas em consonância com a trajetória sustentável da dívida pública.

A EC 109 trazia ainda um conjunto de instrumentos que poderiam ser acionados, conforme regulamentação em lei complementar, para garantir a sustentabilidade da dívida pública. Isto é, colocava à disposição da sociedade um amplo conjunto de medidas que, em caso de necessidade, poderiam ser implementadas para garantir a trajetória de sustentabilidade fiscal da dívida pública. Dentre os instrumentos passíveis de utilização, ressalta-se a proibição à:

a. concessão, a qualquer título, de vantagem, aumento, reajuste ou adequação de remuneração de membros de Poder ou de órgão, de servidores e empregados públicos e de militares, exceto dos derivados de sentença judicial transitada em julgado ou de determinação legal anterior ao acionamento desse instrumento;

b. criação de cargo, emprego ou função que implique em aumento de despesa;

c. admissão ou contratação de pessoal, a qualquer título, ressalvadas:

   1. as reposições de cargos de chefia e de direção que não acarretassem aumento de despesa;
   2. as reposições decorrentes de vacâncias de cargos efetivos ou vitalícios;
   3. as contratações temporárias; e
   4. as reposições de temporários para prestação de serviço militar e de alunos de órgãos de formação de militares;

d. realização de concurso público, exceto para as reposições das vagas em aberto para quem deixou o serviço público;

e. criação ou majoração de auxílios, vantagens, bônus, abonos, verbas de representação ou benefícios de qualquer natureza, inclusive os de cunho indenizatório, exceto quando derivados de sentença judicial transitada em julgado ou de determinação legal anterior ao acionamento desse instrumento;

f. criação de despesa obrigatória;

g. adoção de medida que implicasse em reajuste de despesa obrigatória acima da variação da inflação;

h. criação ou expansão de programas e linhas de financiamento, bem como remissão, renegociação ou refinanciamento de dívidas que implicassem na ampliação das despesas com subsídios e subvenções; e

i. concessão ou ampliação de incentivo ou benefício de natureza tributária.

j. Em outras palavras, a EC 109 trazia para o gestor um conjunto de instrumentos que permitia uma interrupção, ou suavização, da curva de crescimento das despesas, permitindo a recondução da trajetória de endividamento à trajetória de sustentabilidade fiscal da dívida pública.

Além disso, a EC 109 também olhava para o lado da recomposição das receitas, havendo a possibilidade de proibir, ainda que temporariamente, a concessão ou ampliação de incentivos ou benefícios de natureza tributária.

A EC 109, buscava dar instrumentos para estados e municípios melhor conduzirem suas contas. Nesse sentido, além de determinar que estes mantivessem a dívida pública em níveis sustentáveis, ela deu aos gestores dos Poderes Executivo, Legislativo e Judiciário, ao Ministério Público, ao Tribunal de Contas e à Defensoria Pública desses entes subnacionais a faculdade de adotar o mesmo conjunto de instrumentos acima mencionados para a União. No caso dos entes subnacionais, a utilização desse conjunto de instrumentos independia de regulamentação posterior e poderia ser acionada sempre que as despesas correntes superassem o patamar de 95% das receitas correntes (medido em intervalos móveis de 12 meses).

É importante ressaltar que, embora a EC 109 tenha apenas facultado a adoção dos instrumentos, sua não adoção pelos gestores quando as despesas correntes superassem o patamar de 95% das receitas correntes, trazia como consequências as proibições:

**a.** à concessão, por qualquer outro ente da Federação, de garantias ao ente envolvido; e

**b.** à tomada de operação de crédito por parte do ente envolvido com outro ente da Federação, diretamente ou por intermédio de seus fundos, autarquias, fundações ou empresas estatais dependentes, ainda que sob a forma de novação, refinanciamento ou postergação de dívida contraída anteriormente, ressalvados os financiamentos destinados a projetos específicos celebrados na forma de operações típicas das agências financeiras oficiais de fomento.

Por fim, como forma de controle prudencial da solidez das contas públicas, a EC 109 permitiu aos chefes do Poder Executivo – e dos demais Poderes e órgãos autônomos dos entes –, a adoção, no todo ou em parte, dos instrumentos previstos para limitar o aumento da despesa, ou limitar a redução da receita, quando a relação entre despesas correntes e receitas correntes superasse 85%. Ou seja, quando a despesa corrente chegasse ao patamar de 85% da receita corrente o gestor poderia aplicar os mecanismos de controle fiscal previstos na EC 109. Convém ressaltar que, dada a dificuldade política na adoção de medidas de ajuste fiscal nos estados e municípios, as possibilidades trazidas pela EC 109 foram importantes para gestores que buscavam o equilíbrio das contas públicas.

### Novo Marco Fiscal

O Novo Marco Fiscal, elaborado no período 2019-2022, tinha como objetivo central promover a consolidação fiscal das contas públicas da União, estados e municípios. Isso foi feito tanto por meio do aperfeiçoamento legal de regras fiscais já existentes como pela criação de novas legislações. O conjunto de regras trazidas pelo Novo Marco Fiscal permitia não apenas o controle das despesas, mas também garantia uma trajetória solvente da dívida pública da União, dos estados e dos municípios.

O Novo Marco Fiscal era composto por **a)** Lei Complementar 173/2020: Lei de Assistência aos governos estaduais e municipais (impedindo aumento de salário para funcionários públicos por dois anos – 2020-2021); **b)** Lei Complementar 176/2020: resolução do passivo da Lei Kandir (passivo que se prolongava há anos); **c)** Lei Complementar 178/2021: estabelece gatilhos para trava de gastos públicos de estados e municípios e implementação de melhorias na Lei de Responsabilidade Fiscal; **d)** Emenda Constitucional 109 (que tinha por objetivo impor medidas de controle do crescimento das despesas obrigatórias permanentes no âmbito dos orçamentos fiscal e da Seguridade Social da União, estados e municípios); **e)** Manutenção do Teto de Gastos; e **f)** Reforma da Previdência.

É importante ressaltar que graças ao Novo Marco Fiscal os gastos do governo federal encerraram 2022 num patamar inferior ao que estavam no ano anterior à nossa entrada. Fato inédito desde a redemocratização do país: foi o primeiro governo a encerrar seu ciclo de quatro anos gastando em relação ao PIB menos do que no ano anterior de quando entrou. Em 2018, o governo federal gastou o equivalente a 19,4% do PIB (em 2019, primeiro ano de nosso governo, esse gasto foi de 19,5%), em 2022 (último ano de nosso governo) esse gasto público foi reduzido para 18,3% do PIB. Digno de nota também é o fato de que a dívida pública de 75,3% do PIB ao final de 2018 foi reduzida para 72,9% ao final de 2022. Mesmo com a pior calamidade de saúde pública em cem anos (Covid-19), mesmo com a pior crise hídrica em cem anos (ocorrida no ano de 2021), mesmo com a maior guerra europeia desde a Segunda Guerra Mundial (invasão da Ucrânia pela Rússia e disparada dos preços de energia), ainda assim encerramos nosso ciclo de quatro anos gastando menos e devendo menos do que quando entramos.

## 4.2. Seção Especial: Reforma da Previdência[9]

Após décadas de espera, a Reforma da Previdência se notabilizou pelo grande apoio e construção de consenso na sociedade. A realidade dos gastos inerciais crescentes, vivenciada por sucessivos mandatos, foi finalmente debatida em 2019. No entanto, é seguro afirmar que tal resultado não surgiu apenas pelo elevado déficit público advindo da recessão antecedente.

É fato, por um lado, que o Comitê de Datação dos Ciclos Econômicos da Fundação Getúlio Vargas (CODACE/FGV) apontou que entre o segundo trimestre de 2014 e o quarto trimestre de 2016 o Brasil viveu a maior recessão econômica da sua história. Na ocasião, o PIB contraiu 8,6%, ao longo de onze trimestres. A taxa de desemprego cresceu mais de 7 pontos percentuais, atingindo 13,9% nos meses que antecederam a reforma trabalhista de 2017.

No entanto, para além do problema fiscal, as ações trazidas pelos técnicos envolvidos na reforma também jogaram luz nos critérios de justiça, elegibilidade, concentração de aposentadorias precoces entre os mais ricos, na expressiva judicialização na concessão de benefícios, no combate a fraudes, entre outros problemas práticos do universo da gestão da política previdenciária do país.

Logo, o sistema que vigorava era, acima de tudo, injusto. Transferia renda de pobres para ricos por meio de subsídios que se majoravam quanto maior a renda do segurado. Por exemplo, à época, os mais pobres se aposentavam por idade com uma média de 19,5 anos de contribuição (homens e mulheres); as mulheres aos 61,5 anos de idade e os homens aos 65,5 anos. Enquanto os mais ricos se aposentavam por tempo de contribuição, as mulheres, em média, com cinquenta e três anos e os homens com cinquenta e cinco anos.

---

9. Por Rogério Marinho, atualmente senador pelo Rio Grande do Norte. Durante o governo Bolsonaro foi ministro do Desenvolvimento Regional e, antes disso, secretário especial de Previdência e Trabalho no Ministério da Economia.

A demografia, por sua vez, embora trouxesse as boas notícias de se viver por mais tempo, também alertava que isso ocorria com cada vez menos filhos. Mesmo assim, a extrema pobreza entre crianças era até sete vezes maior do que entre idosos. Constatava-se, portanto, falta de prioridade e foco no gasto público, que não se revertia efetivamente em benefícios à população. Tais incongruências inevitavelmente se refletiam no fiscal, pois nos endividávamos para pagar assistência e previdência. O corolário de décadas persistindo por esse caminho foi a compressão perene dos investimentos públicos.

Ao ampliar a discussão para questões de justiça, de necessidade de adequações periódicas e imposição de escolhas, a situação fiscal foi mais facilmente percebida como uma consequência e não uma causa de tantas distorções. Construiu-se, portanto, um diagnóstico notadamente superior à mera discussão, embora também relevante, de equilíbrio atuarial do sistema.

Assim, foi estabelecida uma alíquota de contribuição para aposentadoria de 7,5% para aqueles trabalhadores que recebiam até um salário-mínimo. Na outra ponta, a contribuição máxima para servidores públicos, que era de 11% (mesmo para os que ganhavam acima do teto do Supremo Tribunal Federal), foi elevada para até 22%.

Tais alterações se fizeram presentes na mais conhecida e debatida alteração: A Emenda Constitucional (EC) 103, de 2019. Seu impacto foi estimado em R$ 855,7 bilhões em dez anos. Trata-se de um conjunto de alterações paramétricas nas regras de concessão dos benefícios, tais como idade mínima de sessenta e dois anos para mulheres e sessenta e cinco anos para homens após o período de transição (com tempo mínimo de contribuição de quinze anos); unificação das alíquotas dos trabalhadores da iniciativa privada e para os servidores públicos, com progressividade na incidência; regra de transição com a criação de um pedágio sobre o tempo faltante para ter direito ao benefício; elevação do tempo mínimo de contribuição para aposentadoria rural de quinze para vinte anos (no caso dos homens); alterações na pensão por morte e por incapacidade permanente; entre outras.

O conjunto de modificações representou uma reforma expressiva. Apenas os dispositivos da EC 103 obtiveram economia 80% superior aos R$ 480 bilhões, também em dez anos, que se via no texto prestes a ser votado de reforma da Previdência dois anos antes[10]. Ou seja, foi concretizada tanto uma reforma politicamente possível como também capaz de superar expectativas.

Por outro lado, a reticência do Congresso Nacional diante de tantas mudanças foi esperada. Mesmo assim, embora rejeitadas, há outras alterações que continuam preconizadas por especialistas. Entre elas um gatilho automático que eleve a idade mínima conforme o aumento da expectativa de sobrevida; novos parâmetros em torno de aposentadorias especiais ou até mesmo a tão comentada capitalização.

São pontos que, embora acirrem o debate, podem ser revisitados em outra oportunidade, frente à acelerada transição demográfica. É o que consta o próprio Censo Demográfico realizado três anos depois pelo IBGE. Enquanto nos anos 1990 o maior grupo populacional era composto pela população de até quatorze anos, hoje afirma-se que o maior grupo populacional se encontra entre os trinta e cinco e quarenta e quatro anos de idade. Ou seja, espera-se que as próximas décadas já apontem os idosos como o maior grupo populacional, ensejando novas pressões em torno das políticas de emprego, de saúde e, por óbvio, de previdência.

Quanto à segunda coluna da reforma, o combate à fraude e irregularidades se deu por meio de uma medida provisória convertida na Lei 13.846/2019. Foi por meio dela que se instituiu um programa de análise de benefícios com indícios de irregularidades. O objetivo era racionalizar os gastos públicos quanto aos pagamentos a maior ou fraudulentos. Tal ação é justificada na exposição de motivos, elaborada pelo governo federal, em que se afirma que o Tribunal de Contas da União (TCU) indicava que, em 2018, o INSS desembolsava 15% do seu orçamento anual para pagamento de benefícios concedidos por ordem judicial.

Em um terceiro pilar, a Lei 13.876/2019 garantiu a competência para julgamento em vara federal de processo previdenciário nos casos em que a comarca de domicílio do autor da ação estiver a menos de 70 km de algum município sede de vara federal. Se estiver mais distante, ocorre competência delegada para ajuizar a ação na vara estadual. Hoje, por

---

10. Essa economia de R$ 480 bilhões em dez anos refere-se ao texto de reforma da Previdência encaminhado ao Congresso Nacional pelo governo Temer. Como se vê, a economia de R$ 855,7 bilhões em dez anos gerada pelo texto proposto pelo governo Bolsonaro foi bem mais robusta.

exemplo, sabemos que existem fintechs que investem em ativos alternativos como aplicações financeiras lastreadas em honorários advocatícios e de sucumbências. As instituições se especializaram, portanto, em aguardar o pagamento dessas verbas pelo INSS. Daí a necessidade de que varas federais, mais especializadas no assunto, possam se fazer presentes de forma profícua. Essa mesma lei também definiu novas regras envolvendo custos periciais.

Estimou-se, na época, que as duas leis supracitadas economizariam em dez anos um valor aproximado de R$ 289,7 bilhões e R$ 97,4 bilhões, respectivamente. Ultrapassou-se, portanto, a marca de R$ 1 trilhão economizados em dez anos. Embora muito distante do conhecimento dos especialistas em finanças públicas, essas nuances são muito pertinentes para a determinação do impacto nas contas do INSS.

A atuação dos técnicos envolvidos no tema mostrou a relevância de combinar os aspectos econômicos, gerenciais, administrativos e jurídicos do sistema previdenciário como um todo. Com várias frentes de atuação, a reforma previdenciária trouxe um retorno já muito expressivo em 2019. O risco-país em seguida à aprovação da Reforma da Previdência caiu para seu menor nível desde 2014. O CDS apurado em 22/07/2019 alcançou 128 pontos. Isso representou uma queda de quase 40% em relação ao fim de 2018, permitindo-se igualar aos níveis verificados nos anos em que o país ainda possuía grau de investimento. Por fim, experimentou-se inéditas reduções da Taxa Selic, que chegou a 4,5% no fim de 2019, mostrando a importância do processo de consolidação fiscal para a redução estrutural da taxa de juros.

# 5. A PARTE MICROECONÔMICA DO BINÔMIO ECONÔMICO:
## reformas microeconômicas para aumento da produtividade

Em janeiro de 2019 fizemos a seguinte pergunta à equipe da Subsecretaria de Política Macroeconômica da Secretaria de Política Econômica (SPE): após a crise de 2015-2016 a taxa de crescimento retornaria à média histórica ou os efeitos seriam permanentes? Em caso de efeitos permanentes, o que poderia ser feito?

A resposta era clara: crises dessa magnitude deixam efeitos duradouros na economia, principalmente por um problema relacionado ao canal de crédito. Durante crises severas as empresas usam suas garantias (estoques, recebimentos futuros, terrenos, maquinário, etc.) para obterem crédito e se manterem ativas durante o período. Dessa maneira, utilizam suas garantias para obter empréstimos a taxas mais favoráveis na crise, mas em caso de crises severas e prolongadas, como foi a de 2015-2016, as garantias se esgotam e criam dificuldades extras para as empresas acessarem o mercado de crédito. O resultado é que, ao final da crise, as empresas encontram-se com dificuldade de acesso ao mercado de crédito por falta de garantias. Com esse diagnóstico em mente, a SPE estabeleceu como uma de suas prioridades aprimorar o mercado de garantias.

Nossa leitura era que o aprimoramento das garantias fortaleceria o mercado de crédito, de capitais e de seguros, mercados fundamentais para alavancar o crescimento de longo prazo da economia ao viabilizar a melhor alocação dos recursos econômicos. Aliado a isso, era nossa leitura que o Brasil enfrentava um problema estrutural de baixa produtividade. Grosso modo, podíamos dizer que entre 1980 e 2016 a produtividade dos fatores na economia brasileira esteve estagnada. A estagnação da produtividade aliada ao crônico problema das contas públicas brasileiras levou a SPE a focar toda a sua agenda no binômio econômico: consolidação fiscal e reformas pró-mercado para aumento da produtividade.

As reformas microeconômicas para aumento da produtividade foram levadas a cabo por todo o governo, e por óbvio o Ministério da Economia e a SPE tiveram participação em parte expressiva delas. Evidente que em algumas delas fomos protagonistas, e em outras coadjuvantes. Uma preocupação central das reformas microeconômicas era com o aprimoramento dos marcos legais, aumentando a segurança jurídica, reduzindo a burocracia e corrigindo a má alocação de recursos (*misallocation*). Melhorar os marcos legais, respeitando contratos, dando previsibilidade e aumentando a segurança jurídica necessária para os investimentos, em conjunto com um esforço contínuo para reduzir a burocracia e corrigir o problema da má alocação de recursos (*misallocation*) foi o carro-chefe de nossa política econômica. A seguir, um apanhado dos principais marcos legais aprovados no período.

# 6. RESUMO DE ALGUNS DOS PRINCIPAIS MARCOS LEGAIS APROVADOS NO PERÍODO

Este capítulo busca dar ao leitor uma breve percepção da expressiva quantidade de novos marcos legais, aprovados entre 2019 e 2022, para melhorar o ambiente de negócios, reduzir a burocracia, reduzir a má alocação de recursos, melhorar a eficiência dos mercados de crédito, capitais, garantias e seguros, aumentar a segurança jurídica, atrair capital privado para a realização de investimentos, e melhorar a produtividade da economia brasileira.

## Saque-Aniversário de FGTS (Lei 13.932/2019)

Liderado pela Secretaria de Política Econômica (SPE) do Ministério da Economia, em julho de 2019, foi criado o Saque-Aniversário do FGTS, como uma resposta a dois problemas sérios da economia brasileira: a alta rotatividade dos trabalhadores de baixa renda do setor privado formal e o pequeno acesso ao crédito desses trabalhadores. Ao criar a possibilidade de o trabalhador ter acesso a uma parte de seu FGTS todo ano fortalece-se o incentivo para o trabalhador continuar no mesmo emprego, aumentando assim sua produtividade, seja por meio de *learning by doing*[11], seja por maior probabilidade desse trabalhador receber treinamento da empresa. Além disso, ao possibilitar o uso desse saque anual como garantia de empréstimo, criou-se um importante mercado de consignado privado: pela primeira vez trabalhadores do setor privado tinham acesso a taxas de juros mais baratas do que as oferecidas aos trabalhadores do setor público. Com efeito, o empréstimo com uso do Saque-Aniversário do FGTS como garantia foi a modalidade que mais cresceu no Brasil nos anos seguintes a essa inovação financeira. Dessa

---

11. Aprender fazendo. (N. E.)

forma, o Saque-Aniversário do FGTS resolvia tanto um problema no mercado de trabalho como um problema no mercado de crédito.

O Saque-Aniversário permite o saque anual, no mês de aniversário do trabalhador, de parte do saldo de sua conta, beneficiando, de modo geral, aquele cidadão com menor renda e menor saldo disponível. Possibilita, ainda, a utilização dos recursos como garantia por meio de cessão ou alienação fiduciária, o que facilita o acesso ao crédito e possibilita a redução da taxa de juros média.

Entre os benefícios do Saque-Aniversário e da possibilidade de uso desses recebíveis como garantia de empréstimos, destacam-se o favorecimento do aumento da produtividade do trabalho, a ampliação do mercado de garantias e a expansão de crédito na economia. Especificamente, sobre a possibilidade de utilização desse mecanismo como fonte de crédito, cabe destacar que as taxas de juros com garantia pela alienação ou cessão fiduciária dos Saques-Aniversário são mais baixas até mesmo do que as do crédito consignado de servidor público. Além disso, a introdução do Saque-Aniversário trouxe impactos estruturais ao mercado de trabalho, com foco no aumento na produtividade, já que possui potencial de reduzir a rotatividade dos trabalhadores – com efeitos positivos do *learning by doing* –, de aumentar os gastos em treinamento feitos pelas empresas e de promover a redução da informalidade na economia.

Além de criar o Saque-Aniversário do FGTS, nessa mesma medida foram devolvidos aos trabalhadores R$ 43 bilhões de saldo excedente do FGTS. Isto é, mesmo mantendo todos os programas e todo o orçamento necessário do FGTS, ainda foi possível beneficiar 96 milhões de correntistas do FGTS, que puderam sacar até R$ 500 por conta no FGTS. Ainda nessa medida foi abolida a multa de adicional de 10% que os empregadores deveriam pagar em caso de demissão sem justa causa (essa multa ia para os cofres do governo. A multa de 40% que é do trabalhador permaneceu). Também foi alterada a regra para homologação de Fundo de Compensação de Variações Salariais (FCVS), tentando resolver esse importante passivo que ameaça as contas públicas. Além disso, a taxa de administração cobrada pela Caixa Econômica Federal foi reduzida de 1% para 0,5% (o que propiciou um incremento de aproximadamente R$ 2,5 bilhões por ano para a conta dos trabalhadores no FGTS). Por fim, foi incluída na lei a necessidade de devolver aos trabalhadores parte do lucro (entre 50% e 100%) do FGTS. Essa medida visava melhorar a correção das contas de FGTS que rendiam muito abaixo da taxa de poupança. Tudo isso foi feito sem retirar um centavo dos programas sociais mantidos pelo FGTS. O Saque-Aniversário do FGTS representou uma expansão do direito dos trabalhadores, corrigiu uma importante má alocação de recursos na economia (ao devolver ao trabalhador parte dos recursos que já eram dele), reduziu o endividamento dos trabalhadores brasileiros, criou um importante mecanismo de crédito para trabalhadores do setor privado, e fortaleceu o vínculo do trabalhador com a empresa favorecendo o *learning by doing* e estimulando o treinamento de trabalhadores de baixa renda. Em conjunto, esses efeitos tendem a elevar a produtividade do trabalho e de toda a economia.

### Nova Lei do Agro (Lei 13.986/2020)

A nova Lei do Agro (Lei 13.986/2020) trouxe várias melhorias para o agronegócio, e não raras vezes é elencada como uma das mais importantes medidas legislativas de apoio ao agronegócio brasileiro. Essa medida faz parte de um conjunto maior de medidas para fortalecer o uso de instrumentos financeiros no agronegócio. Entre os aprimoramentos dessa legislação, podemos citar a criação do Fundo Garantidor Solidário (FGS), do Patrimônio Rural em Afetação (PRA), da Cédula Imobiliária Rural (CIR), além de uma série de modificações para aprimoramento da Cédula de Produto Rural (CPR).

A ideia básica da nova Lei do Agro era aprimorar o uso das garantias, por meio da criação do patrimônio de afetação, e dar mais segurança aos instrumentos financeiros, sobretudo pela exigência de registro das CPR's (para evitar duplicidades e dar mais credibilidade ao instrumento). De maneira simples, o patrimônio de afetação significava que o produtor rural poderia fracionar sua propriedade e dar apenas fração dela em garantia para novos empréstimos. Até a nova Lei do Agro, um agricultor que fosse ao banco pegar R$ 50 mil emprestados era obrigado a deixar toda a sua fazenda em garantia. Por vezes os agricultores eram obrigados a deixar patrimônios muito superiores ao valor da garantia presos para garantir um empréstimo. Com o patrimônio de afetação isso mudou, e ao permitir o fracionamento da propriedade o agricultor pode deixar ao banco apenas a fração da propriedade que corresponda ao empréstimo.

A ideia de possibilitar o fracionamento de um ativo veio da decisão original de melhorar a alocação de garantias na economia brasileira.

Possibilitar o fracionamento de ativos para melhorar a eficiência alocativa das garantias é um truque antigo do mundo das finanças, que com a nova Lei do Agro passou a integrar o portfólio de opções para o financiamento do agronegócio brasileiro.

Ainda na nova Lei do Agro vários aprimoramentos foram feitos na CPR. A CPR é um dos principais instrumentos financeiros a fazer parte do agronegócio brasileiro. Contudo, antes da nova Lei do Agro não havia necessidade de registro das CPR's. Isso gerava certo desconforto e dificuldades no mercado, pois era difícil saber se a mesma produção já não havia sido fornecida em garantia antes. Com a obrigatoriedade do registro das CPR's ficou mais fácil verificar a robustez da garantia (isto é, se ela já não havia sido usada em outra operação financeira), o que dinamizou e impulsionou o uso das CPR's como importante instrumento de financiamento do agronegócio brasileiro.

### Lei da Liberdade Econômica (Lei 13.874/2019)

A lei de liberdade econômica (Lei 13.874/2019) foi um esforço concentrado, logo no início do governo Bolsonaro, para desburocratizar e facilitar a abertura de empresas e melhorar o ambiente de negócios no Brasil. Por exemplo, foi criada a Sociedade Limitada Unipessoal, que no período 2021-2022 foi a modalidade de empresa mais aberta no Brasil. Nessa modalidade de sociedade limitada não é necessário ter sócios. Além disso, essa modalidade separa (e protege) o patrimônio do empreendedor do patrimônio da empresa. Nessa modalidade não há exigência de valor mínimo para compor o capital social da empresa.

A lei de liberdade econômica, junto com o amplo processo de digitalização ocorrido no período 2019-2022, reduziu o tempo de abertura de uma empresa no Brasil de mais de três meses para menos de um dia. Várias burocracias foram simplificadas, tal como a necessidade de alvarás para funcionamento de empreendimentos de baixa complexidade (salões de beleza, escritórios de advocacia, empresas de consultoria, etc.).

### Lei do Contribuinte Legal (Lei 13.988/2020)

A Lei do Contribuinte Legal (Lei 13.988/2020) instituiu a transação tributária no Brasil. Até o momento em que escrevo este livro essa lei foi a responsável direta por mais de R$ 200 bilhões transacionados.

Muito pouco citada por acadêmicos, e menos ainda por articulistas na imprensa, essa lei foi uma das mais importantes inovações tributárias do ordenamento jurídico brasileiro. Ela instrui um rito simplificado para que contribuintes com baixa probabilidade de pagar seus débitos tenham uma chance de regularizar sua situação junto à Fazenda Nacional, dando chances para que contribuintes antes inadimplentes pudessem regularizar sua situação e voltar a empreender.

## Desobrigação da publicação de balanços e outras informações contábeis em jornais impressos

Por mais absurdo que pareça num mundo digital, no Brasil um número expressivo de empresas era obrigado a publicar seus balanços e outras informações contábeis em jornais impressos de grande circulação. Evidente que isso acarretava um custo elevado para muitas empresas. Isso começou a mudar com a Medida Provisória 892/2019 (MP 892/2019)[12]. Infelizmente, não tivemos sucesso em aprovar essa medida provisória no Congresso Nacional, e essa importante medida de redução de custos das empresas não pôde entrar em vigor.

Depois de várias idas e vindas, conseguimos finalmente publicar a Portaria 12.071/2021 do Ministério da Economia, que "dispõe sobre a publicação e divulgação dos atos das companhias fechadas com receita bruta anual de até R$ 78 milhões na Central de Balanços do Sistema Público de Escrituração Digital". Essa portaria acabou com a obrigação da publicação de balanços (e outros documentos contábeis) em jornais impressos para empresas de capital fechado com faturamento anual de até R$ 78 milhões.

Ao final de 2022, aproximadamente 95% das empresas brasileiras (que antes estavam obrigadas a publicarem seus documentos contábeis em jornais impressos) estavam desobrigadas de publicar balanços e outras informações contábeis em jornais impressos. Ou seja, conseguimos acabar com essa obrigação absurda para 95% das empresas que antes estavam sujeitas a ela. As publicações contábeis passaram a ser feitas por meio

---

12. Essa medida provisória alterava a Lei das Sociedades por Ações para permitir que empresas de sociedades anônimas, abertas ou fechadas, divulgassem seus balanços e demais documentos contábeis de publicação obrigatória apenas nos sites da Comissão de Valores Mobiliários (CVM), no site da própria empresa e da bolsa de valores onde suas ações eram negociadas. Isto é, acabava com a obrigação de publicação desses documentos em jornais impressos.

eletrônico, com assinatura eletrônica com certificação digital, em local único: a Central de Balanços do Sistema Público de Escrituração Digital (SPED). Uma pena que não conseguimos acabar com essa obrigação para todas as empresas. Mas faltou pouco, quem sabe os próximos governos não terminem esse trabalho.

### Novo Marco Cambial (Lei 14.286/2021)

O Novo Marco Cambial (Lei 14.286/2021) moderniza, simplifica e consolida a legislação cambial no país gerando menores custos de transação e aumentando a eficiência nesse mercado. O principal objetivo do Novo Marco Cambial reside na modernização e simplificação dos processos referentes às transferências internacionais de recursos. A ideia é que um marco cambial mais moderno e desburocratizado facilite a presença brasileira no mercado de câmbio estrangeiro. O impacto direto da legislação se dá no mercado de importação e exportação, o que contribui para facilitar negócios e aumentar a inserção brasileira na economia internacional, além de aumentar o grau de abertura da economia brasileira.

**Mais Garantias Brasil (conjunto de 4 medidas legislativas): a) Novo Marco de Garantias (Projeto de Lei 4188/2021, transformado na Lei 14.711/2023); b) Modernização dos Registros Públicos (Lei 14.382/2022); c) Novo Marco Legal da Securitização (Lei 14.430/2022); e d) Aprimoramento das garantias agro (Lei 14.421/2022)**

O Mais Garantias Brasil foi um importante conjunto de quatro medidas legislativas para dinamizar e modernizar os mercados de crédito, capitais e seguros no Brasil. No conjunto, essas medidas têm o potencial de mais do que dobrar o tamanho atual do mercado de capitais e crédito nos próximos anos.

Em dezembro de 2018, o saldo total de crédito no Sistema Financeiro Nacional (SFN) foi de 47,4% do PIB. Em dezembro de 2022, esse volume atingiu 54,2% do PIB, um incremento de quase 7 pontos percentuais em apenas quatro anos. Entre 2018 e 2022, o número de brasileiros investindo em bolsa aumentou seis vezes, e o volume transacionado em renda variável em sete vezes e meia. O percentual do crédito direcionado (aquele que tem destinação obrigatória dada por lei ou resoluções infralegais) caiu e o do crédito livre cresceu. O volume de crédito ofertado por instituições financeiras privadas cresceu e superou o volume de crédito fornecido por instituições públicas. Ocorreu uma revolução silenciosa na economia, uma revolução que começou em 2016 com uma série de reformas microeconômicas nos mercados de crédito, capital e seguros.

A partir de 2019, uma Secretaria de Política Econômica robustecida e sempre orientada para o aprimoramento dos marcos legais perseguiu uma agenda de reformas microeconômicas para aprimoramento dos mercados de capitais, crédito e seguros, que se materializou na criação de quatorze novos instrumentos financeiros. Outras legislações foram criadas ou aperfeiçoadas substantivamente, como a lei do cadastro positivo, o aprimoramento da legislação de recuperação judicial e falência, o Novo Marco Cambial, o novo FGTS, com criação do Saque-Aniversário, a nova Lei do Agro, entre outras. Os objetivos eram sempre os mesmos: combater a má alocação de recursos, reduzir a burocracia, aumentar a segurança jurídica e fortalecer o investimento privado. O fim último dessas reformas microeconômicas foi o aumento da produtividade, para garantir o crescimento de longo prazo da economia brasileira.

A cereja do bolo das reformas nos mercados de capitais, créditos e seguros foi o programa batizado de Mais Garantias Brasil, composto por quatro propostas legislativas: **a)** Novo Marco de Garantias (Projeto de Lei 4188/2021 – Lei 14.711/2023); **b)** a Modernização dos Registros Públicos (Lei 14.382/2022); **c)** o Novo Marco Legal da Securitização (Lei 14.430/2022); e **d)** o aprimoramento das garantias agro (Lei 14.421/2022). Exceto pelo item "a" (o PL 4188/2021 foi aprovado na Câmara dos Deputados ainda em 2022, depois foi aprovado no Senado Federal com alterações, e agora aguarda aprovação definitiva na Câmara dos Deputados), todas foram aprovadas e estão em vigor. Somem-se a essas iniciativas o aprimoramento da legislação referente à Cédula de Produto Rural (CPR) – que passou a exigir o registro das CPR's e que permitiu sua emissão em dólar e em meio digital; a criação do FIAGRO; a criação da Letra de Risco de Seguro, a criação da CPR-Verde, e a possibilidade de usar o Saque-Aniversário como colateral. Trata-se de uma mudança estrutural nos mercados de crédito, de capitais, de seguros e nas garantias no Brasil.

Sobre o Novo Marco de Garantias (PL 4188/2021 – Lei 14.711/2023), é importante ressaltar a possibilidade de fracionamento das garantias, o que irá gerar um consistente aumento das garantias barateando e expandindo o crédito tanto para empresas como para famílias. Por exemplo, hoje quando alguém pega R$ 20 mil emprestados no banco para comprar um imóvel no valor de R$ 100 mil, todo o imóvel fica em garantia para o banco. Com o Novo Marco de Garantias isso muda, a garantia do banco fica restrita ao valor emprestado (no exemplo, R$ 20 mil), e o restante (no exemplo, R$ 80 mil) fica à disposição para servir de garantia em novos empréstimos. Como empréstimos com garantias imobiliárias têm taxa de juros menores, isso implica numa expansão e barateamento do crédito para famílias e empresas.

Sobre a Modernização dos Registros Públicos (Lei 14.382/2022), devemos destacar a criação do Sistema Eletrônico dos Registros Públicos (SERP) para modernizar e unificar sistemas de cartórios em todo o país e permitir registros e consultas pela internet. Em outras palavras, todos os registros públicos do país poderão ser acessados do conforto de seu telefone celular (respeitando a Lei Geral de Proteção de Dados). Essa era uma demanda antiga da sociedade brasileira, a saber acessar os registros públicos num ponto único para obter todas as informações necessárias: certidão de nascimento, casamento, óbito, divórcio, registro de contratos de sociedade empresariais, registro de bens imóveis (casas, armazéns, etc.), registro de bens móveis (máquinas, equipamentos, etc.), etc. A vantagem disso é evidente. Do ponto de vista econômico, irá dinamizar o mercado de garantias móveis, pois agora será possível verificar se aquela garantia já foi dada em troca de outro empréstimo (isso era operacionalmente impossível de ser verificado antes do SERP), expandindo o crédito e barateando a taxa de juros para famílias e empresas. Do ponto de vista social, possibilita que todos os registros públicos possam ser feitos ou consultados pelo telefone celular (registrar um filho recém-nascido sem ter que ir ao cartório, por exemplo).

A Modernização dos Registros Públicos foi a maior inovação da história no sistema cartorial brasileiro. Com efeito, até a aprovação dessa lei aproximadamente 50% dos cartórios brasileiros não tinham sequer página na internet (isso em 2022), dificultando assim não somente a consulta aos registros, mas também dificultando até mesmo a obtenção de informações. Claro que vários cartórios brasileiros estavam modernizados e prontos para oferecer novos serviços e comodidades para seus usuários. Mas a lei garante que aqueles cartórios mais atrasados precisam se modernizar e fazer parte de um sistema muito mais eficiente e digital. Mais que um projeto econômico, a Modernização dos Registros Públicos foi um projeto de alcance social, beneficiando milhões de famílias e empresas.

Vale destacar ainda que a modernização de registros públicos trouxe importantes melhorias em processos imobiliários. Por exemplo, fortalece-se o processo de concentração de atos jurídicos na matrícula do imóvel, o que aumenta a segurança jurídica dos negócios e facilita a verificação de ônus ou incidentes sobre o imóvel. Também é reduzido o custo de transação incidente sobre processos de incorporação imobiliária, o que busca reduzir o preço do imóvel para o consumidor final e reduzir custos associados a burocracias.

O Novo Marco Legal da Securitização (Lei 14.430/2022) estabeleceu novas possibilidades e aumentou a segurança jurídica para captação de recursos via emissão de Certificado de Recebíveis. Ainda nesse marco legal criou-se também a figura jurídica da Sociedade Seguradora de Propósito Específico (SSPE) para realizar operações referentes a risco de seguro, previdência complementar, saúde suplementar, resseguro ou retrocessão. A SSPE poderá emitir a Letra de Risco de Seguro (LRS), uma nova modalidade financeira que liga o mercado de seguros ao mercado de capitais, possibilitando assim a pulverização mais eficiente do risco no mercado de capitais. A ideia é que o Novo Marco Legal da Securitização barateie o acesso ao crédito (via emissão de crédito de recebíveis) e dinamize o mercado de seguros (via pulverização do risco no mercado de capitais).

O aprimoramento das garantias do agro, ou Lei do Agro 2 (Lei 14.421/2022) aumentou as possibilidades de financiamento pelas Cédula de Produto Rural (CPR's) e possibilitou a emissão de CPR's em dólar (moeda estrangeira) e por meio digital. Tudo isso aumenta a eficiência desse instrumento financeiro, reduzindo seu custo de captação e dando mais segurança jurídica ao processo. Em palavras simples, essa lei aprimorou as regras para facilitar o acesso do produtor a garantias rurais. O efeito é a expansão do crédito e o barateamento das taxas de juros para o agronegócio. É importante ressaltar que isso foi feito via instrumentos de mercado, sem subsídios ou direcionamentos públicos que reduzissem a eficiência do investimento. Isto é, não foram criadas distorções alocativas, pelo contrário, ao aprimorar e dar mais segurança jurídica ao uso de garantias, aumentou-se a eficiência alocativa das CPR's gerando mais crédito e menores taxas de juros ao agronegócio.

Tão logo seja aprovado o Novo Marco de Garantias, concluindo esse ambicioso ciclo de reformas econômicas, o Brasil contará com mecanismos de financiamento muito mais eficientes, seguros e abrangentes. Não é absurdo supor que, após a entrada em vigor do Novo Marco de Garantias, a participação do crédito no PIB suba mais de 10 pontos percentuais em dez anos. Estamos falando de impulso ao crédito igual ou até maior do ocorrido no início dos anos 2000, com a criação da alienação fiduciária e do crédito consignado, entre outras reformas. O resultado direto do Mais Garantias Brasil será uma vigorosa e contínua expansão do crédito, favorecendo empresas e famílias com taxas de juros estruturalmente menores. Sem nos esquecermos de que um mercado de crédito mais eficiente, com menos fricção, aumenta a potência da política monetária, o que ajuda o Banco Central a combater, com menores custos, a inflação.

Reduzir a fricção nos mercados de crédito, capitais e seguros torna mais barato o investimento por parte das empresas, o que gera mais empregos e mais renda. Melhorar a eficiência desses mercados reduz a taxa de juros para as famílias, o que resulta em maior acesso a bens de consumo duráveis e de capital (casas, carros, computadores, celulares, eletrodomésticos etc.). Em resumo, melhorar a eficiência alocativa do financiamento aumenta o bem-estar de toda sociedade, seja beneficiando empresas, seja beneficiando o cidadão comum. E, insistindo nesse ponto, a redução das fricções no mercado de crédito aumenta a eficiência da política monetária e colabora na tarefa de combater a inflação.

Nos próximos anos, colheremos os frutos dessa revolução nos mercados de crédito, capital e seguros. Novas formas de financiar a expansão das empresas já estão em vigor no Brasil. Em breve, observaremos um salto no uso de garantias móveis (resultado direto do Mais Garantias Brasil) e a difusão dos novos quatorze instrumentos financeiros criados no período 2019-2022. As *startups* serão um grupo especialmente beneficiado por esse conjunto de aperfeiçoamentos, e, em especial, pela aprovação da Lei Complementar 182, de 2021, conhecida como o Novo Marco Legal das Startups. Novos termos entrarão na linguagem do brasileiro – como registro de contratos, fracionamento de garantias, tokenização de ativos – e, a exemplo do pix, farão, cada vez mais, parte do dia a dia do brasileiro.

Não deixa de ser interessante notar que essa imensa onda de inovações na economia brasileira tenha passado quase despercebida e tenha sido recebida com o silêncio entusiasmado de analistas e da imprensa. Goste-se ou não, esses aprimoramentos microeconômicos iniciados em 2016 e que se sucederam com maior intensidade a partir de 2019 estão mudando e irão alterar para melhor – e irreversivelmente – o panorama da economia brasileira.

### Conta-Poupança Social Digital (Lei 14.075/2020)

O pix, no formato em que o conhecemos, não seria o sucesso estrondoso que é sem a conta-poupança digital criada pela Lei 14.075/20. Quando observamos uma pessoa vendendo água na rua e aceitando pix como forma de pagamento, ou vendendo doces no semáforo, ou até mesmo pessoas pedindo esmola e aceitando receber em pix, isso só é possível porque elas possuem uma conta-poupança social digital. Foi graças à conta-poupança social digital que foi feito o maior programa de inclusão financeira da história brasileira.

A Lei 14.075/2020, que criou a conta-poupança social digital, simplificou e desburocratizou os requisitos para a abertura de conta-poupança nos bancos. O objetivo da lei era facilitar o acesso ao sistema financeiro às pessoas de baixíssima renda. Pelo fato de exigir menos documentos para a abertura da conta-poupança, e por se destinar ao público de baixíssima renda, essa conta tem restrições de movimentação de volumes elevados (hoje essa restrição encontra-se em R$ 5 mil de movimentação permitida por mês). A poupança social digital facilitou a inclusão financeira de pessoas cadastradas em programas sociais do governo. Dessa maneira, o recebimento dos benefícios sociais poderia ser feito nessas contas, facilitando a inclusão financeira da população carente.

## Pix

O pix foi simplesmente a maior inovação tecnológico-digital da história do setor financeiro brasileiro. Ao leitor talvez seja impossível imaginar, hoje, a vida sem pix. Antes do pix e das contas sociais digitais o Brasil era um país com dificuldade na inclusão financeira de sua população carente. Com a criação das contas-poupança sociais digitais um enorme contingente de beneficiários de programas sociais passou a ter conta em banco. Com a chegada do pix, aliada às contas-poupança sociais digitais, todas essas pessoas começaram a conseguir realizar transações financeiras a custo zero. Antes do pix para transferir dinheiro de sua conta para outra pessoa, era necessário emitir um cheque ou realizar um DOC ou uma TED, procedimentos que muitas vezes estavam sujeitos a fraudes (cheques) ou às vezes custavam mais do que a própria transação financeira (TED ou DOC).

Com a chegada do pix, aliada às contas-poupança sociais digitais, milhões de brasileiros puderem se beneficiar da facilidade proporcionada pelo sistema financeiro a custo zero. Essas inovações em conjunto não só foram responsáveis pela maior inclusão financeira da história brasileira, como também propiciaram que diversos negócios pudessem ser viabilizados. Afinal, com o pix é gratuito o custo dessa operação é zero para as pessoas envolvidas nessa troca. O ato de fazer um pix no semáforo para comprar uma garrafa de água só é possível porque o pix zerou os custos de transação entre pessoas.

## Novo Marco Legal do Saneamento (Lei 14.026/2020)

O Novo Marco Legal do Saneamento é indiscutivelmente uma das maiores contribuições legislativas à agenda de saúde pública e ambiental brasileira. De saúde pública, pois é inconcebível que expressivas parcelas da população brasileira não tenham acesso à água e esgoto. Ambiental, pois tratar o esgoto é uma importante medida de proteção e conservação ambiental.

Graças ao Novo Marco Legal do Saneamento, bilhões de reais em investimento privado foram destinados ao setor de saneamento no Brasil. Várias empresas públicas de saneamento foram adquiridas por entes privados e as perspectivas de melhoria no atendimento à população são positivas. Com metas claras de cobertura a toda população, este novo marco foi uma das medidas mais importantes aprovadas durante o governo Bolsonaro. Seu impacto ambiental, de saúde pública e de geração de empregos (via aumento do investimento privado no setor) é expressivo e mostra como o setor de saneamento carecia de uma legislação mais amigável ao investimento privado. Ao aumentar a segurança jurídica e gerar competição no setor, o novo marco de saneamento é um dos mais importantes aprovados no Brasil: levar água e esgoto a uma população carente, tratar o esgoto e reduzir doenças provenientes do esgoto a céu aberto, gerar um fluxo constante de investimento privado ao setor de saneamento, tudo isso só foi possível graças a essa legislação.

### Novo Marco Regulatório do Gás Natural (Lei 14.134/2021)

O Novo Marco Regulatório do Gás Natural regulamenta o transporte, tratamento, processamento, estocagem, liquefação, regaseificação e comercialização de gás natural no país. O norte do texto legal é a geração de competição no setor de gás natural e foi apelidado de "choque de energia barata" por seu potencial de reduzir o custo da energia no Brasil. É fundamental fazer um reconhecimento público ao professor Carlos Langoni, entusiasta do projeto e que em muito contribuiu com suas ideias para a formulação dessa iniciativa. A ideia central desse novo marco legal é a desverticalização, independência e geração de competição entre empresas no setor de distribuição, transporte e produção de gás natural. Essa lei busca aumentar a segurança jurídica e a competição no setor de gás com o foco de reduzir o preço e aumentar a qualidade do serviço prestado ao consumidor final do gás natural.

### Novo Marco Regulatório da Cabotagem – BR do Mar (Lei 14.301/2022)

O novo marco legal tem por objetivo estimular a concorrência e baratear o transporte de cargas entre os portos brasileiros (navegação de cabotagem). Com mais concorrência na prestação do serviço, os custos de transportes de cargas entre os portos do país tendem a cair. Além disso, iniciativas para melhorar a formação e a qualificação dos trabalhadores também foram previstas.

Além disso, o Novo Marco Regulatório da Cabotagem também traz uma importante redução de custos tributários ao reduzir o Adicional de Frete para Renovação da Marinha Mercante (AFRMM). Essa redução tributária inclusive contribui com a abertura da economia brasileira ao reduzir o custo tributário de importação de mercadorias. Por exemplo, a redução da alíquota do AFRMM para as navegações de longo curso foi de 17 pontos percentuais (passando de 25% para 8%).

### Novo Marco Legal das Ferrovias (Lei 14.273/2021)

O principal ponto do Novo Marco Legal das Ferrovias é a possibilidade de outorga por autorização (modelo testado com sucesso no caso de portos e aeroportos). Essa mudança dinamiza, aumenta a segurança jurídica e desburocratiza os investimentos no setor. A expansão da rede de ferrovias é fundamental para baratear o custo de transporte no Brasil. E os investimentos privados em ferrovias foram a aposta do governo para estimular a construção de novas malhas ferroviárias no Brasil.

### Novo Marco Legal das Startups (Lei Complementar 182/2021)

O Novo Marco Legal das *Startups* tinha por objetivo estimular, desburocratizar, modernizar e dar mais segurança jurídica aos empreendedores brasileiros. Essa era uma das apostas do time econômico para melhorar e modernizar o ambiente de negócios ao simplificar e desburocratizar a legislação para empreender. Uma característica importante da nova legislação é o fortalecimento da segurança jurídica ao dar ênfase à liberdade contratual entre as partes.

### Documento Eletrônico de Transporte – DT-e (Lei 14.206/2021)

A Lei 14.206/2021 (Documento Eletrônico de Transporte – DT-e) reuniu em um único documento todas as informações referentes ao transporte de cargas (dados, obrigações administrativas, informações sobre licenças, registros, condições contratuais, sanitárias, de segurança, ambientais, comerciais e de pagamento, incluindo o valor do frete e dos seguros contratados). Além disso, o DT-e dispensou o transportador de portar a versão física desses documentos[13].

---

13. Disponível em: https://www.gov.br/planalto/pt-br/acompanhe-o-planalto/noticias/2021/05/governo-lanca-programa-para-melhorar-trabalho-dos-caminhoneiros. Acesso em: 15 mar. 2024.

Ainda nessa lei, foram alteradas algumas disposições referentes ao pagamento do frete ao caminhoneiro, para possibilitar a transformação do frete num recebível. Essas alterações deram origem a um novo instrumento financeiro (adiantamento de frete) com taxas de desconto reduzidas (dado o aprimoramento da garantia) que reduzem o custo da antecipação do frete. O resultado é um aumento da renda efetivamente recebida pelo transportador autônomo de carga.

Essa lei foi uma importante iniciativa do Ministério dos Transportes, à época liderado pelo ministro Tarcísio de Freitas. A Secretaria de Política Econômica contribuiu apenas nas alterações legais que tornaram possível a criação dos recebíveis de frete.

### Abertura do Mercado de Energia para Alta Tensão (Portaria 50/2022 MME)

A Portaria 50/2022 do Ministério de Minas e Energia permitiu aos consumidores do mercado de alta tensão comprar energia elétrica de qualquer supridor. Com a medida, cerca de cento e seis mil novas unidades consumidoras estarão aptas a migrar para o mercado livre de energia elétrica, quase que duplicando o tamanho desse mercado.

A abertura do mercado traz maior liberdade de escolha para os consumidores, com a consequente ampliação da competitividade, ao permitir o acesso a outros fornecedores além da distribuidora. A abertura traz também autonomia ao consumidor, que pode gerenciar suas preferências, podendo optar por produtos que atendam melhor ao seu perfil de consumo, como os horários em que necessita consumir mais energia. Além disso, a concorrência tende a proporcionar preços mais interessantes aos consumidores de alta tensão, melhorando a eficiência do setor elétrico e da economia brasileira.

O próximo passo seria abrir todo o mercado de energia (inclusive para a baixa tensão). Infelizmente, não tivemos tempo hábil para executar essa medida.

### Decreto do Lítio (Decreto 11.120, de 5 de julho de 2022)

O Decreto 11.120, de 5 de julho de 2022, desburocratizou e permitiu operações de comércio exterior de minerais e minérios de lítio e de seus derivados. A medida promoveu a abertura, desburocratização e dinamização do mercado brasileiro de lítio. Ao prover maior previsibilidade e condições de competir no mercado internacional, é esperada a atração de investimentos para o desenvolvimento sustentável de uma das regiões economicamente mais pobres do Brasil, o Vale do Jequitinhonha, em Minas Gerais (MG), que é onde está concentrada a maior parte das reservas minerais conhecidas de lítio no país[14].

### Campos de Economicidade Marginal (Resolução 05/2022, do Conselho Nacional de Política Energética)

A Resolução 05, de 23 de junho de 2022, do Conselho Nacional de Política Energética (CNPE), apresentou medidas de estímulo aos campos de petróleo e gás na área do pós-sal, que vêm apresentando declínio constante (campos marginais). A resolução contempla a possibilidade de redução de royalties para o mínimo legal. Também prevê a desburocratização de procedimentos e processos, recomenda ainda o alívio da carga regulatória com otimização das exigências documentais, postergação da declaração de comercialidade e o estabelecimento de regras específicas para a prorrogação contratual de campos de economicidade marginal.

Espera-se que com a modernização, a desburocratização, a simplificação e a agilidade regulatória, aumente-se a atratividade dos investimentos nesses campos, evitando assim sua desativação prematura e criando condições para o aproveitamento racional das reservas existentes, com consequências positivas para a arrecadação de royalties e geração de emprego e renda.

### Revisão do Contrato de Cessão Onerosa

A revisão do contrato de cessão onerosa mereceria um livro à parte, devido à sua importância, complexidade e valores envolvidos. Foi o maior leilão de óleo e gás do mundo. A revisão desse contrato estava num limbo jurídico, e desde 2016 o governo federal vinha tentando destravar as amarras jurídicas e pendências atreladas à cessão onerosa. Mas foi apenas no final de 2019 que todos os impeditivos foram sanados e o leilão pôde efetivamente ocorrer. Para uma descrição completa do

---

14. Disponível em: https://www.gov.br/mme/pt-br/assuntos/noticias/decreto-promove-a-abertura-e-dinamizacao-do-mercado-brasileiro-de-litio. Acesso em: 15 mar. 2024.

processo é necessário recorrer a documentos técnicos, que podem ser encontrados junto ao Tribunal de Contas da União[15]; ou para uma leitura mais leve, em algum jornal direcionado para o grande público[16].

Esse leilão movimentou valores bilionários, e destravou vultosos investimentos na área do pré-sal. Apenas no primeiro desses leilões, dois blocos (Búzios e Itaipu) foram arrematados gerando uma receita de R$ 69,9 bilhões para a União (parte desse montante foi dividida com estados e municípios). Ao longo dos anos seguintes, novos leilões foram realizados, arrecadando valores bilionários que continuaram sendo compartilhados com estados e municípios, e gerando bilhões de dólares em investimentos.

### Nova Lei de Falências (Lei 14.112/2020)

A legislação vigente no Brasil impõe dificuldades razoáveis para a realocação do capital de uma empresa em processo de recuperação judicial ou já em falência. Isso faz com que períodos de recessão sejam mais prolongados e tenham recuperação mais lenta. Isso ocorre porque a demora em resolver a falência impõe alto custo de depreciação no estoque de capital de uma empresa. Exemplos disso não faltam em nosso país. Um exemplo que choca é o avião apodrecendo no aeroporto de Brasília. Quando você pousa em Brasília, é possível ver um Boeing da antiga Transbrasil apodrecendo ao lado da pista. A demora em realocar ativos e capital de uma empresa em dificuldades para outra mais dinâmica impõe elevados custos de ajustamento na economia brasileira.

Uma lei de falências mais moderna, possibilitando uma mais rápida realocação de capital de empresas falidas para empresas em atividade é fundamental para aumentar o dinamismo da economia e acelerar sua recuperação em períodos de crise econômica. Foi nesse sentido que foi aprovada a Lei 14.112/20 (Nova Lei de Falências)[17].

---

15. Disponível em: https://portal.tcu.gov.br/sumario-executivo-cessao-onerosa-as-solucoes-criadas-para-uma-outorga-atipica.htm. Acesso em: 15 mar. 2024.

16. Disponível em: https://g1.globo.com/economia/noticia/2019/11/04/cessao-onerosa-o-que-e-e-o-que-esta-em-jogo-no- megaleilao-do-pre-sal.ghtml. Acesso em: 15 mar. 2024.

17. Disponível em: https://www.projuris.com.br/blog/nova-lei-de-falencia/. Acesso em: 15 mar. 2024.

### Nova Lei de Licitações (Lei 14.133/2021)

Modernizar, desburocratizar e tornar mais eficiente o processo de compras públicas no país era fundamental. A Lei 14.133/2021 apresentou diversas inovações para promover a eficiência, a desburocratização e a racionalidade processual durante o processo licitatório. Entre as diversas inovações podemos citar **a)** a possibilidade de planejamento prévio da contratação; **b)** novas modalidades de licitação; **c)** criação do Sistema de Compras do Governo Federal, unificando e racionalizando as compras do governo federal (também é possível seu uso por estados e municípios); e **d)** criação do Portal Nacional de Contratações Públicas (PNCP)[18].

## 6.1. Seção Especial: Medidas econômicas para o setor agropecuário[19]

No que se refere ao agronegócio, foram duas as principais diretrizes de política econômica conduzidas no âmbito da Secretaria de Política Econômica (SPE): **a)** a identificação e correção da má alocação de recursos; e **b)** o fomento a novas oportunidades de negócio, notadamente para melhorar o potencial de captação de financiamento privado para o agro.

Uma medida que representa bem a aplicação efetiva dessas diretrizes foi a Nova Lei do Agro (Lei 13.986/2020), um aprimoramento estrutural das políticas de crédito rural. Entre suas inovações estava a canalização da maior parte da subvenção estatal para produtores da agricultura familiar ou de menor porte. Além disso, foram ampliadas as garantias que podem ser oferecidas pelos produtores em operações de crédito rural. A medida também criou instrumentos de financiamento à atividade agropecuária via mercado de capitais. A ideia aqui era aumentar o uso de recursos livres pela agricultura empresarial e grandes produtores (reduzindo assim o direcionamento de crédito e aumentando sua eficiência econômica). Os destaques da nova Lei do Agro podem ser sumarizados nos seguintes pontos:

---

18. Disponível em: https://www.jusbrasil.com.br/artigos/nova-lei- de-licitacoes-inovacoes-trazidas-pela-lei-14133-21-em- comparacao-com-a-lei-8666-93/1797419718. Acesso em: 15 mar. 2024.
19. Por Peng Yaohao, que foi assessor especial na Secretaria de Política Econômica do Ministério da Economia, e Adolfo Sachsida.

**a.** Criação do Fundo Garantidor Solidário (FGS), permitindo que produtores troquem de aval entre si para a concessão de garantias a fornecedores, ou instituições financeiras, para a obtenção de condições de crédito mais favoráveis;

**b.** Criação do patrimônio rural em afetação. Isso permite que o produtor rural ofereça apenas uma fração de sua propriedade rural em garantia de empréstimos. Antes dessa inovação, toda a propriedade ficava em garantia, o que impedia o uso dela em outros empréstimos. Por exemplo, antes dessa inovação, quando um agricultor pegava R$ 100 mil emprestados no banco, era obrigado a manter toda a sua propriedade rural em garantia desse empréstimo (mesmo que a propriedade valesse R$ 1 milhão, toda ela ficava em garantia do empréstimo de R$ 100 mil). Após a criação do patrimônio rural em afetação, o agricultor, ao fracionar a propriedade, poderia dar apenas uma fração da fazenda para garantir o empréstimo de R$ 100 mil; facilitando e tornando possível o uso da mesma propriedade para garantir outro empréstimo. Essa medida dá maior flexibilidade e aumenta o potencial para a captação de recursos. Além do terreno, foi facilitado o uso de outros bens (como bens móveis e benfeitorias) como garantia;

**c.** Fortalecimento da Cédula de Produto Rural (CPR), adicionando a possibilidade de emiti-la para produtos submetidos a beneficiamento, ou à primeira industrialização, e produtos relacionados à conservação de florestas nativas e conservação dos respectivos biomas. Além disso, passou a ser obrigatório o registro das CPR's em entidades autorizadas pelo Banco Central. Com o registro obrigatório deu-se mais segurança jurídica ao mercado de CPR's (ao garantir que a mesma CPR já não havia sido utilizada em outra operação). Com o registro obrigatório garantiu-se a unicidade da CPR. Isto é, que a mesma CPR não havia sido vendida para mais de um comprador. Esse tipo de fraude acontecia antes da obrigatoriedade de registro da CPR. Com mais segurança jurídica, o mercado passou a investir mais recursos no agro brasileiro;

**d.** Introdução da possibilidade de emissão de títulos do agronegócio (Cédula de Produto Rural – CPR; Certificado de Recebíveis do Agro – CRA; e Certificado de Direitos Creditórios do Agronegócio – CDCA) com cláusula de correção cambial.

Outro eixo fundamental para as políticas elaboradas em 2019-2022 foi o fomento às atividades agroambientais, notadamente via instrumentos financeiros. Em nível mundial, o *mainstream* da política ambiental tem se conduzido pelo paradigma *polluter-pays*, no qual agentes poluidores ou que não adotem práticas sustentáveis são punidos ou penalizados. Porém, sob o ponto de vista econômico, medidas que alinham os incentivos dos agentes econômicos tendem a ter efeitos mais significativos e mais duradouros do que aquelas que dependem exclusivamente de coerção. Nesse sentido, a diretriz fundamental adotada entre 2019 e 2022 foi a ênfase na construção de modelos de negócio que premiem agentes que adotam práticas sustentáveis, em vez de somente punir agentes poluidores. Esse entendimento vem da constatação de que a adoção exclusiva de mecanismos punitivos (como multas ambientais ou tributação para emissão de gases de efeito estufa), especialmente quando há tratamento assimétrico entre os diferentes setores da economia, pode significar a introdução de distorções no sistema econômico, em última instância imputando custos para toda a sociedade.

Uma medida importante nesse sentido foi o Decreto 10.828/2021, que regulamentou a emissão de Cédulas de Produto Rural (CPR's) para produtos rurais obtidos por meio de atividades relacionadas à conservação e à recuperação de florestas nativas e de seus biomas, tais como manutenção/aumento do estoque de carbono florestal, conservação dos recursos hídricos e serviços ambientais que tragam outros benefícios ecossistêmicos. Esse instrumento fornece um meio para operacionalizar pagamentos por serviços ambientais em larga escala para *offsets* voluntários. Esse novo instrumento financeiro recebeu o nome de CPR Verde.

Em linha com as inovações trazidas pela nova Lei do Agro, a CPR Verde, assim como qualquer outra CPR, é um instrumento com registro obrigatório, o que contribui para a provisão de transparência e segurança jurídica aos investidores nacionais e internacionais. Destaca-se também que a CPR admite a constituição de quaisquer dos tipos de garantia previstos na legislação, e que atividades de conservação da vegetação nativa são reconhecidas como atividades econômicas no âmbito da Classificação Nacional das Atividades Econômicas (CNAE). Isso permite o enquadramento tributário adequado aos ofertantes de serviços ambientais e a possibilidade de emissão de notas fiscais, garantindo ainda maior segurança às operações envolvendo CPR's Verdes.

Outra característica importante é que a CPR Verde pode ser adaptada para qualquer metodologia de mensuração e precificação, as quais são livremente negociadas entre o emissor e o adquirente do título, fornecendo maior flexibilidade e segurança jurídica para o instrumento. Além disso, a CPR é um instrumento financeiro com uma alta capilaridade, por ser muito conhecida por produtores de todos os portes, e pode ser securitizada em certificados de recebíveis do agronegócio (CRA's). Dessa maneira, CPR's Verdes podem ser convertidas em CRA's Verdes, um movimento que pode impulsionar o desenvolvimento do mercado de finanças sustentáveis no Brasil. Por fim, esse instrumento abre uma oportunidade para que a sustentabilidade deixe de ser encarada meramente pela ótica de "eliminação de passivos ambientais", no qual o agente econômico precisa alocar recursos para atividades de conservação e recuperação; em vez disso, instrumentos como a CPR Verde permitem gerar modelos de negócio nos quais os agentes econômicos possam ser premiados e remunerados por seus esforços de preservação ambiental, numa ótica de "geração de ativos ambientais".

Outra medida relevante para o fortalecimento da capacidade de financiamento da agropecuária foi a Lei 14.130/2021, que instituiu os Fundos de Investimento nas Cadeias Produtivas Agroindustriais (FIAGRO). A medida se inspirou no modelo de funcionamento dos Fundos de Investimento Imobiliário (FIIs), e teve como motivação fortalecer o processo de regularização de propriedades rurais no Brasil. Ao permitir que a propriedade rural fosse transformada em cotas e integralizada num fundo (o FIAGRO), facilita-se e estimula-se o processo de regularização de imóveis rurais. O FIAGRO aproxima o produtor rural do mercado financeiro privado facilitando seu acesso aos mercados de crédito e de capitais para o financiamento agrícola, e reduzindo a pressão por subsídios custeados pelo Tesouro Nacional. Em nossa leitura, o FIAGRO representa a maior revolução estrutural no mercado de terras brasileiro. O tempo mostrará o acerto dessa medida.

Tal como no caso dos FIIs, nos FIAGROs um grupo de investidores pode se juntar em sociedade para adquirir ativos. A diferença é que no caso dos FIIs o lastro são imóveis urbanos, e no FIAGRO o lastro é composto por imóveis rurais. A valorização desses imóveis rurais implica na valorização das cotas do fundo, cuja carteira pode conter títulos do agronegócio e participações de empresas do setor agropecuário, de modo que os ganhos econômicos da atividade rural se convertem em dividendos que serão distribuídos aos cotistas. Dado que os imóveis rurais precisam ser regularizados para que possam ser integralizados nos fundos, os proprietários rurais passam a contar com um incentivo econômico adicional para buscar essa regularização, o que por sua vez pode ajudar a prover maior transparência e liquidez ao mercado de terras brasileiro.

É importante ressaltar que os FIAGROs representam uma opção adicional para que produtores rurais de menor porte possam captar recursos, sob o intermédio de gestores dos fundos, via mecanismos mais sofisticados do mercado de capitais. Isto é, o FIAGRO também é uma porta de entrada do pequeno agricultor para se financiar via mercado de capitais. Por fim, os FIAGROs abarcam toda a cadeia de valor da agropecuária, desde "antes da porteira" (por exemplo, a produção de fertilizantes e defensivos) até "depois da porteira" (escoamento, agroindústrias etc.), tornando o instrumento ainda mais versátil.

Por fim, é fundamental ressaltar as inovações trazidas pela Lei do Agro 2 (Lei 14.421/2022), que focou no aprimoramento das garantias do setor agropecuário. A Lei do Agro 2 ainda buscou prover maior flexibilidade para que as partes envolvidas num contrato definam o nível de confiança que melhor se adeque aos seus propósitos. Dessa maneira, a medida determinou que no ato da assinatura de uma CPR e do documento que lista os bens vinculados em garantia, sejam válidos os três níveis de assinatura eletrônica (simples, avançada e qualificada) previstos na Lei 14.063/2020. Isso, além de desburocratização, representa também economia de recursos para o produtor rural. Em adição, na averbação de garantia real vinculada à CPR constituída por bens imóveis, a medida também permitiu que as assinaturas eletrônicas avançadas ou qualificadas pudessem ser utilizadas. A medida também ampliou o escopo de atuação do Fundo Garantidor Solidário (FGS). Foi permitido que o FGS passe a fornecer garantia para operações realizadas via mercado de capitais, englobando assim títulos do agronegócio como CPR's e CRA's. Ademais, o processo de constituição do FGS teve sua burocracia reduzida via eliminação de algumas restrições (tais como a obrigatoriedade de participação de credor na constituição do fundo e percentuais mínimos para cotistas de diferentes modalidades) mediante livre acordo entre as partes.

## 6.2. Seção Especial: A importância do aprimoramento das garantias[20]

### A elaboração do Novo Marco de Garantias (PL 4.188/2021; Lei 14.711/2023)

A iniciativa para a construção do Novo Marco de Garantias surgiu logo no começo do governo, como uma necessidade para estimular o crescimento econômico e o acesso ao crédito. Historicamente, tanto as empresas como as famílias brasileiras sempre enfrentaram desafios significativos no que tange ao oferecimento de garantias. Essa situação sempre foi um problema sério para toda a sociedade brasileira e, em especial, para as pequenas e médias empresas.

O diagnóstico da equipe econômica era claro, o arcabouço institucional de garantias não apenas limitava o crescimento dos negócios, mas também restringia o potencial econômico do país como um todo. Dessa forma, a formulação de políticas microeconômicas que tornassem a utilização de garantias (colaterais) mais flexível desempenharia um papel crucial em democratizar o acesso ao crédito e em impulsionar a recuperação e o crescimento do país. Para isso, foram discutidas diversas alternativas no grupo denominado Iniciativa de Mercado de Capitais (IMK), com a participação de agentes de mercado, órgãos de governo e reguladores.

O Projeto de Lei 4.188/2021, apelidado de Novo Marco de Garantias, apresentou-se como resultado do trabalho do grupo liderado pela equipe da Secretaria de Política Econômica no período, e foi uma resposta aos desafios tratados. Seus principais objetivos incluíram o fim da restrição na utilização de garantias por agentes de mercado, o fortalecimento das modalidades de garantias já existentes e a introdução de mecanismos mais eficientes para a execução dessas garantias. Essas medidas visavam não apenas tornar o crédito mais acessível, especialmente para as pequenas e microempresas, mas também aumentar a segurança jurídica para os credores. Com isso, buscava-se que o novo modelo desbloqueasse novas oportunidades de financiamento, melhorasse a alocação de recursos (ao melhorar a eficiência alocativa das garantias), promovesse o aumento

---

20. Por Emmanuel Sousa de Abreu, que foi subsecretário de Política Microeconômica na Secretaria de Política Econômica do Ministério da Economia, e depois secretário-executivo adjunto no Ministério de Minas e Energia.

de produtividade e, consequentemente, fomentasse uma economia mais dinâmica e resiliente no país.

O projeto, em sua versão encaminhada pelo governo ao Congresso Nacional, pode ser dividido em dois grandes grupos de propostas: as que foram aceitas e as que foram retiradas do projeto em sua fase de tramitação legislativa. Dentro do primeiro grupo, a criação dos serviços de gestão especializada de garantias se destaca. Os serviços que seriam prestados por Instituições Gestoras de Garantias (IGG's) tinham como principal objetivo tornar mais eficaz e eficiente a utilização de garantias no Brasil, sendo elas móveis ou imóveis. Cabe aqui esclarecer que no modelo de garantias brasileiro, notadamente com a dependência de garantias reais e do mecanismo de alienação fiduciária, as instituições financeiras possuem ainda hoje a propriedade das garantias até que o crédito seja quitado. Foi verificado pela equipe econômica que essa estrutura estava gerando pelo menos quatro consequências deletérias para o sistema: **a)** subutilização de garantias; **b)** falta de concorrência; **c)** conflitos de interesse; e **d)** baixa especialização na gestão de garantias.

O primeiro efeito negativo ocorre pelo fato de que a detenção da propriedade em uma única mão inviabiliza que o colateral seja compartilhado entre agentes financeiros ou fracionado para utilização em operações de menor monta. Ou seja, uma vez que alguma instituição financeira tenha recebido a garantia, ela não tem incentivos em liberar o excedente em novas operações, salvo com custos elevados. Da mesma forma, ativos de alto valor deixam de ser utilizados em operações de pequeno porte proporcionalmente às operações creditícias de interesse, tendo em vista o alto custo de oneração dos bens.

O segundo efeito deletério, que deriva do primeiro, é a falta de concorrência dentro do sistema, o que impede a disputa por clientes e operações, toda vez que a garantia já tenha sido conferida, pois o mutuário não pode mais oferecer a garantia a um terceiro mesmo que a garantia real tenha valor bem superior ao do saldo devedor da operação inicial. Cabe salientar que o mecanismo de portabilidade usualmente referido como instrumento de concorrência nesses créditos até hoje ainda não é utilizado de forma significativa dentro do sistema bancário.

A terceira consequência deletéria decorre do conflito do interesse do credor na adimplência do seu crédito com o interesse do mutuário em maximizar os benefícios de seus ativos dados em garantia. Nas atividades de avaliação, gestão e execução do bem dado como garantia, existe forte incentivo para que o credor não avalie adequadamente o bem, pois seu interesse se restringe ao valor necessário à quitação da dívida, mesmo que a prática ocorra muitas vezes em detrimento do melhor interesse do devedor.

Por fim, tendo em vista que as garantias no modelo vigente são tradicionalmente meros acessórios de contratos de crédito, não existe uma especialização adequada na gestão de espécies específicas de ativos passíveis de uso como colaterais, principalmente de bens móveis, que exigem muitas vezes investimentos e retornos não adequados aos modelos de negócios de instituições financeiras tradicionais.

Para solucionar esses obstáculos, as IGG's serviriam como opção do mutuário como uma terceira parte nas operações de crédito, sendo encarregadas, quando contratadas, de administrar todos os aspectos relacionados às garantias nas operações de crédito. Isso incluía desde a avaliação, constituição e execução (eliminação de conflitos de interesse) até o compartilhamento das garantias entre diversos credores (eliminação dos problemas de monopólio, falta de fracionamento e inflexibilidade). Isso seria possível ao se permitir por lei que as IGG's tivessem a autoridade para agir em nome próprio, mas sempre em favor tanto de credores como de mutuários, conforme os termos acordados. Elas, quando contratadas, teriam poderes exclusivos para estabelecer, registrar, gerenciar e solicitar a execução das garantias que estiverem sob sua titularidade, por meio de um contrato de gestão de garantias.

A medida traria uma série de benefícios, incluindo o aumento da eficiência e celeridade no uso de garantias durante a concessão de crédito, redução da subutilização de garantias, melhoria das condições e termos para quem toma empréstimos, redução das taxas de juros, diminuição de custos cartoriais, aumento das opções de crédito disponíveis, elevação da oferta de crédito na economia (derivado do maior aproveitamento das garantias) e aumento de escala em processos operacionais para as instituições financeiras. Em suma, esperava-se que a medida removesse estruturas que incentivam o monopólio, a inflexibilidade e o excesso de poder das instituições financeiras sobre os ativos dados em garantias. Estimativas realizadas na época por agentes financeiros indicavam o crescimento do mercado em dez vezes nas operações de crédito com garantias reais, caso a medida tivesse sido adotada. Uma verdadeira revolução no sistema de garantias brasileiro. Apesar de terem sido aprovadas pela Câmara dos Deputados, as IGG's não foram aprovadas no Senado Federal e, portanto, não foram transformadas em lei.

Ainda dentro do primeiro grupo de propostas (que foram retiradas do texto enviado pelo governo ao Congresso e, portanto, não viraram lei), vale destacar também a proposta para a eliminação do monopólio histórico da Caixa Econômica Federal nas operações envolvendo penhores civis. Esta mudança seria estratégica e seria simples do ponto de vista legal, bastando-se a revogação da alínea "e" do artigo 2º do Decreto-Lei 759 de 12 de agosto de 1969. Caso aprovada, representaria um relevante marco do mercado financeiro do país. Cabe destacar que operações de penhor estão entre as mais baratas e acessíveis à população de menor poder aquisitivo, tendo taxas competitivas quando o mutuário não tem disponíveis opções de crédito consignado ou imobiliário.

A proposta de abrir o mercado de penhores civis para outras instituições financeiras ofereceria à sociedade, principalmente em cidades pequenas (onde a Caixa Econômica Federal não tem disponível operações de penhor), crédito acessível, além de melhorar a condição dos serviços pelo efeito concorrencial. Sem o acesso à operação, milhões de pessoas são ainda obrigadas a recorrer a operações "carecas" (sem garantias reais) com elevadas taxas de juros, ou, pior, a operações fora do sistema formal, em agiotagem. Cabe aqui a informação de que os serviços de penhor oferecidos pela Caixa Econômica Federal ainda são restritos a poucas cidades e em condições limitadas. Infelizmente, durante a tramitação do projeto no Congresso Nacional, houve forte pressão de grupos de interesse que fizeram com que as propostas tanto das IGG's como da exclusão do monopólio da Caixa fossem retiradas do Novo Marco de Garantias, ficando, no entanto, a ideia para discussão e aprimoramento em futuras oportunidades. Para registro histórico, é importante ressaltar que ambas as ideias foram aprovadas na Câmara dos Deputados, mas foram retiradas do texto aprovado no Senado Federal.

Dentro do segundo grupo de propostas, cabe iniciarmos pela reformulação da Lei 9.514 de 1997 e da Lei 13.476 de 2017, que aperfeiçoou procedimentos de alienação fiduciária de imóveis e refinou a execução extrajudicial. Foram corrigidas grandes e pequenas vulnerabilidades existentes na legislação. Assim, medidas bem específicas, mas de relevante impacto foram adotadas, como o aperfeiçoamento do processo de notificação do devedor, a solução da indefinição legal em torno do conceito de preço vil e o estabelecimento de critérios claros para o valor mínimo em leilões.

Uma inovação importante foi a possibilidade expressa de registrar a alienação fiduciária de um imóvel já dado em garantia (alienação da propriedade superveniente), enfrentando a insegurança jurídica gerada pela ausência de uma lei clara, que antes deixava os cartórios hesitantes em registrar essas transações. O mecanismo possibilitará, pelo menos em alguma medida, a trava das operações de créditos que usam a alienação fiduciária, apesar de ser um mecanismo ainda bastante ineficiente. Os aperfeiçoamentos na Lei 9.514 buscaram fortalecer o modelo de alienação fiduciária, que já sustenta mais de 90% das operações de crédito imobiliário, conferindo-lhe maior segurança jurídica, previsibilidade e eficiência. Estas mudanças prometem fortificar as garantias e, consequentemente, aliviar os custos do crédito de forma relevante nos próximos anos.

Em um movimento paralelo, as propostas revigoraram o uso da hipoteca como garantia de financiamento imobiliário. No Brasil, este mecanismo é surpreendentemente subutilizado, empregado em apenas 6% das operações, contrastando fortemente com sua popularidade em outros países. Este fenômeno é resultado da incerteza jurídica que envolvia a execução hipotecária. O Novo Marco harmonizou os procedimentos da hipoteca com os da alienação fiduciária, e estabeleceu um novo processo para sua execução extrajudicial.

Adicionalmente, instituiu-se o papel do chamado agente de garantias através de emendas na Lei 10.406 de 2002 (Código Civil). A proposta possibilita que qualquer garantia possa ser estabelecida, registrada, gerida e executada por um agente designado pelos credores, promovendo a profissionalização e potencializando ganhos de escala e escopo. O agente de garantias é um instrumento de atuação do credor que gera melhorias operacionais importantes. Os agentes de garantias cumprirão importante papel para melhorar a gestão e execução da garantia. Contudo, ao contrário das IGG's, o agente de garantias não tem os instrumentos necessários para o estímulo da concorrência.

Por fim, vale também destacar a permissão da extensão da alienação fiduciária de um bem imóvel, possibilitando que a propriedade já dada em garantia possa assegurar novas operações de crédito. Essa medida foi anteriormente utilizada pelo Governo na MP 992/2020 como medida de combate a pandemia, porém teve sua vigência encerrada. Como a medida se mostrou satisfatória para reduzir a subutilização de garantias e expandir o volume de crédito na economia, foi incluída em definitivo na legislação brasileira pelo Novo Marco de Garantias, e deverá ser um importante instrumento principalmente para operações de *home equity*.

Apesar de nem todas as propostas do Novo Marco de Garantias terem sido acatadas pelo Congresso Nacional, o relevante número de aprimoramentos estruturais feitos serão uma alavanca para que, nos próximos anos, o mercado de crédito com garantias tenha um crescimento expressivo com maior eficiência, segurança jurídica e acesso, trazendo novas possibilidades para setores vitais da economia.

### 6.3. Seção Especial: Principais mudanças no mercado de seguros[21]

Com a aprovação em 2019 da Lei de Liberdade Econômica (Lei 13.874/2019), que induziu princípios baseados na boa fé, liberdade contratual ampla, informações claras e objetivas nas relações contratuais, estímulos às soluções alternativas de controvérsia, livre pactuação dos negócios jurídicos, intervenção estatal subsidiária e excepcional entre outros princípios, teve início um novo marco para os setores regulados da economia, entre eles o de seguros.

Com o advento da transformação tecnológica que vinha ocorrendo no mundo e que foi acelerada pela pandemia da Covid-19 a partir de 2020, o uso de tecnologia nos processos operacionais e de venda das empresas se intensificou, e a Superintendência de Seguros Privados (SUSEP) procurou desenvolver as bases para que essa evolução fosse implementada também no setor de seguros. Tecnologia e inovação foram alicerces importantes do novo marco regulatório, buscando produzir como resultado uma maior cobertura do mercado de seguros dentro de

---

21. Por Solange Vieira, que foi diretora-presidente da Superintendência de Seguros Privados (SUSEP).

uma estrutura mais transparente, com maior governança, competição, qualidade dos serviços e redução de preços.

Nesse contexto, foi iniciada uma agenda de abertura do mercado de seguros com objetivos claros: promover a concorrência, aumentar o número de pessoas atendidas por seguro e incentivar a inovação. Buscou-se a flexibilização regulatória, reduzindo-se o custo de observância e construindo condições para aumentar a contestabilidade do mercado, tornando o ambiente de negócios mais amigável a novos entrantes e a iniciativas com foco em tecnologia e inovação. O diagnóstico inicial era o de um setor excessivamente regulado e um ambiente de negócios ainda pouco intensivo em tecnologia. Inúmeras medidas foram implementadas com o objetivo de buscar a maior competição, incentivo a novos entrantes, redução de preços e o aumento da cobertura de seguro na população. Abaixo citamos as principais medidas implementadas:

**a.** Implantação do Sistema de Registro de Operações (SRO)[22]: medida que buscou permitir que o regulador de seguros pudesse intensificar o uso de dados e informações em suas rotinas, agregando ações de inteligência e monitoramento ao regulador e transparência de informação ao cidadão. A medida irá proporcionar às seguradoras e aos cidadãos maior acesso à informação das apólices de seguros contratados;

**b.** *Sandbox*: criado com o objetivo de incentivar a inovação e o surgimento de novas empresas que fizessem uso intensivo de tecnologia. É um ambiente regulatório experimental, com condições limitadas e exclusivas, que têm como objetivo estimular novos entrantes bem como a inovação e negócios intensivos em tecnologia e centrados na experiência do consumidor. Em dois editais (2020 e 2021) a Susep selecionou 32 projetos, com resultados para os cidadãos em termos de maior acesso e oferta de novos produtos. Mais de dez empresas receberam autorização para operar, e uma das empresas da primeira edição, com base em dados de 2021, informou que 69% de seus clientes no segmento de automóveis estavam sem cobertura ou nunca tinham tido seguro de carro. No segmento de celulares, o mesmo número chegava a 89%;

**c.** Separação entre produtos massificados e grandes riscos: Resolução CNSP 407/2021 e a Circular Susep 621/2021. Nos grandes riscos foi dada

---

22. Disponível em: https://www.gov.br/susep/pt-br/assuntos/sistema-de-registro-de-operacoes. Acesso em: 26 dez. 2023.

maior liberdade contratual entre as partes, enquanto no segmento de massificados foram estabelecidas normas mais simples e principiológicas, reduzindo restrições e a exigência de produtos padronizados predefinidos pelo regulador. A Circular Susep 620/2020 trouxe significativa simplificação da regulação específica de importantes segmentos do grupo patrimonial, como os seguros compreensivos (residenciais, de condomínios e empresariais), de lucros cessantes, de riscos de engenharia, de riscos diversos e de assistência para bens em geral. Da mesma forma, a Circular Susep 639/2021 promoveu ampla simplificação dos seguros do grupo automóvel (segmento mais importante em termos de prêmios emitidos individualmente no país). O resultado esperado para os próximos anos é a redução de preços e a diversificação dos produtos ofertados;

d. Segmentação (reduziu a barreira à entrada): o aperfeiçoamento da regulação prudencial fez com que regras consideradas excessivas e desnecessárias, aplicadas às empresas de menor porte e complexidade, fossem reduzidas ou eliminadas, reduzindo barreiras à entrada e entraves à inovação e à concorrência. A regulamentação passou a classificar os diferentes grupos econômicos em segmentos distintos conforme porte, complexidade e risco, estabelecendo medidas adequadas para cada tipo de conglomerado. A nova regra promoveu redução no capital regulatório mínimo de acesso ao mercado, criando incentivos para que empresas de menor porte e risco surgissem no mercado;

e. *Open Insurance* (foco no consumidor): ainda na agenda de estímulo à inovação e aumento da concorrência, o *Open Insurance* (Sistema de Seguros Aberto) foi regulamentado em 2021 pela Resolução CNSP 415. Com a edição da Lei Geral de Proteção de Dados (LGPD) e o *Open Banking,* tornou-se importante criar no mercado de seguros um ambiente que possibilitasse aos consumidores o compartilhamento de suas informações entre diferentes seguradoras de forma segura. Com a implementação do *Open Insurance,* foram estabelecidas as condições para que o consumidor de seguros possa se beneficiar do compartilhamento de seus dados pessoais, mediante consentimento prévio, por meio de um ecossistema que permita a oferta de produtos e serviços mais transparentes, customizados e a custos mais acessíveis; e

f. Fortalecimento dos canais de distribuição e aumento da governança e transparência: a Resolução CNSP 431/2021 eliminou restrições regulatórias injustificáveis aplicadas aos representantes de seguros (agentes das seguradoras) na intermediação de produtos e serviços. Com o novo regramento, equiparou-se o mercado doméstico aos padrões internacionais, em que o segmento de intermediação é explorado livremente por agentes (*agents*) e corretores (*brokers*). Com efeito, o regulador passou a permitir a existência dos dois grupos em regime de livre concorrência, acabando com reservas de mercado até então existentes. A Resolução CNSP 382/2020 exigiu medidas de transparência. As medidas implementadas buscavam aumentar a livre concorrência entre intermediários e a transparência de informações na intermediação dos contratos.

As medidas implementadas proporcionaram ao setor de seguros uma mudança na participação do setor no PIB. A participação do setor de seguros no PIB cresceu de 2,9% em 2018 para 3,6% em 2023. Em números de 2023 esse incremento equivale a um crescimento de aproximadamente R$ 70 bilhões ou US$ 14,5 bilhões[23] no setor.

## O Seguro DPVAT

Após a dissolução do consórcio privado de seguradoras que era responsável por sua operação desde 2008 (em regime de monopólio), o seguro DPVAT foi transferido para a Caixa Econômica Federal no final de 2020, e está sendo custeado com recursos excedentes que estavam no balanço do consórcio, em modelo que cumpriu recomendação do Tribunal de Contas da União (TCU).

Cerca de R$ 4,45 bilhões que os proprietários de veículos pagaram a mais ao longo dos anos foram utilizados para cobrir os prêmios de seguros que foram pagos em 2021 e 2022, fazendo com que o cidadão não tivesse que realizar nenhum pagamento de prêmio de seguro, ou seja, o seguro foi mantido sem que o cidadão tivesse que pagar por ele, uma vez que no passado foram feitas cobranças a maior. O modelo de regulação com incentivos inadequados e sujeito a fraudes sistemáticas, existente anteriormente, gerou uma arrecadação da ordem de 8 bilhões, que onerou de forma desnecessária os cidadãos no passado e gerou um grande excedente financeiro.

---

23. Ao câmbio de R$ 4,83 por dólar, no dia 26 de dezembro de 2023.

# 7. AS REFORMAS SILENCIOSAS IMPLEMENTADAS
## e os novos instrumentos financeiros criados

De maneira silenciosa, muitas vezes por meio de medidas infralegais (que não necessitam de aprovação pelo Congresso Nacional), um conjunto importante de nove reformas estruturais foram implementadas entre 2019 e 2022. Além disso, quatorze novos instrumentos financeiros foram criados no período. Neste capítulo discorreremos sobre as reformas silenciosas e os novos instrumentos financeiros.

Foram oito reformas estruturais implementadas com sucesso: **1)** Modernização da legislação trabalhista (Normas Regulamentadoras); **2)** Reforma Administrativa (redução de funcionários e digitalização); **3)** Reforma Tributária (13 reduções permanentes de tributos); **4)** Reforma no Setor Financeiro e Mercado de Capitais (desestatização do crédito e novos instrumentos financeiros); **5)** Reforma nos marcos legais (reformas microeconômicas importam); **6)** Privatização e Concessões (R$ 180 bilhões para o Tesouro + R$ 900 bilhões para investimento); **7)** abertura da economia; **8)** regularização fundiária, com entrega de quase 400 mil títulos de propriedade rural, e reforma urbana com entrega de quase 100 mil títulos de propriedade urbana.

## 7.1. Modernização da legislação trabalhista
## (Normas Regulamentadoras de Saúde e Segurança no Trabalho)[24]

"As Normas Regulamentadoras (NR) são disposições complementares ao Capítulo V (Da Segurança e da Medicina do Trabalho) do Título II da Consolidação das Leis do Trabalho (CLT), com redação dada pela

---

24. Por Erik Figueiredo, que foi subsecretário de Política Fiscal na Secretaria de Política Econômica, e depois presidente do Instituto de Pesquisa Econômica Aplicada (IPEA), e Adolfo Sachsida.

Lei 6.514, de 22 de dezembro de 1977. Consistem em obrigações, direitos e deveres a serem cumpridos por empregadores e trabalhadores com o objetivo de garantir trabalho seguro e sadio, prevenindo a ocorrência de doenças e acidentes de trabalho"[25]. Até a data em que escrevo este livro eram 38 normas regulamentadoras (NR's) que disciplinavam uma série de questões referentes às condições de trabalho.

Apesar de serem baseadas num ideal correto, por vezes as NR's extrapolaram seu papel e se configuraram em verdadeiros entraves para o emprego e a produção. A revisão das NR's foi uma revolução estrutural silenciosa levada a cabo que teve como resultado a modernização de várias NR's, adequando-as ao ambiente mais globalizado e moderno das novas relações de trabalho. A revisão das NR's foi um aprimoramento estruturalmente importante na legislação trabalhista brasileira.

As modificações e revogações de 29 NR's, aliadas a outras consolidações de normativos infralegais, tiveram como resultado uma importante desburocratização, aumento da transparência e da segurança nas relações de emprego, e, em última instância, contribuíram para a modernização e consolidação da legislação trabalhista. Em números gerais, mais de 1.100 atos normativos foram simplificados e sintetizados em apenas quinze. São exemplos desses atos a eliminação de exigências cartoriais; a adoção de ferramentas eletrônicas; a harmonização da atuação da inspeção do trabalho no território nacional; e concessões de autorizações para o trabalho nos domingos e feriados.

### 7.1.1. Seção Especial: A modernização e o aprimoramento das normas regulamentadoras de saúde e segurança no trabalho[26]

Ao abordar reformas estruturais, boa parte da opinião pública, economistas e formuladores de políticas públicas se pauta em grandes temáticas. Isso ao mesmo tempo se retroalimenta, já que o impacto midiático ou as polêmicas em torno de velhos tabus são combustíveis que geram engajamento dos veículos de comunicação social. Sabe-se que a

---

25. Disponível em: https://www.gov.br/trabalho-e-emprego/pt-br/assuntos/inspecao-do-trabalho/seguranca-e-saude-no-trabalho/ctpp-nrs/normas-regulamentadoras-nrs. Acesso em: 26 out. 2023.
26. Por Rogério Marinho, atualmente senador pelo Rio Grande do Norte. Durante o governo Bolsonaro foi ministro do Desenvolvimento Regional e, antes disso, secretário especial de Previdência e Trabalho no Ministério da Economia.

reforma da Previdência, por exemplo, foi assunto por pelo menos vinte anos no país, até ser aprovada em 2019. A modernização trabalhista, com importantes atualizações na Consolidação das Leis de Trabalho (CLT), alterou um normativo de 1943, editado durante a ditadura do Estado Novo e composto por mais de novecentos artigos. A transposição do Rio São Francisco, muito documentada nos arquivos do Congresso Nacional, pertenceu aos planos do Império e foi concretizada após duzentos anos.

Embora sem os mesmos holofotes, existe um conjunto de normativos que regula todas as formas de se exercer trabalho no país. São as Normas Regulamentadoras (NR's) de Saúde e Segurança no Trabalho (SST). Esse conjunto de portarias do Ministério do Trabalho traz regras para o trabalho realizado tanto no ar-condicionado de escritórios como no campo, na indústria, nas minas ou nas plataformas de petróleo, por exemplo. Mais ainda, estabelecem importantes critérios a respeito do embargo e interdição que o Poder Público pode exercer sobre determinado estabelecimento. Seu alcance é tão elástico quanto são diferentes as atividades econômicas existentes. Impactam até mesmo o futuro da Previdência, ou seja, as contas públicas do país. Basta ter em mente que um trabalhador exposto a agentes químicos, físicos ou biológicos poderá pleitear, no futuro, uma aposentadoria especial.

Resta claro que essas normas necessitam ser previstas com critérios precisos, tanto para não desproteger o trabalhador quanto para não onerar o Estado no futuro, bem como não prejudicar as atividades econômicas com regras de difícil atingimento da conformidade. Com vistas a ter uma discussão mais equilibrada em torno do assunto, as partes relevantes da atividade são envolvidas. No Brasil, a discussão da formatação de tais normas se dá de forma tripartite. A Comissão Tripartite Paritária Permanente (CTPP) reúne-se com bancadas de trabalhadores, empregadores e governo. Além disso, a adoção de consultas públicas permitiu o recebimento de quase 20 mil contribuições e mais de 3 mil participantes.

Em 2019, constatou-se que havia um grande conjunto de normativas que estavam desatualizadas, obsoletas e incongruentes com as melhores práticas internacionais, e que geravam tanto desproteção do trabalhador como insegurança jurídica entre os empresários. Por exemplo, a NR-12, que trata do uso de máquinas e equipamentos e, portanto, é vital para o dia a dia da produção industrial, prescrevia adaptações de segurança para máquinas importadas. Antes de ser utilizada, uma máquina fabricada dentro de padrões de segurança europeus não necessariamente estaria em conformidade com as normas domésticas. Ou seja, ainda que muito aderente a boas práticas internacionais de Saúde e Segurança no Trabalho, o importador brasileiro deveria adulterar a máquina, perder a garantia do fabricante, arcar com tais custos e, ainda, lidar com a já muito conhecida incidência de impostos aplicados a produtos importados. Assim, sua atualização recepcionou as normas técnicas europeias harmonizadas do tipo C, quando inexistentes as respectivas normas técnicas nacionais ou internacionais.

Até o fechamento deste livro, havia trinta e oito NR's editadas, sendo trinta e seis vigentes. Ressalte-se que algumas delas possuíam décadas de existência. No entanto, no ciclo de alterações iniciadas em 2019, cerca de trinta delas sofreram alguma reformulação ou alteração. O processo foi conduzido por auditores fiscais do trabalho, com altíssimo nível de consenso entre as bancadas. Isso porque, em diversas ocasiões, as decisões se deram com 100% de consenso e em quase todas as oportunidades houve mais de 90% de concordância. Um exemplo da racionalização estabelecida foi a revisão da NR-28. Trata-se de documento que estabelece as linhas de fiscalização e as penalidades a serem aplicadas. A norma antiga previa mais de 6,8 mil possibilidades de multas para todo o setor produtivo. Após a revisão, esse número foi reduzido para 4,1 mil. Assim foram eliminadas cerca de 2,7 mil formas diferentes de autuações, o equivalente a uma redução de 40%.

Dado que as alterações nas NR's são recentes, ainda não existem estudos relacionados aos impactos dessa regulamentação na produtividade. Contudo, emergem percepções a respeito de seus efeitos nos mais diversos setores de atividade. O aprimoramento nas NR's também objetivou esclarecer o nível de conformidade exigido quanto ao porte e ao risco das atividades envolvidas, e isso serviu para desonerar empreendimentos de baixo risco, facilitando assim a vida dos empreendedores, notadamente nas micro e pequeno empresas classificadas como de baixo risco. É fundamental ressaltar que foi proibida a edição de novas NR's sem antes a realização de Avaliação de Impacto Regulatório, nos moldes do que praticam as agências reguladoras, evitando assim que se crie burocracia e custos desnecessários ao setor produtivo.

## 7.2. Reforma Administrativa - redução de funcionários e digitalização

Entre 2019 e 2022 foi executada uma revolução silenciosa na administração pública federal. Sem alarde, e sem notícias na imprensa, o número de funcionários públicos federais ao final de 2022 tinha sido reduzido para um patamar inferior ao número de funcionários públicos em 2012. A folha de pagamento de dezembro de 2022 continha aproximadamente sessenta mil funcionários públicos federais a menos do que em janeiro de 2019. Em 2018 o governo brasileiro gastou o equivalente a 4,3% do PIB com o pagamento a funcionários públicos federais; em 2022 esse gasto foi reduzido para 3,5% do PIB. Em outras palavras, não apenas o quantitativo de funcionários foi reduzido como também ocorreu uma redução de 0,8% do PIB no gasto anual com a folha de pagamento. Para dar ao leitor uma ideia dessa magnitude, isso equivale aproximadamente à economia gerada pela reforma da Previdência realizada em 2019 (que foi a maior reforma estrutural da história do sistema previdenciário brasileiro). Em valores de 2023, uma redução anual de 0,8% do PIB equivale a uma economia anual ao redor de R$ 80 bilhões, ou US$ 16,3 bilhões de dólares (ao câmbio de 7 de dezembro de 2023). Em dez anos, essa reforma silenciosa economizará aos cofres públicos o montante equivalente a 8% do PIB, isto é, R$ 800 bilhões (US$ 163 bilhões).

A expressiva redução no número de funcionários públicos, e a consequente redução do gasto com funcionalismo público, foi feita em conjunto com uma maciça política de digitalização de serviços públicos. O GOV.BR foi uma mudança estrutural na forma como o cidadão pode ter acesso a serviços públicos. Hoje pode parecer estranho ao leitor, mas até 2020 todo aposentado brasileiro era obrigado a comparecer a uma agência bancária (ou agência do INSS) para comprovar que estava vivo (prova de vida). A falha em cumprir esse requisito implicava na suspensão dos benefícios de aposentadoria (o governo parava de pagar a aposentadoria de quem não comprovasse que estava vivo). Foi com a digitalização dos serviços públicos que agora essa "prova de vida" pode ser feita via celular, sem sair de casa. Era comum ver filas de pessoas idosas, muitas delas doentes e com dificuldades de locomoção, tendo que se deslocar fazendo uso de transporte público, amontoadas em agências do INSS para evitar a suspensão de seus pagamentos de aposentadoria. Essa realidade não existe mais graças à digitalização, que permite ao aposentado e pensionista realizar a "prova de vida" pelo celular, sem sair de casa. Mais que uma medida econômica, essa foi uma medida social.

A digitalização dos serviços públicos representou não apenas economia de recursos, mas também respeito ao cidadão. Hoje uma ampla gama de serviços, incluindo assinaturas digitais (que são gratuitas no GOV.BR), facilitam a vida de milhões de brasileiros, que não precisam mais se dirigir a agências governamentais para resolver questões de menor complexidade burocrática.

O período 2019-2022 teve então dois grandes movimentos em relação a uma reforma administrativa: **a)** uma tentativa de reforma via Projeto de Emenda Constitucional (PEC); e **b)** uma reforma silenciosa feita por normativas infralegais (que não necessitam de autorização do Congresso Nacional e podem ser feitas por decretos, resoluções e portarias editadas exclusivamente pelo Poder Executivo).

Em setembro de 2020, o governo federal efetivamente enviou ao Congresso Nacional uma PEC para a reforma administrativa do setor público (PEC 32/2020). Essa reforma, que necessitava de amplo apoio do Congresso, teve dificuldades e nunca chegou a evoluir muito. Deve-se ressaltar que nessa época a pandemia de Covid-19 ainda assolava o mundo, e parte expressiva das atenções da sociedade estava focada em medidas de combate aos efeitos socioeconômicos e de saúde pública da pandemia. Dessa forma, mesmo que por motivos compreensíveis, o fato é que a reforma administrativa via emenda constitucional teve poucos avanços. Esse é o motivo de muitos analistas argumentarem que não ocorreu a reforma administrativa. Nesse sentido, estão corretos. Uma reforma administrativa via alterações na Constituição Federal foi tentada sem sucesso pelo governo federal entre 2020-2021. Contudo, uma ampla reforma administrativa silenciosa feita via normas infralegais (resoluções, decretos, instruções normativas etc.) foi levada a cabo com sucesso pelo governo federal no período 2019-2022. Disso resultou um aprimoramento importante no aproveitamento e melhor alocação de recursos públicos para a sociedade.

### 7.2.1. Seção Especial: A criação do Ministério da Economia[27]

A criação do Ministério da Economia partiu de uma análise muito precisa feita pelo ministro Paulo Guedes: por um lado, o governo brasileiro tem um nível elevado de despesas, que aumenta cada vez mais sem trazer benefício para o bem-estar da população. Por outro, atrapalha a performance do setor privado, ao exigir, junto com uma alta e complicada carga tributária para cobrir os gastos elevados, um ambiente regulatório e burocrático pesado, que não estimula investimentos, produção e emprego. Gasto público excessivo e crescente requer mais imposto ou mais endividamento pelo governo. Mais imposto agrava o peso da tributação sobre o setor privado. Mais dívida pressiona a taxa de juros, desincentivando investimentos e consumo no país.

Para trilhar o caminho para a prosperidade, a estratégia era coordenar dois ataques simultâneos em duas frentes: gerenciar e aprimorar os gastos do governo e, ao mesmo tempo, liberar o setor privado por meio de uma melhoria significativa do ambiente de negócios. O grande objetivo era fazer com que o crescimento do país dependesse cada vez menos da influência dos gastos do governo e cada vez mais do setor privado investindo, produzindo e criando empregos. No entanto, a implementação dessa estratégia era complexa, pois a competência para enfrentar esses desafios estava distribuída entre vários ministérios. Seria necessário um alto nível de coordenação complexo e moroso para cada reforma, porque pode-se levar muito tempo para acertar posições de ministérios diferentes com o intuito de se fazer uma política pública avançar por meio de decretos, medidas provisórias ou projetos de lei. Justamente com base nisso, houve a decisão de se criar o Ministério da Economia, uma fusão de cinco ministérios cruciais para se fazer as reformas que eram entendidas como necessárias para cumprir a estratégia de mudar o país. Passaram a ser parte do Ministério da Economia as antigas estruturas formadas pelos seguintes ministérios: **1)** Fazenda; **2)** Planejamento, Orçamento e Gestão; **3)** Desenvolvimento, Indústria e Comércio Exterior; **4)** Trabalho e Emprego; e **5)** Previdência. Estava criada, assim, uma máquina de fazer reformas, com quarenta e quatro mil servidores ativos, possibilitando que as ações de transformação da economia brasileira estivessem sob o controle de um só ministro.

---

27. Por Marcelo Pacheco dos Guaranys, que foi secretário-executivo do Ministério da Economia.

Para auxiliar a condução das atividades das vinte e três secretarias do novo ministério, foram criadas sete secretarias especiais, cada qual com a missão de levar em frente um dos pilares da estratégia econômica. Os ministérios que deram origem ao Ministério da Economia foram então reordenados como estruturas capazes de apresentar diferentes reformas: previdenciária, trabalhista, tributária, fiscal e administrativa, além da abertura comercial, das privatizações e da desburocratização e melhoria da produtividade e competitividade do país.

Assim, com o maior controle dos gastos, com as privatizações e as reformas previdenciária, fiscal e administrativa, era possível também fazer uma reforma tributária que, além de simplificar o nosso sistema, permitisse uma redução da carga tributária, dinamizando o setor privado, juntamente com a reforma trabalhista, a redução da burocracia e a digitalização do governo, e a melhoria regulatória. Com a redução do peso do Estado sobre o setor privado, abrir-se-ia ainda espaço para uma efetiva abertura comercial, aumentando os níveis de competitividade e produtividade do país.

Merecem destaque ainda os ganhos de eficiência gerados pela operação de fusão em si do ponto de vista corporativo, que permitiram a extinção de um terço dos cargos em comissão da nova organização, a unificação das estruturas físicas em diversos estados e no Distrito Federal e a simplificação dos contratos de suporte às atividades do ministério, permitindo a economia de centenas de milhões reais por ano.

O primeiro resultado dessa nova estrutura foi rapidamente sentido e em dez meses foi aprovada a reforma da Previdência, a mais importante para o controle dos gastos em médio e longo prazos. Começamos então a avançar com duas outras reformas prioritárias: a tributária e a administrativa. Foi nesse momento que o mundo parou por conta da pandemia de Covid-19. Precisando dar respostas rápidas para atenuar os efeitos econômicos da paralisação das atividades do país, a grande máquina de reformas transformou-se em uma máquina de criar e implementar medidas emergenciais para salvar vidas e a economia. Essa guinada não estava nos planos de nenhum governo, mas tornou-se a principal manobra para preservar nossa sobrevivência.

Suspendemos as reformas estruturantes para poder cuidar da crise em três principais eixos, que foram o amparo aos vulneráveis, a manutenção do emprego e o combate à pandemia, com transferência dos recursos necessários para o Ministério da Saúde, estados e municípios enfrentarem os desafios e salvar vidas. O alto nível de coordenação feito para a criação do Ministério da Economia foi outra vez vital para a elaboração de políticas públicas em prazo recorde para reduzir os efeitos econômicos para a população. Em cerca de dois meses, foram criados o auxílio-emergencial para amparo a todos que atuavam na economia invisível, a flexibilidade dos contratos de trabalho e o Benefício Emergencial de Preservação do Emprego e da Renda (BEAM), que possibilitou que empresas evitassem demissões, e o Programa Emergencial de Acesso a Crédito (PEAC), auxiliando milhares de empresas que passavam por uma situação crítica.

A pandemia, além de todos os terríveis efeitos sobre a população, foi uma grande pausa na estratégia do Ministério da Economia rumo à prosperidade. No entanto, não houve mudança de rota. Uma vez encaminhadas as políticas públicas da pandemia, o ministério voltou-se novamente à execução das reformas. Afinal, todas as coisas presentes no diagnóstico inicial que travavam o crescimento da economia antes da crise sanitária continuavam existindo, tais como gastos públicos ineficientes, barreiras à atração e ao desenvolvimento da iniciativa privada, medidas protecionistas que impactavam a concorrência e a carga tributária que impedia o aumento da produtividade. O caminho para a prosperidade por meio das reformas econômicas precisava ser retomado, sem se descuidar das medidas econômicas para enfrentamento à Covid-19, rumo ao crescimento da economia, com mais emprego, mais renda e proteção social eficaz.

## 7.3. Reforma Tributária – redução permanente de vários tributos

No caso da reforma tributária ocorreu algo semelhante ao ocorrido na reforma administrativa. O governo federal não teve sucesso em fazer evoluir uma grande reforma via projetos de lei (tal como ocorreu no caso da reforma administrativa). Contudo, uma verdadeira reforma tributária silenciosa foi feita via melhorias incrementais em algumas legislações, aliadas a um amplo movimento de redução generalizada e permanente de tributos. Dessa forma, é compreensível que analistas econômicos digam que o governo federal não realizou uma reforma tributária ampla.

Mas é importante salientar que a redução de tributos, em conjunto com aprimoramentos na legislação tributária, representou sim um importante avanço na melhoria do ambiente de negócios, redução da burocracia, respeito ao contribuinte e redução da ineficiência econômica (redução do peso morto do tributo).

Para efeitos de registro histórico, vamos listar os tributos que foram reduzidos de maneira permanente. A lista de redução de tributos é bem mais ampla, mas várias dessas reduções foram reações de política econômica no combate à pandemia de Covid-19. É importante ressaltar que durante a pandemia o governo federal reduziu uma série de tributos num esforço para manter a economia funcionando. Assim, a redução de tributos, bem como a permissão para postergar e parcelar seu pagamento (enquanto durasse a crise de saúde pública), foi umas das respostas de política econômica à pandemia. Listo aqui apenas as reduções permanentes: **1)** Fim do adicional da multa de 10% do FGTS; **2)** Redução no preço do Seguro Obrigatório de Danos Pessoais Causados por Veículos Automotores de Vias Terrestres (DPVAT); **3)** Redução das taxas de Comissão de Valores Mobiliários (CVM); **4)** Redução do Adicional de Frete de Renovação da Marinha Mercante (AFRRM); **5)** Redução de 20% da Tarifa Externa Comum (para bens e serviços importados) e de 20% da alíquota cobrada sobre a importação de bens relacionados à informática, telecomunicações e bens de capital (BIT/BK); **6)** Redução de 35% do Imposto sobre Produtos Industrializados (IPI); **7)** Fim gradual do Imposto sobre Operações Financeiras câmbio (IOF câmbio); **8)** Fim dos impostos federais sobre Gás Liquefeito de Petróleo (GLP), popularmente conhecido como gás de cozinha; **9)** Redução do Imposto sobre Circulação de Mercadorias e Serviços (ICMS) sobre energia, combustível, telecomunicações e transporte urbano; **10)** Retirada da capatazia da base de cálculo do imposto de importação; **11)** Fim da obrigatoriedade de publicação de balanços em jornais (95% das empresas foram desobrigadas de publicar balanço em jornais); **12)** Permissão para micro e pequenas empresas do Simples utilizarem regimes de *drawback*, suspensão e isenção; **13)** Isenção de Imposto de Renda sobre ganhos de capital para não residentes em investimentos de dívida privada.

Existe muito debate atualmente sobre o efeito de desonerações sobre a atividade econômica. A rigor, esse debate remonta pelo menos a David

Ricardo, que estabeleceu os princípios da Equivalência Ricardiana[28]. Contudo, aqui estamos tratando de algo distinto. Estamos falando de uma redução tributária acompanhada da redução do gasto público. Neste caso, é evidente que esse mix de política econômica (redução de gastos do governo acompanhada de redução de tributos) tem efeitos reais. Também existe muito debate sobre o efeito de desonerações transitórias, e restritas a determinados setores da economia, sobre a atividade econômica. Novamente, não é este o caso aqui. As treze reduções tributárias listadas acima foram permanentes e generalizadas.

É importante ressaltar novamente: as treze reduções tributárias listadas nesta seção foram medidas permanentes e generalizadas (isto é, não se restringiam a beneficiar apenas alguns setores). Existem diferenças fundamentais em reduções permanentes de tributos de reduções transitórias. Reduções transitórias de tributos dificilmente têm efeito sobre a produção e o emprego (como a redução é transitória, isso não afeta os incentivos de longo prazo do investimento e nem o retorno de longo prazo do capital). Em reduções transitórias de tributos, o mais provável é que o empresário perceba a mudança como de curto prazo, e prefira recompor suas margens de lucro a assumir compromissos de mais longa duração. Esse nos parece ter sido o caso da desoneração da folha de pagamento, implementada em 2011.

Além de ser temporária, a desoneração da folha de pagamento implementada em 2011 era específica para alguns setores da economia (isto é, não foi feita de forma generalizada para todos os setores). Desonerações específicas para setores levam a um problema econômico conhecido por *misallocation*, ou má alocação de recursos, que é quando determinada falha de mercado, ou intervenção equivocada do governo, leva a uma alocação ineficiente de recursos na sociedade. Em última instância isso reduz a produtividade, reduz o crescimento de longo prazo e dificulta ajustes em decorrência de crises econômicas, pois o setor beneficiado com a política pública equivocada "retirou" recursos dos setores mais eficientes da economia.

---

28. Para David Ricardo e vários outros economistas, em determinadas situações, a maneira pela qual o governo se financia (se via emissão de dívida ou se via tributação) não tem efeitos reais sobre a economia. Esse ponto é conhecido na literatura como Equivalência Ricardiana.

A desoneração da folha de pagamento executada em 2011 nos parece ser exemplo de uma desoneração tributária transitória (com data para acabar) e setorial específica (não era para todos os setores da economia). Exatamente por isso, os estudos acadêmicos sugerem a sua ineficiência[29]. Nossa política de redução tributária era radicalmente diferente: as treze reduções tributárias listadas nesta seção foram todas permanentes (sem data para acabar) e gerais (ou seja, beneficiavam a todos os setores, e não se restringiam a nenhum setor específico). A redução permanente e geral de tributos acompanhada da redução do gasto público foi uma importante orientação de política econômica adotada no período 2019-2022. A redução de tributos e sua simplificação reduzem o peso morto dos tributos e aumentam a eficiência econômica, impulsionando assim o crescimento em longo prazo da economia.

Além das reduções permanentes e gerais de tributos, dois outros movimentos importantes precisam ser ressaltados: a criação da transação tributária e a mudança na regra de voto no Conselho Administrativo de Recursos Fiscais (CARF). Ambas as medidas desenhadas para reduzir a burocracia, reduzir o contencioso e o passivo tributário, e facilitar a reinserção de empreendedores na economia.

A transação tributária, ou Lei do Contribuinte Legal (Lei 13.988/2020), teve por objetivo facilitar a negociação de dívidas de contribuintes com a União. A ideia básica era permitir que créditos tributários com baixa probabilidade de recebimento pudessem ser "novados" (trocados) por outras obrigações de menor valor do contribuinte. Essa medida já foi responsável pela novação de mais de R$ 500 bilhões em dívidas de contribuintes junto à União. Ao regularizar sua situação tributária o contribuinte passa a poder empreender novamente. Essa medida foi responsável pela reinclusão de milhares de empreendedores na formalidade. Afinal, antes dessa medida os devedores em dívida ativa da União tinham dificuldade para regularizar seus empreendimentos. A transação tributária tem outro efeito benéfico: ela praticamente acaba

---

29. Texto para Discussão do IPEA: "TD 2357 – Impacto da Desoneração da Folha de Pagamento sobre o Emprego: novas evidências". CARVALHO, Alexandre Xavier Ywata de; GARCIA, Felipe; e SACHSIDA, Adolfo. Brasília, janeiro de 2018. Disponível em: https://portalantigo.ipea.gov.br/agencia/index.php?option=com_content&view=article&id=32196&Itemid=433. Acesso em: 2 fev. 2024.

com a necessidade dos seguidos programas de refinanciamento de dívidas tributárias (REFIS) que eram praticados ordinariamente pela União[30].

O voto de qualidade no CARF foi outra mudança importante feita no período 2019-2022. O CARF é a última instância de julgamento de questões tributárias na administração federal. É um órgão colegiado que julga, na esfera administrativa, os litígios tributários entre a Receita Federal e o contribuinte. Grosso modo, e de maneira extremamente simplificada, quando o contribuinte discorda da Receita Federal ele pode recorrer ao CARF para deixar de pagar determinada multa ou tributo. O colegiado do CARF então julga se quem tem razão é o contribuinte ou a Receita Federal. Metade dos membros do colegiado são auditores da Receita Federal, e a outra metade são pessoas indicadas para representar os contribuintes. Em caso de empate o governo federal (por um representante da Fazenda Nacional) tinha o direito ao voto de desempate (chamado de "voto de qualidade"). O "voto de qualidade" costumava favorecer a União, e era comum a reclamação dos contribuintes apontando o conflito de interesses em um funcionário público federal decidir se o contribuinte devia mais recursos ao governo.

A partir de 2020, o governo federal alterou as regras do CARF e acabou com o "voto de qualidade". Foi estabelecido que, em caso de empate na votação do colegiado, a decisão passaria a favorecer o contribuinte. Essa foi uma importante inovação jurídica, pois adotou a ideia consagrada no direito penal *in dubio pro reo* (o benefício da dúvida favorece o réu – neste caso o contribuinte). Graças a essa alteração nas regras do CARF os contribuintes passaram a ter uma taxa de sucesso muito maior em suas demandas tributárias no âmbito administrativo. Infelizmente, essa mudança durou pouco. Já em 2023, uma das primeiras medidas do novo governo foi retornar com o voto de qualidade no CARF.

---

30. A União executou tantos programas de refinanciamento de dívidas tributárias (REFIS), que vários empresários paravam propositalmente de pagar seus tributos, à espera do próximo programa de refinanciamento. Isso gerou perdas expressivas para a arrecadação da União. Ao permitir renegociar dívidas referentes apenas a créditos de difícil recuperação, a União criou um mecanismo capaz de reincluir no sistema o empreendedor que efetivamente não tinha recursos, mas que ao mesmo tempo não desestimula o pagamento de tributos por empreendedores com capacidade de pagamento (como ocorre com o REFIS).

### 7.3.1. Seção Especial: Transação Tributária[31]

Sem dúvida, uma das maiores revoluções na relação entre o Fisco e os contribuintes teve início no segundo semestre de 2019, com a edição da Medida Provisória nº 899 (convertida em 2020 na Lei nº 13.988). Esse ato regulamentou, em âmbito federal, a chamada transação tributária, que visa dar fim a litígios que abranjam cobranças do Poder Público, mediante concessões mútuas entre as partes e que, por diferentes razões, inaugurou um novo e mais avançado momento nas relações entre a Administração tributária e o setor privado.

Nossa sociedade como um todo e o Poder Judiciário, mais especificamente, sempre enfrentaram um grande desafio pelo elevadíssimo número de processos judiciais de cobrança, pela Fazenda Pública, de seus possíveis créditos que compõem a chamada dívida ativa de cada ente federativo. Para se ter uma ideia, em dados trazidos à baila em 2020 pelo Conselho Nacional de Justiça em seu anuário "Justiça em Números"[32], os processos de execução fiscal representavam, no ano em que expedida a medida provisória da transação tributária (2019), incríveis 39% do total de casos pendentes no Poder Judiciário brasileiro. E mais, com uma taxa de congestionamento (a relação entre o número de execuções fiscais que tramitam em nossos tribunais em um determinado ano e quantas foram baixadas no mesmo período) de 87%. Trata-se de percentual bastante superior ao verificado em outras espécies de ações e temáticas em discussão judicial.

Esse quantitativo, além de representar um custo elevado a todos os envolvidos e à sociedade de uma forma geral, contribui a que a preservação da própria justiça possa de alguma forma ficar comprometida, pela demora na solução dos conflitos que é decorrência natural do volume expressivo de processos enfrentados no dia a dia por nosso Poder Judiciário. E, mais do que isso, esforços que poderiam estar sendo despendidos de forma mais concentrada na solução de demandas outras – como, por exemplo, as atinentes ao asseguramento da liberdade, da saúde e

---

31. Por Ricardo Soriano, que foi Procurador Geral da Fazenda Nacional.
32. Disponível em: https://www.cnj.jus.br/wp-content/uploads/2021/08/rel-justica-em-numeros2020.pdf. Acesso em 06/08/2024.

a proteção da família e dos mais necessitados –, acabam tendo que ser divididos em grande parcela com uma única outra temática, qual seja, a da cobrança de possíveis créditos da Fazenda Pública.

Ao lado desse preocupante impacto ao Poder Judiciário, de se considerar também que o grau de efetividade das execuções fiscais sempre se mostrou, por diferentes razões, baixo, com longa duração dos processos e pouca arrecadação, se considerados os montantes demandados em juízo.

Esses fatos recomendam não apenas um contínuo aprimoramento na forma de cobrança do crédito público, mas também que instrumentos alternativos à solução de conflitos entre o Poder Público e os particulares sejam constantemente buscados. E a transação tributária se insere nesse contexto, refletindo tanto o respeito ao Poder Judiciário (evitando-se, principalmente, que demandas com pouca ou nenhuma chance de sucesso ocupem seu tempo e energia) como a todos os devedores (favorecendo o diálogo e soluções que viabilizem pagamentos em condições que observem o grau de recuperabilidade do crédito público e atendam a realidade econômico-financeira de cada qual).

Mas, afinal, o que ocorreu exatamente, a partir do segundo semestre de 2019, o que significou a edição de medida provisória tratando do instituto e por que tal não se deu em momento anterior?

A assim apelidada transação tributária é instituto que, efetivamente, já recebia menção desde a redação original da Lei nº 5.177, de 1966, que estabelece o Código Tributário Nacional (CTN). Esse Código, contudo, não chegou a regulamentá-la, mas apenas previu, em seu art. 171, que uma outra lei poderia vir a ser editada para estabelecer as regras do instituto, favorecendo o fim de litígios mediante negociação.

De se reparar que entre essa previsão do CTN e a efetiva regulamentação da transação tributária em âmbito federal transcorreu mais de meio século. E, considerando-se o sucesso alcançado com as negociações logo nos primeiros anos, de se questionar, efetivamente, a razão de tamanha demora em sua regulamentação.

Isso se deu por diferentes razões. Há sempre, é claro, uma preocupação em como transacionar algo que possa ser considerado um direito da Administração Pública (os pretensos créditos do ente federativo, suas autarquias e fundações públicas). E é natural que surjam preocupações sobre os limites das concessões cabíveis, bem assim sobre os riscos de desvios de conduta em atividades da espécie.

Tais preocupações, contudo, não deveriam constituir fatos suficientes a, efetivamente e por tanto tempo, atrasar a regulamentação de um instituto que se demonstrou, desde o seu nascimento, muito favorável aos interesses da sociedade. Afinal, ainda na década de 1960 o próprio CTN já reconhecia, como se disse, a possibilidade de se transacionar o pagamento de créditos tributários, estando evidente, é claro, que a negociação deve considerar sempre o atendimento do próprio interesse público, em conciliação com o interesse do particular. Além disso, e especificamente sobre a preocupação em torno de desvios de conduta, tal é risco que permeia qualquer atividade humana, e, especificamente no setor público, foram desenvolvidos ao longo do tempo mecanismos vários de transparência e controle das atividades de seus agentes e das instituições que compõem.

Talvez ainda um outro ponto pode haver contribuído para uma demora na regulamentação do instituto: a necessidade de mudança na mentalidade daqueles que integram o corpo funcional responsável pela cobrança de tais créditos. Isso porque, em passado não muito distante, alguns, talvez movidos por um senso de justiça fiscal, compreendiam não deveria haver qualquer espaço à concessão de benefícios a devedores, olvidando-se que muitos têm o interesse, mas a comprovada inviabilidade de honrar suas dívidas sem alguma negociação em torno.

A despeito das preocupações apontadas e da necessidade de uma mudança cultural no Poder Público, fato é que houve também fatores que contribuíram a que, finalmente e passadas tantas décadas, ocorressem os necessários esforços e confluência de vontades para que a transação tributária viesse a, finalmente, ser concretizada no sistema legislativo nacional.

Uma de tais razões se encontra, justamente, no fato de se haver experimentado um contínuo e expressivo crescimento no estoque da dívida ativa da União (DAU), cuja gestão e cobrança se encontra sob encargo da Procuradoria-Geral da Fazenda Nacional (PGFN). Para se ter uma ideia, tal montante correspondia a pouco mais de R$ 600 bilhões em 2008[33]; já alcançava R$ 1,4 trilhão em 2013[34] e, no exercício logo anterior ao da regulamentação da transação tributária em âmbito federal (2018), atingiu o valor aproximado de R$ 2,2 trilhões (sendo quase a metade disso então considerada irrecuperável)[35].

O crescimento expressivo do estoque da dívida ativa, somado à baixa perspectiva de pagamento de parte bastante considerável do crédito fazendário, certamente serviram de estímulo à concretização desse importante instrumento de negociação com devedores.

Como se disse, a PGFN tem a importante missão de gerir e cobrar a dívida ativa da União. E ela assumiu protagonismo – contando sempre com importantes apoios no âmbito do Poder Executivo e dos demais Poderes –, a que ocorresse a regulamentação da transação tributária. E o instituto, desde o primeiro momento, apresentou características muito distintas dos assim chamados "Refis".

Refis, em verdade, foi o Programa de Recuperação Fiscal lançado em 2000, por meio da Lei nº 9.964. Chamou tanta atenção que todos os programas posteriores, com benefícios assemelhados, amplos ou direcionados a setores específicos, foram também apelidados com o mesmo nome, ainda que sempre adotada nomenclatura oficial diversa.

Em nosso país, infelizmente, criou-se a cultura de se aguardar a expedição de novos (e invariavelmente temporários) programas de benefícios fiscais (com parcelamentos excepcionais e descontos em dívidas). Como se diz usualmente, "aguardar o próximo Refis". Curioso perceber que, para alguns, isso chegou a se tornar como que parte de

---

33. Cf. EM Interministerial nº 186/2008 – MF/AGU, disponível em: https://www.planalto.gov.br/ccivil_03/Projetos/EXPMOTIV/EMI/2008/186%20-%20MF%20AGU.htm#:~:text=De%20fato%2C%20o%20estoque%20da,R%24%20900%20bilh%C3%B5es%20de%20reais. Acesso em 06/08/2024.
34. Ficha-Síntese do Tribunal de Contas da União sobre as Contas do Governo da República | Exercício de 2013. Disponível em: https://portal.tcu.gov.br/tcu/paginas/contas_governo/contas_2013/fichas/4.1%20Recupera%C3%A7%C3%A3o%20de%20Cr%C3%A9ditos.pdf Acesso em 06/08/2024.
35. "Dívidas com a União passam de R$ 2 trilhões; 44% são irrecuperáveis", reportagem publicada em março de 2019 pela Agência Brasil. Disponível em: https://agenciabrasil.ebc.com.br/economia/noticia/2019-03/dividas-com-uniao-passam-de-r-2-trilhoes-44-sao-irrecuperaveis#:~:text=A%20quantidade%20de%20devedores%20da,%2C%20divulgados%20hoje%20(26). Acesso em 06/08/2024.

um pseudoplanejamento tributário, em efeito colateral, lamentável e deletério de tais programas, desestimulando, por vezes, o bom pagador.

Do Refis original, em 2000, até o último grande programa de regularização de dívidas editado pela União antes da instituição da transação tributária em âmbito federal (o Programa Especial de Regularização Tributária – Pert, estabelecido pela Lei nº 13.496, de 2017), foram criados em torno de quarenta programas para refinanciamento de dívidas tributárias e parcelamentos especiais, de acordo com estudo levado a efeito pela Receita Federal, ainda em 2017[36]. É claro que diversos desses programas não tinham abrangência geral, servindo para atender a grupos ou setores econômicos específicos.

Esse número de concessões de benefícios que deveriam ser excepcionais ajuda na compreensão da esperança depositada pelos mais diversos setores na edição de um "próximo Refis" que talvez pudesse vir a atender suas necessidades. E tornou-se também mais uma razão para estímulo a, passadas décadas de sua previsão original no art. 171 do CTN, finalmente haver o esforço e alinhamento necessário à regulamentação da transação tributária.

Há que se compreender que os "Refis" não levavam em consideração a situação econômico-financeira dos contribuintes. Beneficiavam indistintamente a todos (ou a todos do setor ou nicho econômico ao qual dirigidas suas regras). Assim, pessoas físicas ou jurídicas com totais condições de pagamento dos valores devidos recebiam o mesmo tratamento daqueles que comprovadamente necessitavam de um tratamento diferenciado pelo Fisco para que, efetivamente, pudessem honrar seus compromissos.

Já a transação tributária, quando aplicável à negociação para pagamento de dívidas, leva em consideração critérios objetivos, utilizados para a distinção dos contribuintes que efetivamente necessitam de um tratamento diferenciado para saldar as suas dívidas. No âmbito federal, a PGFN é a responsável pela projeção da capacidade de pagamento de todos os contribuintes, e assim já vinha procedendo há alguns anos como estratégia de melhor eficiência em sua atuação. A partir de tal projeção

---

36. Disponível em: https://static.poder360.com.br/2021/08/20171229-estudo-parcelamentos--especiais.pdf Acesso em 06/08/2024.

é que se faz possível a classificação dos créditos fazendários de todos os contribuintes de nosso país, separando o que se considera dívida com boa perspectiva de recuperação daquela reconhecida como de difícil recuperação ou mesmo irrecuperável.

Essa sistemática, ao tempo em que busca prestigiar a justiça fiscal, torna claro o atendimento também do próprio interesse público, justamente porque a negociação de dívidas só se aplica aos débitos objetivamente reconhecidos como de baixa ou nenhuma perspectivamente de recuperação. Em tais casos, entende-se consonante com o interesse público a eventual celebração de um acordo que assegure a satisfação do crédito fazendário a partir do oferecimento de condições diferenciadas de pagamento (incluídos aí descontos e parcelamentos com formas e prazos especiais).

Outra diferença fundamental entre os "Refis" e a transação tributária reside em que aqueles sempre foram editados esporadicamente e com duração determinada. O contribuinte, como já apontado, permanecia na esperança da edição de uma nova lei que eventualmente viesse a beneficiá-lo. Já a transação tributária é um programa permanente, continuamente aberto (no caso da chamada transação tributária individual) ou com publicações sucessivas de editais para a fixação de condições que possam estimular o devedor a uma negociação com a Fazenda Pública (para as chamadas transações por adesão, tanto atinentes a dívidas como as que abranjam negociação em contencioso que abranjam determinadas teses tributárias).

Com efeito, a transação tributária inaugurada no âmbito federal há alguns anos se apresenta em diferentes modalidades. Admite-se a negociação em torno de créditos públicos inscritos em dívida ativa da União, de suas autarquias e fundações públicas, bem assim na cobrança de créditos de competência da Procuradoria-Geral da União (PGU). Acaba por abranger, pois, atuação não apenas da PGFN, mas também das demais Procuradorias que integram a advocacia pública federal (além da PGU, também a Procuradoria-Geral Federal – relativamente às dívidas das autarquias e fundações públicas – e a Procuradoria-Geral do Banco Central – especificamente, é claro, para as dívidas atinentes à atuação da autarquia de natureza especial que assessora).

Em acréscimo, a partir de alteração da lei de transação em meados de 2022, também a Receita Federal, que vinha demonstrando interesse em uma maior participação em torno do instituto, foi autorizada a conduzir transações abrangendo créditos tributários especificamente ainda em discussão no âmbito do contencioso administrativo fiscal (CARF, precipuamente). E, ao lado de tal espécie transacional (abrangendo créditos públicos), está regulamentada também a possibilidade tanto da transação no contencioso tributário de pequeno valor como nos demais casos de contencioso judicial ou administrativo tributário, a partir da eleição de teses jurídicas com jurisprudência ainda não consolidada, e convocação de eventuais interessados em uma negociação em torno.

Àqueles cuja dívida respectiva seja considerada, a partir de dados objetivos alimentados em fórmula matemática, como de difícil recuperação ou irrecuperável, abre-se a possibilidade de descontos em juros, multa e encargos legais (que podem chegar a até 70%, em algumas hipóteses). Em acréscimo, permite-se também, a depender de cada caso concreto, a concessão de parcelamentos mais alongados, com a adoção de parcelas com valores variáveis, e até mesmo o abatimento de prejuízo fiscal e da base de cálculo negativa da Contribuição Social Sobre o Lucro (CSLL) do saldo remanescente da dívida, após os descontos mencionados.

Passando a apresentar bastante efetividade já a partir de 2020, a transação tributária em âmbito federal tornou-se um sucesso. Por um lado, créditos considerados até então irrecuperáveis foram objeto de negociações e começaram a ingressar nos cofres públicos. E, de outro, a transação passou a significar, para muitos, o instrumento viabilizador da efetiva continuidade de suas atividades negociais, oportunizando que empresas permaneçam em funcionamento e empregos sejam mantidos (e até mesmo estimulada a criação de novos postos de trabalho).

Ilustrativo de tal fator benéfico à sociedade foi estudo levado a efeito pela Secretaria de Política Econômica do então Ministério da Economia, ainda em 2021 e em momento absolutamente desafiador ao Brasil e ao mundo, em decorrência da pandemia de Covid-19. De acordo com nota técnica intitulada *Transação Tributária e o Enfrentamento da Pandemia: Efeitos sobre o Emprego*[37], caso não fossem adotadas as tran-

---

37. Disponível em: https://www.gov.br/economia/pt-br/centrais-de-conteudo/publicacoes/notas-tecnicas/2021/nt-transacao-tributaria-e-o-enfrentamento-da-pandemia.pdf Acesso em 06/08/2024.

sações tributárias em âmbito federal "o efeito do isolamento [*decorrente da pandemia*] sobre o emprego poderia ser até duas vezes maior do que o registrado". Mais do que isso, "as transações tributárias também contribuíram para o cenário positivo do emprego ao afetar positivamente o seu crescimento, em especial nas regiões Sudeste e Sul, com impactos de 25% e 27%, respectivamente".

Tamanho foi o sucesso na aplicação do instituto em âmbito federal que, ao final de 2022, após pouco mais de três anos de existência dessa possibilidade negocial, já haviam sido fechados mais de um milhão e meio de acordos com devedores apenas pela PGFN, e assim regularizados R$ 404,3 bilhões de reais em dívidas no período, além dos montantes atinentes a tais negociações representarem 36% de tudo o quanto arrecadado pela instituição naquele ano . Sua importância e impacto sociais foram tão significativos, ademais, que tiveram o condão de reduzir drasticamente o movimento em torno da edição de novos "Refis", pela percepção de ser, a transação tributária, um mecanismo de arrecadação equilibrado e condizente com as necessidades da sociedade.

Tal sucesso, aliás, não passou despercebido dos demais entes federativos, provocando um verdadeiro movimento virtuoso de regulamentação do uso da transação tributária também em leis estaduais e municipais, com vistas às negociações dos débitos sob seus encargos. Na atualidade, para se ter uma ideia, mais de dois terços dos Estados já regulamentaram a aplicação da transação tributária no âmbito de suas atuações.

Por fim, e tão importante quanto a preservação de empresas e empregos; a arrecadação de créditos públicos anteriormente considerados de difícil recuperação ou mesmo irrecuperáveis; e a promoção de um movimento virtuoso em todo o país (de forma a que diversos fiscos estaduais e municipais também buscassem solução assemelhada à federal) foi o novo momento de diálogo que se estabeleceu entre a Administração tributária e os mais diversos setores sociais, em uma relação que passou a ser muito mais contributiva, construtiva e transparente. O respeito demonstrado pelo Poder Público aos particulares nessa seara, a partir de então, é coerente com a visão de que o Estado não existe para si e deve absoluto respeito e atenção a todos os responsáveis pela geração de riquezas em nosso país.

### 7.3.2. Redução do Adicional de Frete de Renovação da Marinha Mercante - AFRMM[38]

No início de maio de 2020, em meio ao turbilhão das demandas e ações voltadas para a proteção à vida e preservação da atividade econômica, o secretário de Política Econômica, Adolfo Sachsida, demandou de cada um de seus subsecretários um esforço adicional visando garantir uma célere retomada econômica no pós-pandemia. Fazíamos reuniões diárias, sempre no início da noite. Éramos cobrados não só pela concepção de novas ideias, mas pelo trâmite de cada uma das propostas. Nesse contexto, a Subsecretaria de Política Fiscal apresentou a medida de redução do AFRMM. Trata-se de uma cobrança sobre transporte aquaviário da carga de qualquer natureza descarregada nos portos brasileiros. Na época, o AFRMM considerava as seguintes alíquotas: 25% para as navegações de longo-curso (internacionais), 10% para a navegação de cabotagem e 40% para a navegação fluvial e lacustre, quando do transporte de granéis líquidos nas regiões Norte e Nordeste.

O adicional representava uma barreira à importação resultando em produtos nacionais mais caros e reduzindo os recursos que poderiam ser direcionados para outras atividades como serviços, lazer, turismo, etc. Paradoxalmente, o mecanismo de proteção da indústria nacional a torna menos competitiva e menos capaz de gerar empregos.

Após uma longa batalha de convencimento dentro do Ministério da Economia, em particular devido às regras fiscais (medidas de compensação e/ou renúncia de receitas), a medida de redução do AFRMM foi incorporada ao projeto BR do Mar (Novo Marco Regulatório da Cabotagem), àquela altura já em tramitação na Câmara. Em nenhum momento a SPE buscou os holofotes da autoria da medida. Pelo contrário, o protagonismo da secretaria foi deixado em segundo plano em nome da tramitação mais célere da medida.

Durante o debate da medida no Congresso Nacional, a proposta inicial de zerar um imposto de forma escalonada em cinco anos foi substituída pela redução da alíquota para 8% nas navegações de longo curso e de cabotagem. E, mais do que isso, o texto final da BR do Mar

---

38. Por Erik Figueiredo, que foi subsecretário de Política Fiscal na Secretaria de Política Econômica, e depois presidente do Instituto de Pesquisa Econômica Aplicada (IPEA).

incluiu um parágrafo assegurando que o AFRMM poderia, no futuro, ser reduzido via decreto presidencial. As idas e vindas do projeto no Congresso atrasaram a redução do tributo. Finalmente, no dia 25 de março de 2022 ocorreu a nova redação dada ao art. 6º da Lei 10.893, que estabeleceu redução nas alíquotas para o cálculo do AFRMM. Desse dia em diante, graças às reduções de tributos incidentes sobre o transporte marítimo, o Brasil se tornou um pouco menos fechado para a economia internacional.

## 7.4. Reformas no setor financeiro e mercado de capitais – desestatização do crédito e novos instrumentos financeiros

De acordo com dados do Banco Central do Brasil, em dezembro de 2015 o crédito livre representava 51% do crédito total na economia brasileira (os demais 49% eram créditos direcionados, isto é, com destinação específica). Além disso, os bancos públicos eram responsáveis por 56% desse crédito (os demais 44% eram fornecidos por bancos privados). Esse quadro sofreu profunda modificação num curto intervalo de tempo. Em dezembro de 2022, o crédito livre já respondia por 60% do crédito total, e os demais 40% se referiam ao crédito direcionado. Além disso, o percentual de crédito fornecido por bancos públicos foi reduzido para 43% do crédito total, com a participação dos bancos privados saltando para 57% do crédito total.

Esse incremento no crédito livre, que aumentou sua participação no crédito total em quase dez pontos percentuais num período de apenas sete anos, aliado a uma ampliação do papel dos bancos privados (que aumentaram sua participação no crédito total em 13 pontos percentuais num intervalo de sete anos) é o que chamamos de desestatização do crédito. A desestatização do crédito significou uma importante redução do papel dos bancos públicos e do crédito direcionado na economia brasileira. A ideia de política econômica aqui era de que o mercado é um melhor alocador de recursos financeiros do que o governo. Ao reduzir o crédito direcionado, aumenta-se o conjunto de opções de financiamento para projetos na economia. A escolha do projeto passa a se dar com base em seu retorno econômico e não mais por deliberação e escolhas governamentais. Isso claramente aumenta a eficiência econômica do investimento ao reduzir o problema da má alocação de recursos (*misallocation*).

Ao reduzir a participação dos bancos públicos no crédito total, temos dois efeitos: **a)** os recursos devolvidos pelos bancos públicos (BNDES, Banco do Brasil, Caixa Econômica Federal, Banco do Nordeste) ao Tesouro Nacional são utilizados para abater dívida pública. Isso melhora os indicadores fiscais da economia com seus consequentes efeitos benéficos sobre as condições macroeconômicas; e **b)** reduz-se o espaço para que bancos públicos sejam utilizados com finalidade política, como por exemplo para financiarem "campeões nacionais" que recebem financiamento público a taxas de juros subsidiadas. Isso, por sua vez, reduz o problema referente a *misallocation*.

A desestatização do crédito (aumento da participação dos bancos privados no financiamento do crédito associado à redução do crédito direcionado na economia) foi uma importante peça de nossa política econômica. Muitas vezes os analistas comparam as taxas de investimento ocorridas entre 2019 e 2022 com taxas de investimento ocorridas entre 2009 e 2015. Parece-nos uma comparação equivocada. O investimento realizado no período 2019-2022 caracteriza-se por ser financiado majoritariamente por crédito livre via bancos privados. Já os investimentos ocorridos no período 2009-2015 são financiados majoritariamente por crédito direcionado via bancos públicos.

Do ponto de vista teórico, parece-nos que a eficiência econômica do investimento financiado por crédito livre via bancos privados é superior à de investimentos financiados por crédito direcionado via bancos públicos. Isso ocorre pois o mercado, via sistema de preços, costuma ser um melhor alocador de recursos financeiros e escolhas de projetos viáveis economicamente do que o governo. Claro que existem situações teóricas que podem perfeitamente justificar a intervenção do governo no mercado de crédito (no caso de falhas de mercado, por exemplo). Mas sempre é bom lembrar que intervenções do governo na economia costumam vir acompanhadas de falhas de governo.

Em política econômica, mais importante do que descobrir o que é possível é descobrir o que é provável. Afinal, do ponto de vista teórico, quase tudo é possível (a depender das hipóteses estabelecidas). No caso específico do investimento financiado por crédito livre via bancos privados, acreditamos que estes minimizam o problema da má alocação de recursos aumentando a eficiência econômica do investimento. Em outras palavras, mesmo uma taxa de investimento inferior no período 2019-2022 pode dar retornos econômicos superiores do que os proporcionados pelas taxas de investimento mais elevadas do período 2009-2015. Certamente será interessante ver estudos acadêmicos que utilizem dados de investimento desses períodos e testem empiricamente o que nos parece ser uma hipótese teórica correta (de que o investimento financiado por crédito livre via bancos privados é mais eficiente do que o investimento financiado com crédito direcionado por bancos públicos).

As reformas microeconômicas levadas a cabo no período 2016-2022[39] tiveram efeitos significativos nos mercados de crédito, capitais, garantias e seguros. De acordo com dados da B3 (Bolsa de Valores de São Paulo), entre 2018 e 2022 o número de brasileiros investindo em bolsa aumentou em seis vezes, e o volume transacionado em renda variável cresceu em 7,5 vezes. No período 2019-2022 foram criados diversos novos instrumentos financeiros e novos marcos legais para aprimorar a eficiência do mercado de crédito, capitais, garantias e seguros. A seguir listamos algumas dessas inovações: **1)** FIAGRO; **2)** CPR Verde; **3)** CPR Digital; **4)** CRA em dólar; **5)** nota comercial; **6)** Fundo Solidário Rural; **7)** Certificado de Recebíveis; **8)** Letra de Risco de Seguros; **9)** Antecipação do Saque-Aniversário de FGTS; **10)** Antecipação de Frete para caminhoneiros; **11)** Instituição do voto plural; **12)** Fortalecimento da competição entre bancos para acesso aos recursos do Plano Safra (com consequente queda no *spread* cobrado por eles para os agricultores); **13)** Créditos de Reciclagem (Decreto de Catadores); **14)** criação do patrimônio de afetação de propriedade rural; **15)** Todo o rol de possibilidades criado pelo programa Mais Garantias Brasil (conjunto de quatro medidas legais: **a]** Novo Marco de Garantias; **b]** Modernização dos Registros Públicos; **c]** Novo Marco Legal da Securitização; e **d]** aprimoramento das garantias agro); etc.

O mercado de crédito irá aumentar pelo menos 1 ponto percentual do PIB por ano nos próximos dez anos. Estamos falando de um

---

39. A agenda de aprimoramentos de marcos legais nos mercados de crédito e capitais começou a ser trabalhada em 2016 pela equipe econômica do presidente Temer. A partir de 2019, no governo Bolsonaro, a agenda microeconômica de aprimoramento de marcos legais passou a ter papel central na formulação da política econômica.

incremento de pelo menos R$ 100 bilhões de crédito ao ano, totalizando ao menos R$ 1 trilhão em dez anos. As medidas econômicas tomadas entre 2019 e 2022 aperfeiçoaram de maneira significativa o arcabouço legal dos mercados de crédito, capitais, seguros e garantias. Esse aumento na segurança jurídica, redução da burocracia e custos associados, melhorias na recuperação da garantia e o aperfeiçoamento da eficiência no uso de garantias (permissão para fracionamento da garantia, o que permite uma segunda alienação fiduciária, por exemplo) são peças-chave para a revolução que já está em andamento nesses mercados.

Nos próximos anos veremos um crescimento significativo dos mercados de crédito, capitais, seguros e garantias, e a agenda de reformas microeconômicas mostrará toda sua força. Daqui a dez anos, o hoje praticamente inexistente mercado de *home equity* no Brasil dará um salto significativo. Isso se deve a essa agenda de reformas no mercado de crédito, capitais e seguros.

### 7.4.1. Seção Especial: Recicla+[40]

As reuniões semanais das subsecretarias com o secretário de Política Econômica eram bem mais que um ponto de controle. Eram a oportunidade de apresentar ideias e receber contribuições do secretário, que enxergava o processo de execução de uma forma muito mais ampla, inclusive sobre a possibilidade de sobrevivência da iniciativa no meio do jogo político. Nesse contexto, surgiu a ideia do Recicla +. Uma iniciativa simples e muito inspirada no elegante Decreto do CPR Verde, também gestado pela Secretaria de Política Econômica.

O ponto de partida foi a obrigação legal do mecanismo de logística reversa, contido na Política Nacional de Resíduos Sólidos (PNRS) de 2010, na qual são estabelecidas as regras para o fluxo físico de produtos, embalagens ou outros materiais no pós-consumo. Na prática, o mecanismo legal associado a essa política era ancorado na obrigação dos agentes produtivos de criarem um sistema de logística reversa próprio o que, invariavelmente, desviava o setor de produtivo de sua área de expertise, forçando-o a assumir custos elevados e sem uma resposta efetiva ao

---

40. Por Erik Figueiredo, que foi subsecretário de Política Fiscal na Secretaria de Política Econômica, e depois presidente do Instituto de Pesquisa Econômica Aplicada (IPEA).

objetivo da política ambiental. Uma prova disso reside no fato de que a reciclagem de resíduo seco no Brasil ainda não havia ultrapassado a marca de 5% dos resíduos gerados.

Nossa reunião com o secretário em 23 de setembro de 2021 foi iniciada com uma pergunta: é possível criar um mecanismo de incentivos que estimule as empresas a adotarem a logística reversa, sem elevação de seus custos e com resultados efetivos na esfera ambiental? A resposta foi afirmativa. A alternativa foi fornecida pelos créditos de reciclagem. Tratava-se de um sistema no qual os agentes de reciclagem comprovariam, via nota fiscal, a comercialização de uma determinada quantidade de resíduo extraída do meio ambiente e as empresas sujeitas ao mecanismo de logística reversa poderiam adquirir o direito associado a essa destinação, cumprindo as obrigações com a logística reversa.

Em resumo, a comprovação da reciclagem geraria um crédito passível de negociação no mercado. Esse processo possuía um mecanismo de checagem em duas pontas, garantindo a conformidade e a rastreabilidade (evitando que o mesmo crédito seja vendido a duas empresas diferentes).

A medida foi, prontamente, abraçada pelo Ministério do Meio Ambiente, e o decreto presidencial assinado em 13 de abril de 2022. Um mês após o seu lançamento, registrou-se a primeira concorrência de Certificados de Créditos de Reciclagem. O leilão, ocorrido em São Paulo, negociou uma massa de 7.228 toneladas de materiais recicláveis, entre plástico, papel, vidros e metais, movimentando mais de meio milhão de reais. A proposta, nascida em uma reunião de subsecretaria, hoje beneficia milhares de trabalhadores do setor de reciclagem, reduzindo o custo da logística reversa e contribuindo para o atingimento de metas ambientais. E, mais do que isso, mostrando que é possível promover a agenda ambiental equilibrando os incentivos econômicos e transformando o setor em uma oportunidade de negócios e não num custo a mais para um país em desenvolvimento.

De maneira resumida, o Recicla+ faz uso do Teorema de Coase e, ao estabelecer direitos de propriedade para o crédito de reciclagem (nota fiscal), permite que o mesmo seja negociado no mercado. Isso aumenta a eficiência econômica das empresas, reduz seus custos e aumenta tanto a renda dos catadores (pessoas claramente de baixa renda) como promove também a agenda ambiental.

### 7.4.2. Seção Especial: Marco Legal da Securitização (Lei 14.430/2022)[41]

Até a Medida Provisória 1.103, de 4 de fevereiro de 2022, convertida na Lei 14.430, de 3 de agosto de 2022, a securitização no país era tratada normativamente de forma esparsa, em leis como a nº 9.514, de 20 de novembro de 1997, que tratava do Sistema de Financiamento Imobiliário, e que constituiu as companhias securitizadoras de créditos imobiliários e, em seção específica, criou o Certificado de Recebíveis Imobiliários (CRI), e a nº 11.076, de 30 de dezembro de 2004, que instituiu o Certificado de Recebíveis do Agronegócio (CRA), de emissão exclusiva de companhias securitizadoras de direitos creditórios do agronegócio. É interessante ressaltar que no caso da securitização de créditos financeiros não havia uma disciplina legal, sendo normatizada apenas em uma Resolução do Conselho Monetário Nacional.

Mais ainda, por terem tratamento específico em cada instrumento normativo, e não genérico, o mercado ficava impossibilitado de financiar outros setores, como o de educação ou de saúde, restringindo esse importante instrumento de financiamento praticamente aos setores imobiliário e do agronegócio. Além disso, o tratamento legal ao regime fiduciário nas estruturas de securitização, de grande importância para a garantia da operação, trazia insegurança jurídica, por conta da existência da MP 2.158-35, de 24 de agosto de 2001, que em seu art. 76 dispõe que "As normas que estabeleçam a afetação ou a separação, a qualquer título, de patrimônio de pessoa física ou jurídica não produzem efeitos em relação aos débitos de natureza fiscal, previdenciária ou trabalhista, em especial quanto às garantias e aos privilégios que lhes são atribuídos". Esse dispositivo levantava dúvidas sobre a plena aplicabilidade do regime fiduciário das leis que regulamentavam a securitização imobiliária e do agronegócio. Sem dizer que, no caso da securitização de créditos financeiros, por não ter tratamento legal conforme já apontado, esses não eram separados do patrimônio da companhia securitizadora.

---

41. Por Júlio César Costa Pinto, que foi assessor especial na Secretaria Especial de Tesouro e Orçamento.

Assim, o mercado de securitização carecia de um marco legal moderno e padronizado, que pudesse ser um instrumento de financiamento para todos os setores importantes da economia, e que acabasse com qualquer insegurança jurídica quanto ao regime fiduciário e patrimonial dispensado aos ativos que servem de lastro aos certificados de recebíveis. E foi em busca desse marco que a Iniciativa Mercado de Capitais (IMK) estudou o assunto por quase dois anos e apresentou, ao final dos trabalhos, proposta legal endereçando o tema. O governo então editou, em 4 de fevereiro de 2022, a MP 1.103, que, conforme sua Exposição de Motivos, disciplinava "diversos aspectos relacionados às securitizadoras e ao mercado de certificados de recebíveis (CR), sobretudo: **i**) definição de companhias securitizadoras e operações de securitização; **ii**) competências da CVM para expedir regras sobre CR e outros valores mobiliários correlatos; **iii**) caráter escritural e de livre negociação dos créditos de recebíveis; **iv**) normas de direito cambial aplicadas aos CR; **v**) possibilidade de emissões de séries e revolvência; **vi**) captação de recursos no exterior; **vii**) regime fiduciário e patrimonial; **viii**) situações de falência ou insolvência, bem como disciplina de forma unificada aspectos relativos aos certificados de recebíveis do agronegócio (CRA) e imobiliários (CRI)".

A Exposição de Motivos também trazia os potenciais benefícios para os agentes econômicos: "**i**) diversificação das fontes de financiamento; **ii**) redução do custo de captação em comparação ao que poderia ser obtido no mercado bancário tradicional; **iii**) menor necessidade de comprometimento de ativos em garantias; **iv**) redução do endividamento (alavancagem) da empresa originadora; e **v**) a transferência dos riscos relacionados aos recebíveis para investidores".

A citada MP foi convertida na Lei 14.430, de 2022, que passou a ser conhecida no mercado como Novo Marco da Securitização. Ainda é cedo para ver os efeitos do marco legal e das grandes possibilidades que se abriram com a lei. Fato é que esse mercado tinha em 2023 quase R$ 300 bilhões em estoque de títulos de cessão de crédito, e com a lei espera-se que esse mercado não somente apresente forte crescimento como também o seu uso se diversifique, com a emissão de certificados de recebíveis comerciais, de recebíveis verdes, recebíveis estatais, entre outros.

### 7.4.3. Seção Especial: Modernização das notas comerciais[42]

A Lei 14.195, de 26 de agosto de 2021, conhecida como a Lei de Melhoria do Ambiente de Negócios, trouxe em seu capítulo XI dispositivos que transformaram a captação de curto prazo de pequenas e médias empresas (PME) no mercado de capitais. Ao dar regramento legal moderno às notas comerciais, dispondo que são valores mobiliários com emissão exclusivamente de forma escritural, reduziu diversos custos e entraves que são característicos de instrumentos cartulares (como as notas promissórias). Pode-se citar a limitação da quantidade emitida, a custódia, os custos de impressão, de transporte e de guarda em cofre.

Até a Lei 14.195, de 2021, as PME, quando de suas captações de curto prazo no mercado de capitais, utilizavam principalmente notas promissórias, cujo instrumento legal é o Decreto 2.044, de 31 de dezembro de 1908! Uma possibilidade para dar maior dinamismo e reduzir os custos de captação das PME era modernizar esse decreto. No entanto, a dificuldade de se modernizar esse instrumento de captação que já era de uso das PME se dava por conta de Convenção, assinada pelo governo brasileiro, para a adoção de uma lei uniforme sobre as notas promissórias, objeto do Decreto 57.663, de 24 de janeiro de 1966, conhecida como Lei Uniforme de Genebra. Dessa forma, após estudos e discussões no âmbito da Iniciativa Mercado de Capitais (IMK)[43], o grupo optou por propor o ajuste legal em outro instrumento de captação no mercado de capitais: a Nota Comercial.

Dados da Associação Brasileira das Entidades dos Mercados Financeiro e de Capitais (ANBIMA) mostram que de fato houve uma migração das captações via notas promissórias para as notas Comerciais, após a edição da Lei 14.195, de 2021. Até 2020, todas as captações aconteciam por meio de notas promissórias. Em 2021, quando a Lei passa a vigorar, já se pode notar que cerca de 10% do montante captado por esses instrumentos foi em notas comerciais. Esse montante passou para quase 90% em 2022. Além disso, houve aumento das captações. Em 2021, o montante captado foi de quase R$ 27 bilhões, passando para

---

42. Por Júlio César Costa Pinto, que foi assessor especial na Secretaria Especial de Tesouro e Orçamento.
43. IMK – Iniciativas do Mercado de Capitais. Grupo constituído em 2019, sob a coordenação do Ministério da Economia, com participação de representantes do governo, como o Banco Central e a Comissão de Valores Mobiliários, e do mercado, como Anbima, Febraban e Abrasca, entre outros.

mais de R$ 48 bilhões em 2022. Em 2023, dados até outubro indicam que ocorreu redução no montante captado, mas do total captado com esses instrumentos, mais de 99,5% são de captação via notas comerciais, deixando claro a opção das empresas pelo uso desse instrumento mais moderno e de menor custo em relação às notas promissórias.

A principal característica trazida pela Lei 14.195, de 2021 às notas comerciais foi a sua forma de emissão escritural. Essa característica, já presente em diversos outros instrumentos, favorece a realização dos negócios de forma eletrônica, além de dar maior transparência e eficiência a esses títulos, o que traz menor assimetria de informação entre os atores envolvidos. Além disso, tal forma de emissão retira a necessidade de endossos para depósito em mercado regulamentado ou para execução em caso de inadimplência, simplificando e reduzindo custos de transação e de execução desses títulos.

Em resumo, a nota comercial é um título de crédito que pode ser emitido por sociedades anônimas, sociedades limitadas e sociedades cooperativas, e pode ser executado extrajudicialmente, independentemente de protesto, com base em certidão emitida pelo escriturador ou pelo depositário central, quando esse título for objeto de depósito centralizado. A sua titularidade será atribuída exclusivamente por meio de controle realizado nos sistemas informatizados do escriturador ou no depositário central, quando esse título for objeto de depósito centralizado. A sua normatização dá características mais modernas e menos custosas que as notas promissórias, e é mais flexível que a Lei 6.404, de 15 de dezembro de 1976, que rege a emissão de debêntures. A flexibilidade do uso das notas comerciais como instrumento de captação principalmente de PME busca também incentivar o mercado de capitais nacional. No pequeno prazo após a edição da Lei 14.195, de 2021, já se pode notar o sucesso desse instrumento como uma importante forma de financiamento das empresas, principalmente as pequenas e médias empresas no Brasil.

## 7.5. Reformas nos marcos legais – reformas microeconômicas importam

Apesar de não dar grandes manchetes nos jornais, as reformas microeconômicas têm impacto na estrutura de incentivos da economia. Melhores marcos legais que propiciam maior segurança jurídica aos investimentos dão estabilidade e previsibilidade à economia. Novos marcos legais, aumentando a segurança jurídica, criando mercados ou corrigindo determinadas má alocações de recursos, igualmente estimulam o investimento privado gerando crescimento econômico, emprego e renda.

No capítulo 6 deste livro já fornecemos uma extensa lista das reformas microeconômicas realizadas no período 2019-2022. Assim, aqui nos limitamos apenas a frisar que a força dos novos marcos legais irá se revelar nos próximos anos, quando for ficando cada vez mais claro para toda a sociedade que o PIB potencial da economia brasileira cresceu nesse período. Foi em decorrência das reformas microeconômicas, aliadas às importantes reformas macroeconômicas, que a produtividade da economia brasileira cresceu nesse período.

No período 2016-2022, importantes reformas macroeconômicas ocorreram (reforma trabalhista, implementação do teto de gastos públicos, Reforma da Previdência, Novo Marco Fiscal e autonomia do Banco Central). Elas foram exaustivamente noticiadas e comentadas na imprensa e nos meios acadêmicos. Curiosamente, as inúmeras reformas microeconômicas do período receberam pouca atenção, seja da mídia, dos formadores de opinião ou dos acadêmicos. Dessa maneira, consideramos importante ressaltar a reforma microeconômica como uma das reformas silenciosas que ocorreram nesse período. Lembre-se: reformas microeconômicas importam.

### 7.5.1. Seção Especial: As mudanças de rumo nos investimentos em infraestrutura[44]

Em dezembro de 2018, durante o período de transição para o novo governo, buscou-se elaborar um diagnóstico profundo sobre a realidade dos investimentos em infraestrutura no Brasil.

### O problema

Em linhas gerais, o Brasil, historicamente, priorizou os investimentos em infraestrutura por meio de recursos públicos. Durante os governos Collor e Fernando Henrique, foram realizadas importantes privatizações, o que trouxe uma dinâmica diferente às empresas que passaram por esse

---

[44]. Por Diogo Mac Cord de Faria, que foi secretário de Desenvolvimento da Infraestrutura (SDI), e depois secretário especial de Desestatização, Desinvestimento e Mercados do Ministério da Economia.

processo. No entanto, a origem do capital permaneceu pública, já que os bancos – especialmente o BNDES – foram acionados para garantir a financiabilidade das operações.

Ressalta-se que um problema fundamental do uso de recursos nacionais para o financiamento dos projetos é nossa baixa poupança. Assim, em resumo, reconhecendo os avanços dessa primeira onda de mudanças, que garantiu a transferência de controle de diferentes empresas públicas ao setor privado, permaneceu um hiato no que se referia à atração de poupança externa para financiar a infraestrutura brasileira.

Ao mesmo tempo, ao longo dos anos 1990, também avançaram as concessões – ou seja: o governo licitava ao setor privado o direito à exploração, em regime de monopólio, de determinado serviço público, por um período predeterminado (por exemplo, trinta anos). No entanto, esse modelo, se por um lado reduzia o tamanho do Estado, por outro o aumentava, já que era necessário a criação de agências reguladoras e o fortalecimento de tribunais de contas e de outros órgãos públicos de apoio – que não só elevam o custo da máquina como criam elementos de distorção do livre mercado. Por exemplo: na maioria dos países desenvolvidos o setor elétrico é livre (ou seja: os consumidores podem escolher seu fornecedor) desde os anos 1990, criando um mercado amplamente competitivo, com baixa complexidade regulatória – e, por consequência, com baixo custo de transação. No Brasil, apesar do mercado livre ser previsto em lei, optou-se ao longo das décadas por uma interpretação que nos levou a um modelo dirigista, onde arbitrariedades do titular e discricionariedades do regulador transformaram o setor no que se chama "farra do lobby", além de elevar consideravelmente os custos de transação aos investidores.

Ao longo do governo PT, essa situação piorou, já que mesmo o incentivo ao controle privado foi interrompido. No Programa de Aceleração do Crescimento (PAC), havia basicamente três tipos de empresas que viabilizariam os investimentos: as empresas públicas, atuando diretamente – como Petrobras, Eletrobras, Valec e Infraero; as empresas que pareciam privadas, mas que tinham por trás fundos de pensão de empresas públicas; e as empresas que eram efetivamente privadas, mas que dependiam, mais do que nunca, de financiamentos públicos e de contratos com o governo.

Um quarto grupo, de empresas privadas que dependiam apenas de financiamento privado, tornavam-se pouco competitivas – e acabaram com um espaço menor no tabuleiro. Afinal, além de não terem acesso ao crédito subsidiado, eram confrontadas nos leilões com lances inexequíveis das empresas incumbentes, que, ato contínuo à vitória, renegociavam seus contratos com o governo, aproveitando o bom relacionamento na esfera pública. Por isso, reinava a seleção adversa e o *moral hazard* – em um movimento bastante negativo para o avanço da competição e o desenvolvimento de novos *players*.

O resultado, conhecido, foram empresas estatais quebradas; fundos de pensão contabilizando prejuízos de suas investidas; e empresas privadas envolvidas em um grande esquema de corrupção. O PAC contabilizava, em 30 de junho de 2018, 4.738 empreendimentos paralisados. Para concluir toda a carteira do Programa (11,5 mil empreendimentos), seriam necessários mais R$ 225 bilhões de recursos públicos, além dos R$ 150 bilhões (em valor nominal) que já haviam sido gastos nessas mesmas obras desde 2007. Com o teto de gastos, aprovado no governo Temer, seria absolutamente impossível avançar nas obras públicas – mesmo que esse fosse o objetivo.

## A solução

Face à realidade, e de volta a dezembro de 2018, a equipe de transição do ministro Paulo Guedes e do presidente Bolsonaro concluiu que precisava resolver três problemas: **a)** a falta de recursos financeiros; **b)** a recorrente falha na escolha dos projetos (muitas obras inúteis); e **c)** a baixa eficiência na execução (as obras custavam mais do que deveriam).

Ficou claro que o caminho era amparar os investimentos no setor privado, não só na ponta do *equity* (abrir para novos fundos) como também na ponta da dívida (desenvolver o mercado de capitais). Além disso, era preciso criar condições de competição justa, para o surgimento de novos entrantes.

Por isso, a estratégia foi, em um primeiro momento, interromper o fluxo de novos investimentos públicos (estancando o problema); e, em um segundo momento, reduzir o estoque existente de participações estatais.

A ordem das ações planejadas foi:

**a.** Interrupção do fluxo dos investimentos públicos: Promover reformas legais que abrissem o mercado ao setor privado:

Daqui vieram: o Novo Marco Legal do Saneamento (Lei 14.026/2020); o Novo Marco Regulatório do Gás Natural (Lei 14.134/2021); Novo Marco Legal das Ferrovias (Lei 14.273/2021); Novo Marco Regulatório da Cabotagem (Lei 14.301/2022); reformas em telecom (Lei 13.879/2019); e abertura do mercado de energia elétrica (feito com sucesso para a alta tensão, por meio da Portaria MME 50/2022). Ressalta-se que, até o momento da redação deste texto, o novo governo do presidente Lula já havia interrompido o processo de abertura total do mercado de energia e já havia reeditado os decretos que regulamentavam o Novo Marco Legal do Saneamento (retirando os elementos de pressão pela entrega de resultados – e, por consequência, garantindo sobrevida a determinadas empresas estatais).

**b.** Redução do estoque: Desinvestimentos:

Os desinvestimentos representam um processo mais simples de venda, já que são participações indiretas (detidas pelas empresas estatais). Daqui vieram diversas operações pela Petrobras, como BR Distribuidora (hoje Vibra); TAG; Gaspetro; e algumas refinarias, como Landulpho Alves, na Bahia, e a emblemática Pasadena, nos EUA. Além disso, ações da própria Petrobras – detidas por bancos públicos – foram vendidas. Ao mesmo tempo, o BNDES vendeu suas participações na Fibria, Suzano e Vale (nessa última, também foram vendidas as debêntures perpétuas). Participações do IRB foram vendidas pelo BNDES, pela Caixa e pelo Banco do Brasil. E a Caixa vendeu o Banco Pan. No total, foram mais de R$ 240 bilhões em desinvestimentos ao longo dos quatro anos de governo.

**c.** Redução do estoque: Privatizações:

O processo de privatização é mais complexo – e mais longo – do que os desinvestimentos, já que são participações diretas da União, exigindo estudos formais e aprovação pelo TCU. As maiores empresas, como Petrobras, Eletrobras, Correios, Banco do Brasil e Caixa exigem mudança legal para seguir adiante. Ao longo dos quatro anos de governo, Eletrobras, CBTU-BH e Porto de Vitória foram as entregas nesse pilar de privatização direta. Merece destaque a Eletrobras, privatizada por R$ 67 bilhões (R$ 25 bilhões em outorgas; R$ 32 bilhões para modicidade tarifária; e R$ 10 bilhões para investimentos regionais). Outras modelagens estavam prontas e foram interrompidas com a mudança de gestão ocorrida em 2023:

CBTU-Recife; Trensurb; e Ceasa-Minas bastavam publicar o edital. Da mesma forma, outros projetos que estavam sendo gestados – como venda dos contratos de petróleo da PPSA e a privatização da Petrobras também foram cancelados. Ceitec havia iniciado a liquidação em 2021: metade dos funcionários foram demitidos – mas a liquidação foi cancelada em 2023. Finalmente, os Correios estavam com a modelagem concluída, mas ainda aguardavam aprovação da lei pelo Senado (na Câmara, o projeto já havia sido aprovado por ampla maioria).

**d.** Para as empresas que permaneciam públicas: Melhorar a governança:

Enquanto as empresas permaneciam estatais, um choque de gestão foi dado – garantindo a manutenção da Lei das Estatais, que havia sido recentemente criada (2016), alcançando resultado histórico: o lucro (que era, na verdade, um prejuízo de 32 bilhões em 2015 – antes da lei) passou de R$ 71 bilhões, em dezembro de 2018, para R$ 275 bilhões em dezembro de 2022; o quadro de funcionários, também no mesmo período (dez/18-dez/22), foi reduzido de 500 mil para 434 mil; a distribuição de dividendos saltou de R$ 11,5 bilhões para R$ 232 bilhões; o endividamento caiu de R$ 388 bilhões para R$ 283 bilhões; e o Patrimônio Líquido saltou de R$ 651 bilhões para R$ 850 bilhões. Ressalta-se que os resultados de 2022 já estão descontados da Eletrobras, privatizada em junho daquele ano, mostrando o tamanho do impacto que a melhoria de governança trouxe nas estatais remanescentes.

**e.** Para as obras que inevitavelmente permaneceriam públicas: Melhorar a governança:

Daqui vieram o Decreto 10.526/2020, que criou o Plano Integrado de Longo Prazo da Infraestrutura, e os Guias de Análise de Custo-Benefício de Projetos de Investimento em Infraestrutura. Esses instrumentos tinham como principal objetivo melhorar a seleção das obras que, inevitavelmente, permaneceriam públicas, sendo a aplicação dessas diretrizes obrigatórias a todos os ministérios, replicando o modelo inglês do 5-case-model. Somava-se a esses instrumentos o "Monitor de Investimentos do Ministério da Economia", que trazia informações sobre investimentos históricos em infraestrutura no Brasil, projeção dos investimentos futuros necessários para o aumento da produtividade nacional (trajetória target) e os projetos que efetivamente estavam em andamento (trajetória "contratada"), mostrando o gap que havia entre o necessário e o real – uma importante ferramenta de transparência e controle social.

**f.** Outras reformas discutidas:

Além dos pontos anteriores, discutia-se reformas que dariam ainda mais força ao mercado de capitais, incluindo a portabilidade dos fundos de pensão de empresas estatais, a securitização da dívida ativa da União e um novo marco para os imóveis públicos federais, que traria um choque de oferta ao setor imobiliário.

## Ponta da Dívida

Na ponta da dívida, pela primeira vez as debêntures de infra ultrapassaram o crédito direcionado, mostrando que o setor privado tinha interesse por dívidas mais longas: bastava cessar a competição predatória, financiada com subsídios estatais. O Banco do Nordeste (BNB), por exemplo, passou a poder emprestar apenas 50% dos ativos financiáveis, abrindo espaço para o mercado de capitais entrar nas grandes obras no Nordeste, e o BNDES mudou seu papel principal, para um banco de serviços – passando a ter como propósito gerar novas oportunidades ao mercado (por meio de estudos de concessões e privatizações), em vez de competir com os agentes privados pelos financiamentos. Com o novo governo do PT, em 2023, não só o BNDES voltou a ser o grande financiador das obras de infraestrutura, com crédito direcionado, como virou o maior comprador de debêntures de infra – voltando a distorcer o mercado.

## Conclusão

Assim, observa-se que, em apenas quatro anos, foi possível realizar mudanças estruturais relevantes em todos os setores de infraestrutura, abrindo espaço para o investimento privado, tanto no *equity* quanto na dívida. Comprovou-se que os investidores precisam apenas de um ambiente competitivo e sem distorções para conseguir avançar. Espera-se que, com a demonstração dos resultados, fique evidente que retrocessos são prejudiciais ao país, à geração de empregos, ao desenvolvimento dos mercados e à geração de riqueza.

## 7.6 Privatizações e concessões

Começamos esta seção apresentando um dado ao leitor. De acordo com os dados do *Boletim das Empresas Estatais Federais*, no final de 2018 existiam duzentos e nove empresas estatais federais. Ao final de 2022 o número de empresas estatais federais havia se reduzido a 130[45]. Em outras palavras, 37,8% das empresas estatais federais foram fechadas ou vendidas entre 2019 e 2022. Mais de 1/3 das empresas estatais federais foi vendida ou fechada em apenas quatro anos. Esse foi simplesmente o maior movimento de privatização de empresas estatais desde 1990 com o então presidente Fernando Collor de Mello.

Também é necessário ressaltar que os estudos para a privatização da Petrobras já estavam em andamento. O Conselho do Programa de Parcerias de Investimentos (CPPI) aprovou em 2 de junho de 2022 resolução recomendando o início de estudos sobre a privatização da Petrobras[46]. Esse é o primeiro passo rumo à privatização de uma empresa estatal. Além disso, em 9 de junho de 2022, o Projeto de Lei 1583/2022, que tinha por objetivo privatizar a Pré-Sal Petróleo (PPSA), foi encaminhado para votação ao Congresso Nacional. Em outras palavras, havia uma agenda clara e em andamento de privatização de empresas estatais.

Sobre a privatização de empresas estatais é necessário dar destaque para a privatização da Eletrobras, ocorrida em junho de 2022. Foi sem sombra de dúvidas a grande privatização do período devido aos montantes envolvidos e à abrangência da proposta.

A agenda de concessões também evoluiu muito entre 2019 e 2022. Rodovias, portos, aeroportos e uma ampla gama de outras concessões públicas foram realizadas no período. Aqui devemos ressaltar uma importante inovação de política econômica. As concessões passaram a levar em consideração não apenas o pagamento oferecido, mas também o investimento privado que o concessionário se comprometia a executar. Isto é, o vencedor da concessão não era quem oferecesse o maior pagamento, mas aquele que junto com o pagamento garantisse a execução adicional de investimentos. Apesar de parecer simples, essa alteração teve importantes efeitos para alavancar o investimento privado. A ideia básica é que a concessão deveria não apenas gerar recursos para o Tesouro Nacional (pelo pagamento da outorga da concessão), mas também melhorar as

---

45. Disponível em: https://www.gov.br/economia/pt-br/centrais-de-conteudo/publicacoes/boletins/boletim-das-empresas-estatais-federais/arquivos/boletim-das-empresas-estatais-federais-23a-edicao.pdf. Acesso em: 11 dez. 2023.
46. Disponível em: https://agenciabrasil.ebc.com.br/economia/noticia/2022-06/conselho-do-ppi-aprova-incluir-petrobras-em-estudos-para-privatizacao. Acesso em: 11 dez. 2023.

condições do bem dado em outorga (via investimentos privados). Afinal, isso geraria ganhos claros de bem-estar para o consumidor.

Vamos usar um exemplo para ilustrar a situação. Na concessão de determinado aeroporto para a iniciativa privada, não se levava em conta apenas o valor oferecido pela outorga (isto é, o preço que a empresa privada deveria pagar ao Tesouro Nacional para ter o direito a operar aquele aeroporto), mas levava-se também em consideração o valor do investimento privado que a empresa se comprometia a executar no aeroporto. Ou seja, os recursos provenientes das concessões agora tinham por objetivo principal melhorar a produtividade do país (via compromisso do vencedor da concessão de realizar investimentos no bem recebido em concessão), e como objetivo secundário ajudar no abatimento da dívida pública. Era nosso entendimento que um aeroporto dado em concessão seria mais bem aproveitado ao país se a empresa que o administrasse garantisse elevados volumes de investimento nesse aeroporto, melhorando assim sua infraestrutura e, em última instância, a produtividade agregada do Brasil. O mesmo raciocínio vale para a concessão de rodovias, portos, telecomunicações, etc.

O resultado dessa mudança de política econômica é que entre 2019 e 2022 o Brasil arrecadou aproximadamente R$ 180 bilhões em outorgas, dinheiro que em sua maior parte foi usado para abater dívida pública. Além disso, garantiu aproximadamente R$ 900 bilhões em compromissos de investimentos privados até 2032. A soma desse processo de privatizações e concessões alcançou, então, marca superior a R$ 1 trilhão. Ressalte-se que a maior parte desses recursos será usada pelo próprio setor privado para, ao aumentar o investimento privado, melhorar as condições de infraestrutura e a produtividade no país[47].

### 7.6.1. Seção Especial: Programa de Parcerias de Investimentos do Ministério da Economia – PPI[48]

O Programa, criado em 2016 para substituir a lógica do Programa de Aceleração do Crescimento (PAC), coloca o setor privado como protagonista nos investimentos em infraestrutura e prestação de serviços

---

47. Esses dados encontram-se em diversos relatórios elaborados pela Secretaria Especial do Programa de Parcerias de Investimentos (PPI).
48. Por Martha Seillier, que foi secretária especial do Programa de Parcerias de Investimentos (PPI).

públicos à população, por meio de contratos de parceria com o Poder Público. Enquanto o PAC colocava o Estado como protagonista tanto do planejamento quanto da execução dos investimentos, o PPI é criado em um contexto de aguda crise fiscal, e reconhece que as necessidades de investimento do país nos setores de transporte e logística, energia, mineração, gás, comunicação, parques, florestas, saneamento básico e infraestruturas de saúde e educação, dentre outros setores, superam largamente as possibilidades de investimentos públicos, tanto do ponto de vista orçamentário quanto do ponto de vista de capacidade de execução, entrega e manutenção das obras de infraestrutura.

De fato, o PAC deixou milhares de esqueletos de obras pelo país, que nunca foram concluídas e muitas, quando concluídas, não tinham recursos necessários para que fossem equipadas e mantidas pelo poder público local, como no caso de unidades de saúde e creches públicas. Já o PPI nasce com o reconhecimento da necessidade do somatório de esforços públicos e privados para superar os gargalos de infraestrutura do país, com o poder público focado no planejamento de médio e longo prazo dos setores e na regulação e fiscalização dos mesmos, enquanto o setor privado, signatário de contratos de concessão e Parcerias Público--Privadas (PPP's), passa a ser o real protagonista para a transformação dos números de investimentos do país.

Em 2019, quando começou o governo Bolsonaro, o PPI foi instado a ampliar a sua atuação, abarcando cada vez mais setores de infraestrutura e fornecendo apoio efetivo aos entes subnacionais na estruturação de projetos de parcerias nos setores de água e esgoto, resíduos sólidos urbanos, iluminação pública, creches, unidades de saúde, habitação, presídios e unidades socioeducativas. Com o deslocamento do Programa da Presidência da República para o Ministério da Economia, no início de 2020, esse apoio aos entes subnacionais restou ainda mais fortalecido, juntamente com os grandes projetos de concessões nos setores de energia e transportes. Ademais, o ministro Paulo Guedes solicitou ao PPI dedicação máxima à agenda de privatizações.

De fato, o PPI era o responsável legal pelo Programa Nacional de Desestatizações (PND), e contava com poucos estudos em curso para a privatização de estatais do governo federal. Assim, foram incluídas vinte e duas empresas no PND, permitindo a contratação de estudos técnicos aprofundados sobre essas empresas e a viabilidade de suas privatizações. O Porto de Vitória/ES foi privatizado nesse contexto, sendo a primeira desestatização portuária do país com a venda da estatal responsável pelos serviços somada à concessão dos serviços explorados pelo porto à iniciativa privada. Também merece destaque a privatização da Eletrobras, estruturada como uma capitalização com perda de controle do Poder Público, que envolveu a segunda maior transação da história da Bolsa de Valores no Brasil. Outra privatização emblemática, realizada no final de 2022, foi a privatização da CBTU-MG, com a previsão de construção, pelo parceiro privado, da Linha 2 do Metrô de Belo Horizonte. Não menos relevante foi o início de liquidação da estatal CEITEC que produzia chips defasados no Rio Grande do Sul e custava milhões de reais aos cofres públicos, com ínfima receita anual, e diversas vezes envolvida em escândalos de corrupção.

De 2019 a 2022 foram leiloados e transferidos ao setor privado 176 projetos, com investimentos previstos de aproximadamente R$ 925 bilhões e outorgas arrecadadas pelo setor público que ultrapassam R$ 179 bilhões. Tais números demonstram o acerto ao se colocar o setor privado como protagonista, com números nunca antes alcançados com investimentos públicos em igual período, e demonstram também que o foco do programa estava na atração de investimentos e não na arrecadação de outorgas, o valor destas refletindo muito mais o apetite do setor privado pelos projetos ofertados, e a concorrência verificada nos leilões.

## 7.7. Abertura Econômica

Vamos começar esta seção com dados objetivos[49]. Em 2018, o coeficiente de abertura da economia brasileira (medido pelo volume de importações dividido pelo PIB) era de 10,2%. Em 2022, o grau de abertura atingiu 16,1%. Se medirmos a abertura da economia como sendo a corrente de comércio internacional (soma das importações e exportações) dividida pelo PIB, então em 2018 o grau de abertura era de 22,7%. Em 2022, esse valor atingiu 34,2%. Qualquer que seja a métrica, o resultado é o mesmo: o período 2019-2022 foi caracterizado por uma ampla abertura comercial da economia brasileira. Esse movimento só

---

49. Dados do Banco Central do Brasil – Estatísticas do Setor Externo.

encontra paralelo na história recente do Brasil com a abertura ocorrida no começo dos anos 1990, com o ex-presidente Fernando Collor de Mello.

Para abrir a economia foram adotadas diversas medidas para desburocratizar e facilitar o acesso de empreendedores nacionais ao mercado internacional, e para reduzir o custo de importar e exportar mercadorias. Ocorreram aperfeiçoamentos nos marcos legais via mudanças legislativas e também na legislação infralegal. Na parte legislativa, devemos ressaltar os aprimoramentos trazidos pela nova lei de cabotagem (BR do Mar). A BR do Mar reduziu a alíquota do Adicional de Frete para Renovação da Marinha Mercante (AFRMM) referente ao transporte de longo curso. Essa redução na alíquota do AFRMM diminuiu o custo de importação de mercadorias.

Ainda no que se refere à diminuição nos custos de importação, devemos ressaltar a redução em 20% das alíquotas do imposto de importação de bens de informática, tecnologia, telecomunicações e bens de capital (agenda conhecida por BIT-BK). A Tarifa Externa Comum (TEC) foi igualmente reduzida em 20% para um grande rol dos produtos (87% do universo tarifário foi beneficiado com essa redução). Por fim, foi modificada a base de cálculo do imposto de importação para deixar de incluir os serviços de capatazia (serviços feitos dentro do porto para desembaraçar as mercadorias). Na prática, isso representa uma redução na alíquota do imposto de importação.

Além do extenso rol de reduções tarifárias para reduzir os custos de importação de mercadorias, foram feitos também importantes aprimoramentos nos marcos legais para reduzir os custos de importação gerados por barreiras não tarifárias: mais de 700 mil licenças de importação deixaram de ser obrigatórias; e aprimoramentos na legislação antidumping foram feitos para impedir que essa legislação fosse usada com o objetivo de impedir a competição legal entre bens e serviços do exterior. Aprimoramentos tecnológicos foram incorporados, visando reduzir o tempo e os custos associados aos processos de importação e exportação de mercadorias. O Programa Portal Único de Comércio Exterior reduziu a burocracia e facilitou o acesso ao mercado internacional. Entre 2018 e 2022 o tempo médio para se exportar no Brasil caiu de treze para menos de cinco dias, e o tempo médio de importação caiu de dezessete para nove dias. Por fim, vale ressaltar a retomada dos acordos comerciais bilaterais, que bateram recordes históricos no período (foram quinze contra uma média de quatro nos governos anteriores).

O gráfico abaixo mostra a evolução da abertura comercial no Brasil. Os dados se referem a duas maneiras distintas de se medir abertura econômica: importações como percentual do PIB, e corrente de comércio (a soma das importações e exportações expressas em percentual do PIB). Qualquer que seja a medida, os dados deixam claros que no período 2019-2022 ocorreu importante abertura da economia brasileira ao comércio internacional. Respeitamos quem pensa diferente, mas nos parece impróprio dizer que nossa política econômica não favoreceu a abertura econômica. Uma simples comparação entre 2018 e 2022 mostra que as importações aumentaram em 50% como percentual do PIB (de 10% do PIB para 15% do PIB). E a corrente de comércio aumentou, nesse mesmo período, em 43% como percentual do PIB (de 23% para 33% do PIB). Aumentos dessa magnitude, em apenas quatro anos de governo, mostram a importância que a abertura da economia ocupou em nossa agenda econômica.

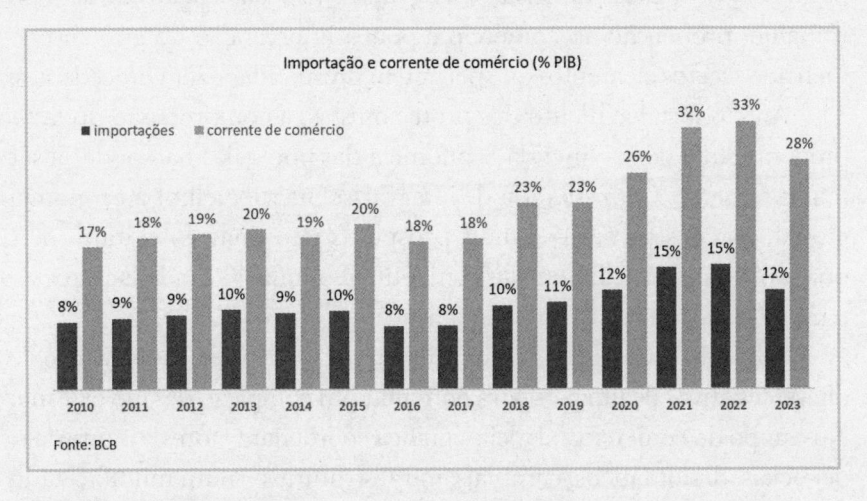

**Importação e corrente de comércio (% PIB)**

| Ano | importações | corrente de comércio |
|---|---|---|
| 2010 | 8% | 17% |
| 2011 | 9% | 18% |
| 2012 | 9% | 19% |
| 2013 | 10% | 20% |
| 2014 | 9% | 19% |
| 2015 | 10% | 20% |
| 2016 | 8% | 18% |
| 2017 | 8% | 18% |
| 2018 | 10% | 23% |
| 2019 | 11% | 23% |
| 2020 | 12% | 26% |
| 2021 | 15% | 32% |
| 2022 | 15% | 33% |
| 2023 | 12% | 28% |

Fonte: BCB

Ainda no que se refere ao gráfico de abertura econômica, vale ressaltar que entre 2019 e 2022 tanto as importações como a corrente de comércio apresentaram tendência de crescimento. Esse fato foi revertido já em 2023, primeiro ano do novo governo. Como pode ser observado, tanto as importações como a corrente de comércio apresentaram retração em 2023. Os dados presentes no gráfico referem-se aos valores acumulados de doze meses até dezembro de cada ano.

### 7.7.1. Seção Especial: Inserção competitiva do Brasil na economia global[50]

Quando a equipe do ministro Paulo Guedes começou a se reunir em 2018, estava claro que o cenário global carregava uma pronunciada contradição. Desde que a inovação se tornou o motor da prosperidade, com sucessivas revoluções industriais da máquina a vapor à inteligência artificial, sempre havia se verificado uma coincidência: o epicentro da economia global – primeiramente, o Reino Unido e, depois, os EUA – simultaneamente desempenhava a liderança na defesa do livre-comércio.

Em 2018, contudo, já era perfeitamente visível o curioso fenômeno de grandes economias tentando redesenhar a ordem econômica em linhas muito diferentes da "globalização profunda" que vigorou da queda do Muro de Berlim até a queda do Lehman Brothers – e tinha na decisão dos britânicos de deixarem a União Europeia um exemplo do "risco de desglobalização".

Há mais de duzentos e quarenta anos, Adam Smith examinava a natureza e as causas da *Riqueza das Nações*. Especialização, divisão do trabalho, propensão ao comércio e pouca intervenção do governo no mercado – eis os elementos que permitem prosperidade sem precedentes.

Ante o fortalecimento dos protecionistas, a compreensão do fator predominante de arremetida econômica das potências não poderia ser mais premente. O Brasil teria de integrar-se mais e melhor à economia global. Nações tornam-se mais prósperas não quando evitam, mas quando combinam diferenciais competitivos numa "Grande Estratégia" para adaptar-se com êxito à globalização.

"Grande Estratégia", no conceito original, envolve a mobilização de diferentes ativos de um país para enfrentar um complexo desafio externo. No campo do comércio, tal ideia significa coordenar vetores – industriais, negociais, diplomáticos, cambiais, infraestruturais – num multifacetado projeto de inserção internacional. A estratégia implica responder a duas questões fundamentais. Desejamos o comércio exterior como ferramenta valiosa para a construção de poupança nacional? Queremos o comércio exterior como via de inserção global?

---

50. Por Marcos Troyjo, que foi presidente do New Development Bank e secretário especial de Comércio Exterior e Assuntos Internacionais do Ministério da Economia.

Nesse domínio, o Brasil tem muito a aprender e fazer. Contudo, na visão da equipe do ministro Paulo Guedes, era fundamental trafegar na contramão das tendências insulares que se percebem mesmo em nações tradicionalmente identificadas com a defesa do livre-comércio.

Caberia, entre nós, encerrar um longo ciclo protecionista. Isso, no entendimento da equipe, poderia converter-se numa grande vantagem em negociações comerciais. Mais importante, contudo, era contar com adequada estratégia de inserção global. No limite, tirar proveito da globalização é a grande fonte da riqueza das nações.

Quando o assunto é as abordagens brasileiras de comércio exterior, por vezes sentimos a presença de "sebastianismos" para nossos problemas de baixa participação nas trocas internacionais. Em nossa experiência, essas formulações incorporaram-se em dogmas "multilaterais" como tábua de salvação e nas relações "Sul-Sul" – um renovado terceiro-mundismo ao longo de sucessivas administrações federais.

Comemoramos nos anos 1990 o fim da Rodada Uruguai do GATT (Acordo Geral sobre Tarifas e Comércio) e a criação da OMC como "tábuas de salvação" para assimetrias de poderio comercial de diferentes nações. O multilateralismo poria em pé de igualdade os interesses das economias maduras contrastados aos do mundo em desenvolvimento.

Na mesma linha, a crise do *subprime* de 2008 e as agruras da Europa mediterrânea em 2011 reforçaram a fé de que estaria no "Sul" a chave da prosperidade brasileira. Tais eventos constituiriam a prova do declínio do "Norte".

A equipe entendia como ingenuidade supor que tão somente tratados de comércio produzem milagres. Posto isto, o Brasil ganharia muito se trabalhasse por comércio mais livre em diferentes geografias – com EUA, Europa e Ásia-Pacífico, América Latina, sem viés ideológico. Igualmente importante era também ir avançando na realização de reformas internas na logística, seguridade social, trabalho e tributos, que harmonizassem sua capacidade de competir, integrando ou não acordos comerciais. E, claro, contar também com uma estratégia de inserção internacional em que governo e empresas atuem de forma coordenada.

A equipe do ministro Paulo Guedes reconhecia que o mundo se movia à beira de uma perigosa guerra comercial. Tal constatação, na superfície, dava a impressão de que a aposta no comércio estava fadada ao fracasso.

Mas nos anos 1970 (crises do petróleo), 1980 (crises de moratória), 1990 (crise asiática e do rublo) e 2000 (*subprime* oito e dívidas soberanas onze), o comércio teve momentos de retração, mas perseverou ascendendo ao longo do tempo. Ao final, a interdependência prevaleceu sobre o isolamento.

Na história brasileira, com exceção dos ciclos de café, borracha e cana-de-açúcar, raramente tivemos mais de 25% do PIB resultantes da soma de importações e exportações. Pensemos em milagres econômicos recentes: Coreia do Sul, Hong Kong, China, Chile, Espanha depois de 1982, Japão e Alemanha após a Segunda Guerra. Que há de comum? Alguns são asiáticos, outros europeus. Uns democráticos, outros nem tanto.

O fator compartilhado nesses diferentes modelos é o elevado percentual de comércio exterior nas suas economias. Não é o caso do Brasil. Nenhum país nos últimos setenta anos realizou um upgrade socioeconômico sem parcela substantiva – em geral, superior a 40% do PIB – relacionada ao comércio exterior. O Brasil representa apenas 1% de tudo aquilo que o mundo importa e exporta.

Até 2018, além de não fazermos acordos com os grandes mercados, não abrimos novas frentes. Não realizamos esforços de promoção comercial, com escritórios em cidades globais como Londres, Paris, Singapura. Pouco realizamos pela inteligência comercial e a consequente prospecção de mercados. Em vez disso, abrimos embaixadas em uma dezena de países africanos e gastamos tempo com mecanismos regionais que pouco têm que ver com a prosperidade brasileira.

No Brasil, confunde-se muito abertura comercial e inserção internacional competitiva. Unilateral ou negociada, abertura compreende diminuição de barreiras internas em tarifas, quotas, subvenções e subsídios, idiossincrasias técnicas e burocráticas. Tudo isso é importante, mas não basta.

É fundamental que se promova – em sintonia com a abertura – uma nova estruturação da inserção internacional. Promover a cooperação fina entre setor privado, governo e diplomacia para incrementar o comércio do país. Trata-se, portanto, de tarefas que vão além de tão somente "abertura", e incluem:

- A definição do interesse brasileiro com vistas a este ou aquele mercado (formulação da política comercial);
- Corpo específico e treinado para negociar tratados (negociação da política comercial);

- A implementação da promoção comercial;
- A defesa (em termos de disputas e contenciosos) da política comercial.

Geralmente falamos no Brasil da importância das reformas estruturais, mas não mencionamos a reforma da política comercial externa como uma delas, o que a equipe do ministro Paulo Guedes entendia como essencial.

Nos EUA, quem formula a política comercial é o Congresso, que dá ao Executivo o sinal verde para negociar. A Casa Branca tem um escritório, o USTR (*United States Trade Representative*), que entabula acordos. Com o tratado em vigor, quem promove exportações é o Departamento de Comércio. E se o país com quem se fez o acordo usa mão-de-obra infantil ou desrespeita propriedade intelectual, entra em jogo o Departamento de Estado, o Itamaraty deles.

No Brasil, muitas dessas tarefas (como promoção e defesa) estão dispersas em diferentes ministérios, sem coordenação clara. E outras (como inteligência ou negociação) sequer contam com quadro funcional adequado. Seria mais proveitoso ao país que todas estivessem sob uma única coordenação, seja num ministério específico, seja numa rede bem articulada de instituições governamentais.

Emergiria então a criação de uma estrutura de modo a permitir o início do trabalho de desenho e implementação de uma "Grande Estratégia" comercial. O novo modelo seria harmonioso, funcional e bem coordenado. Ele poderia estar concentrado numa única pasta, seja ele um ministério independente ou uma secretaria vinculada a um ministério mais amplo encarregado dos temas econômicos. Na mesma linha, caberia também incorporar a dimensão das relações do Brasil com organismos financeiros internacionais, como o FMI, Banco Mundial, BID, NDB, CAF e tantos outros. Assim como na área de comércio, essas atribuições encontravam-se estilhaçadas e descoordenadas em diferentes ministérios.

Do ponto de vista comercial, havia pelo menos cinco focos a merecer atenção prioritária:

- Inteligência Comercial (dispersa entre MDIC, APEX e ministérios temáticos – p.ex.: Agricultura –, sem coordenação e com baixa utilização de conteúdos relevantes disponíveis em câmaras de comércio ou na rede de postos do Brasil no exterior);

- Formulação da Política Comercial (com pouca participação do Congresso Nacional, baixa interação com as federações estaduais de agricultura, indústria e serviços, sem grandes linhas harmonizadas com os objetivos de política macroeconômica ou os interesses de longo prazo do Brasil);
- Negociação Comercial (concentrada no MRE, com baixa interação com ativos governamentais ou civis brasileiros em áreas como propriedade intelectual, comércio eletrônico, regras de origem);
- Promoção Comercial (tarefa confusa, em que MRE e APEX por vezes realizam atividades redundantes; baixa utilização da rede física de embaixadas e consulados do Brasil no exterior para fins de promoção comercial);
- Defesa/Solução de Controvérsias Comerciais (poucos e descoordenados recursos governamentais na garantia da segurança jurídica ou capazes de salvaguardar interesses brasileiros em contenciosos comerciais internacionais. Baixa cooperação entre MRE e outros ministérios temáticos – p.ex.: Justiça e Agricultura).

Para além da estrutura interna, o comércio exterior brasileiro deveria orientar-se pelas respostas às grandes questões que, adequadamente respondidas, comporiam nossa estratégia:

I. Temos uma política para a "China 2.0"? Esta aumentará cada vez mais seu perfil como fonte de financiamento e investimentos diretos. O Brasil é dos poucos países que oferecem grande mercado interno, commodities agrícolas e minerais de que a China tanto precisa e boa plataforma para acessar EUA e Europa.

II. Contamos com uma abordagem para México e Argentina? Os grandes atores latino-americanos merecem foco individualizado.

III. Relançaremos o Mercosul, reaproximando-o de sua vocação econômica?

IV. Tiraremos proveito da ascensão da Índia? E, ainda, de outras estrelas do Sudeste Asiático, como Indonésia e Vietnã? O crescimento econômico desses países não promoverá uma enorme demanda por nossos produtos alimentares? Estamos nos preparando adequadamente para isso?

V. Como moldaremos nossas relações econômicas com os EUA? Não há desperdício maior nas relações internacionais contemporâneas que o potencial econômico irrealizado entre Brasil e EUA. Saberemos obter, soberana e pragmaticamente, benefícios especiais que podem advir da relação com a maior economia do planeta?

VI. Conseguiremos acesso à OCDE, de modo a que o Brasil se torne o único país a integrar o G-20, o BRICS e a OCDE?

Abertura, estrutura e visão. É sobre este tripé que o Brasil poderia construir sua Grande Estratégia de inserção internacional. Formou-se então a SECINT – Secretaria Especial de Comércio Exterior e Assuntos Internacionais, que passou a coordenar, com exceção da Promoção Comercial, diferentes aspectos da inserção comercial do Brasil, bem como as interações com os organismos multilaterais de financiamento do desenvolvimento.

Tal estrutura ajudou a concretizar, a partir do Ministério da Economia, importantes realizações. Uma delas foi o desenho e implementação de uma Nova Camex – vitória maiúscula no aprimoramento institucional da economia brasileira, a mais fechada dentre as 20 maiores do mundo.

Tal modernização representou um avanço sem paralelo na governança de nosso comércio exterior, sempre relegado a segundo plano nas atenções nacionais. Desde a primeira hora do governo, o ministro Paulo Guedes ofereceu pleno endosso a uma fórmula que pusesse fim ao protecionismo e corporativismo ossificados na velha Camex.

A antiga estrutura inviabilizava, na prática, a abertura comercial do Brasil e sua melhor inserção internacional. Com o novo desenho institucional, encontram-se contemplados tanto os aspectos prospectivos quanto a operação cotidiana da política comercial.

Foi criado o Conselho de Estratégia Comercial (CEC). Interrompia-se assim a história de que o Brasil não dispunha de um fórum para a definição de seu interesse nacional expresso na forma de política comercial.

O fato de o CEC ser conduzido pelo próprio presidente da República e, em sua substituição, pelo ministro da Economia, carrega enorme peso simbólico. Revela que finalmente o país, à semelhança de outras nações de sucesso, compreende e prioriza o comércio exterior como ferramenta primordial de geração de prosperidade.

Na mesma linha, o Comitê Executivo de Gestão (CEG), ser chefiado pelo ministro da Economia e com composição que garante votação superior da área econômica a qualquer formação já observada na Camex, permitia o comando seguro de utilização de tarifas, cotas e medidas de defesa comercial plenamente alinhadas às grandes diretrizes da política econômica. Promovia-se concretamente o fim da separação institucional entre política econômica e política comercial no Brasil. O país passaria, assim, a adotar um modelo mais próximo daquele implementado nas grandes nações comerciantes.

Embora modificado pelo governo que assumiu em 1º de janeiro de 2023, o desenho anterior da Nova Camex permanece como referência à causa da liberdade econômica e do desenvolvimento do Brasil. A combinação virtuosa entre o estabelecimento da SECINT, a reforma da Camex e a sintonia entre política econômica, política comercial e atuação nos fóruns financeiros internacionais deixou um grande patrimônio de realizações. Dentre elas se destacam:

- Acordo Mercosul-União Europeia, maior tratado da história do comércio mundial;
- Acordo Mercosul-EFTA;
- Acordos com Argentina e Paraguai para inclusão definitiva do setor automotivo no Mercosul;
- Entrada do Brasil do GPA (acordo de compras governamentais da OMC);
- Reinvenção da CAMEX, libertando-a de seu viés obstrucionista;
- Descolamento oficial do Brasil do terceiro-mundista "tratamento especial e diferenciado" na OMC;
- Plano de ação concluído para uma modernização abrangente da Tarifa Externa Comum do Mercosul;
- Milhares de reduções tarifárias via regime de "EX";
- Brasil oficialmente pautado para entrada na OCDE e em linhas com seus parâmetros comerciais;
- Relações econômicas pragmáticas com a Ásia-Pacífico e particularmente para a China. As exportações brasileiras para a China no período 2019-2022 superaram em valor todas as exportações brasileiras à China no período de 2003-2018.;
- O Brasil alcançou a marca de 37% do seu produto interno bruto representado pela corrente comercial (soma de importações e exportações), recorde histórico;
- O Brasil bateu recordes nominais de exportações e balança comercial;
- No último ano da gestão Paulo Guedes, o Brasil tornou-se o terceiro maior destino de Investimento Estrangeiro Direto (IED), e como proporção do PIB nominal, o Brasil foi o principal destino de IED's dentre as economias do G20;
- O Brasil pela primeira vez elegeu um brasileiro para a chefia de um banco multilateral (NDB), que também se tornou o primeiro ocidental a liderar um organismo econômico multilateral sediado na Ásia;

- O Brasil promoveu um aumento significativo de projetos de financiamento de infraestrutura e desenvolvimento sustentável a partir de órgãos multilaterais. O NDB, por exemplo, do início das operações do banco em 2015 até 2019 a instituição havia aprovado tão somente US$ 600 milhões para o Brasil. Na gestão Paulo Guedes, tal valor foi multiplicado por nove, totalizando ao final de 2022 US$ 5,4 bilhões em projetos aprovados para o Brasil;
- O Brasil elegeu pela primeira vez um presidente do Banco Interamericano de Desenvolvimento.

Em síntese, durante a gestão Paulo Guedes no Ministério da Economia, o Brasil acumulou desde janeiro de 2019 o maior conjunto de realizações concretas de abertura/integração comercial e de financiamento multilateral da história recente do País.

### 7.7.2. Seção Especial: Abertura da Economia[51]

O caminho para a prosperidade das nações é pavimentado pela engenhosidade, pelo trabalho árduo, por boas instituições, por políticas sólidas, pela estabilidade política e pela abertura ao comércio e aos investimentos externos. Não se trata de ideologia, mas simplesmente da evidência empírica que separa as nações bem-sucedidas em empreender essa caminhada para a riqueza daquelas que fracassaram nessa tentativa.

Destaco aqui como a abertura para o comércio exterior é crítica para esse sucesso. Maior abertura econômica ao comércio internacional permite uma maior exploração das vantagens comparativas de cada nação. A consequência é o aumento da produtividade dos recursos de um país, aumentando o potencial de crescimento do produto, da renda e do bem-estar da sociedade.

Passo agora a examinar o que foi feito para aumentar a abertura da economia, sob a direção do ministro Paulo Guedes. Praticamos duas rodadas de redução da Tarifa Externa Comum (TEC) do Mercosul, e fizemos também uma redução horizontal de 20% das alíquotas dos impostos de importação incidentes sobre 87% de todo o universo tarifário, ampliando o acesso da indústria brasileira a insumos modernos a preços internacionais.

---

51. Por Roberto Fendt, que foi secretário especial de Comércio Exterior e Assuntos Internacionais no Ministério da Economia.

Diante do esgotamento do sistema multilateral de comércio na rodada Doha da Organização Mundial de Comércio, passamos a promover acordos de livre-comércio com terceiros países para promover o acesso recíproco aos mercados das partes contratantes. Recorde-se que antes de 2019 somente tínhamos acordos de livre-comércio com Israel, Egito, Líbano e Autoridade Nacional Palestina. Não são parceiros expressivos em termos de fluxos de comércio, e pouco resultou de aumento de comércio.

Concluímos em junho de 2019 o acordo de livre-comércio com a União Europeia, de futuro hoje incerto, e está em fase de conclusão o acordo de livre-comércio com a Associação de Livre-Comércio Europeia, dependente da assinatura do anterior.

A partir de 2019, retomamos negociações com os Estados Unidos sobre temas não tarifários. Demos seguimento às negociações de acordos de livre-comércio do Mercosul, sob a liderança do Brasil, com Coreia e Canadá; em 2021, o Diálogo Exploratório com vistas a um acordo comercial com o Vietnã e Indonésia e, em 2022, com Singapura. Acordos dessa modalidade, além da permissão de acesso a mercados de bens, contêm capítulos específicos sobre regras de origem, facilitação de comércio, comércio de serviços, compras governamentais, propriedade intelectual, barreiras técnicas ao comércio, defesa comercial e outros.

Iniciamos em maio de 2020 negociações para o acesso do país ao Acordo sobre Compras Governamentais da Organização Mundial do Comércio. O objetivo do acordo é promover a abertura mútua dos mercados de contratações públicas de seus integrantes, mediante a assunção de compromissos nas áreas de procedimentos, não discriminação e acesso a mercados. Esse tratado plurilateral conta com vinte e uma partes contratantes, mais os vinte e sete Estados-Membros da União Europeia, com um mercado de trilhão de dólares. Quando aprovado, promoverá o fim da reserva de mercado hoje existente e, de quebra, aumentará a transparência e reduzirá muito a corrupção nas compras governamentais. Infelizmente, o governo atual parece ter retroagido no Acordo sobre Compras Governamentais.

Ainda mais abrangente por seus efeitos sobre os ganhos de produtividade é a adesão do País à OCDE. Em janeiro de 2022, nosso país recebeu o convite oficial da OCDE para o Brasil candidatar-se ao ingresso. Em setembro o país enviou o memorando inicial, avaliando o grau de alinhamento das legislações e das práticas do país às boas práticas internacionais. Até 2022 já havíamos aderido a cento e oito dos instrumentos da organização, solicitamos a adesão a outros quarenta e cinco, faltando aderir aos setenta e sete instrumentos restantes. Trata-se de alinhar nossas políticas públicas às melhores práticas internacionais.

Poderia acrescentar a eliminação de 700 mil licenças que elevavam sem necessidade os custos e o tempo de importar e exportar; o portal de comércio exterior, que desburocratizou importações e exportações; e muitas outras que deixo de mencionar em benefício do espaço de que disponho.

Ainda é cedo para que todas essas medidas completem seus efeitos, mas é certo que o grau de abertura da economia, medido pela corrente de comércio – a soma de exportações mais importações como porcentagem do PIB – aumentou de 100 bilhões de dólares em 1998 para 559 bilhões em 2022, produzindo a maior corrente de comércio em vinte e três anos.

Estou ciente de que o cenário está carregado, e mais difícil fica o nosso caminho para a prosperidade. Mas tenho esperança de que o que conseguimos em termos de racionalidade econômica e potencial para ganhos de produtividade seja sustentável. Por isso não sou pessimista com a nossa caminhada para a prosperidade, ainda que essa caminhada possa a curto prazo sofrer solavancos. A estrada para a prosperidade é sinuosa e, nas bifurcações, não há placas que indiquem a direção correta. Grupos de pressão se arvoram saber que direção tomar, beneficiando-se. Seria pessimista se fosse um coreano na década de 1950, quando o país estava destruído pela guerra e a renda per capita de então correspondia a um terço da renda per capita do Nordeste brasileiro. A Coreia reformou-se, abriu-se ao exterior, e hoje a sua renda per capita é três vezes maior que a nossa. Fica o exemplo para reflexão.

### 7.7.3. Seção Especial: Inserção internacional soberana[52]

Esta seção tem por objetivo apresentar a evolução da política comercial brasileira no período de 2019 a 2022, correspondente ao governo Bolsonaro. São apresentadas as principais entregas realizadas no período em análise pela Secretaria de Comércio Exterior do Ministério da Economia (SECEX).

---

52. Por Lucas Ferraz, que foi secretário de Comércio Exterior no Ministério da Economia.

### A agenda comercial do Brasil no governo Bolsonaro

A agenda comercial do período 2019 a 2022 representou um divisor de águas na política comercial brasileira, ao menos desde a criação do Mercosul, em 1991. Depois de um corte tarifário significativo no começo dos anos 1990, mas não suficiente para alcançar a média tarifária das economias em desenvolvimento, a agenda de aumento da inserção internacional do Brasil ficou relegada a um plano secundário pelo menos até 2015, com o início do governo Temer. A partir deste último, alguns avanços importantes foram realizados, como a retomada das negociações Mercosul-UE e o pedido oficial do Brasil para sua acessão à OCDE, apenas para citar alguns. Contudo, é a partir do governo Bolsonaro que a agenda de inserção internacional ganha impulso no Brasil, e em múltiplas dimensões. Nesta seção, detalharemos as três diretrizes centrais que nortearam a política comercial do Brasil ao longo do governo Bolsonaro: **1.** Intensificação da rede de acordos comerciais; **2.** Modernização do Mercosul; **3.** Redução das barreiras não tarifárias.

### Intensificação da rede de acordos comerciais

A consolidação de uma ampla rede de acordos comerciais foi um dos pilares da estratégia de inserção internacional brasileira no período 2019-2022, visando a abertura de novos mercados, avanços institucionais e o aumento da produtividade. Nos dois primeiros anos de governo, foram concluídas as negociações comerciais com os países da União Europeia e da EFTA (*European Free Trade Association*, formada por Suíça, Noruega, Islândia e Liechtenstein), assim como foram assinados os Acordos Automotivos com Argentina e Paraguai, restabelecido o livre-comércio no Acordo Automotivo com o México e assinado o Acordo de Veículos Pesados com o mesmo país. Já em 2022, foram concluídas as negociações dos acordos de livre-comércio Mercosul-Singapura e de Zonas Francas com o Uruguai, além do pedido oficial de adesão do Brasil ao Acordo de Aviação Civil da OMC, uma vez que, após adequação tarifária e consulta à sociedade e aos sócios do Mercosul, restavam dadas as condições para a adesão integral do Brasil, sem quaisquer condicionalidades.

Ao longo do período de governo, houve avanços importantes nas negociações de acordos de livre-comércio com Canadá, Coreia do Sul e Líbano. Contudo, o ritmo destas negociações foi em muito prejudicado pela recusa das contrapartes brasileiras em prosseguir com as negociações de forma virtual, durante o período da pandemia. Em 2020, seguindo a estratégia de aumentar a presença brasileira no continente asiático, foi aprovado o mandato negociador para os acordos comerciais Mercosul--Indonésia e Mercosul-Vietnã. Ainda em 2020, foi iniciado o processo de adesão do Brasil ao Acordo sobre Compras Governamentais da OMC (GPA, na sigla em inglês), conhecido como o acordo anticorrupção da organização, com expectativa de abertura de mercado da ordem de US$ 1,7 trilhão para as exportações de bens e serviços brasileiras, além de economias significativas com o aumento da concorrência e melhoria da institucionalidade em compras públicas no Brasil. Na 12ª reunião Ministerial da OMC, em junho de 2022, o Brasil apresentou sua oferta final para acessão ao GPA. Contudo, posteriormente, essa oferta foi retirada pelo novo governo eleito logo no início de 2023, impedindo assim a adesão do Brasil ao GPA.

Simulações utilizando modelo de equilíbrio geral de dinâmica recursiva indicam que o conjunto de acordos comerciais do Mercosul com a União Europeia, EFTA, Canadá, Coreia do Sul, Singapura, Indonésia e Vietnã, uma vez concluídos, representariam, juntos, ganhos da ordem de 1,4% do PIB em 2040, correspondendo a um valor total acumulado de US$ 307,4 bilhões. No mesmo período, tanto as exportações como as importações totais do Brasil aumentariam 6,5%, com ganhos de comércio acumulado da ordem de US$ 578,7 bilhões, além de um aumento de 3,2% no volume de investimentos, o que representaria um aumento acumulado de US$ 173,4 bilhões. Estima-se, ainda, queda geral no nível de preços e aumento do salário real da população brasileira.

Já no âmbito não tarifário, foi assinado, em outubro de 2020, o Protocolo de Regras Comerciais e Transparência com os Estados Unidos (conhecido como protocolo ATEC), contendo três anexos: facilitação de comércio, melhores práticas regulatórias e anticorrupção. Segundo as autoridades americanas, os dois primeiros anexos foram, em suas respectivas matérias, os mais modernos já negociados pelos Estados Unidos com um parceiro comercial, prevendo ampla desburocratização, janela única de comércio exterior, acordo de reconhecimento mútuo OEA, uso de inteligência artificial, análise de impacto e resultado regulatório, além de provisões específicas para a garantia da previsibilidade e transparência regulatória no comércio bilateral.

Foram concluídos ainda os Acordos de Facilitação e de Comércio e Comércio Eletrônico com os sócios do Mercosul, além das negociações de Regulamentação Doméstica em Serviços no âmbito da OMC. Ademais, a partir de iniciativa da Secretaria de Comércio Exterior do Ministério da Economia e da Secretaria Nacional de Trânsito do Ministério da Infraestrutura, o Conselho Nacional de Trânsito aprovou a adesão do Brasil aos acordos de 1958 e 1998 do Fórum Mundial de Harmonização de Regulamentos Técnicos Veiculares da UNECE. Mais recentemente, em 2022, foi concluído o Acordo de Reconhecimento Mútuo de Homologações Veiculares entre o Brasil e a Argentina, uma demanda antiga do setor automotivo em ambos os países.

A Figura 1 faz um comparativo do número de negociações comerciais concluídas nos últimos governos Brasileiros, desde 1995, sejam elas tarifárias ou não tarifárias. A Figura revela o quanto o período do governo Bolsonaro foi, de fato, disruptivo. Enquanto os governos passados concluíram, em média, cerca de quatro negociações por mandato, no período de 2019 a 2022 foram entregues quinze negociações comerciais. A Tabela 1 descreve todas as negociações concluídas e/ou assinadas no período 2019-2022.

**Tabela 1 – Lista de Negociações Comerciais concluídas entre 2019 e 2022**

| Período | Governo Atual vs Governos Anteriores |
|---|---|
| 1995-1998 | 3 |
| 1999-2002 | 4 |
| 2003-2006 | 4 |
| 2007-2010 | 5 |
| 2011-2014 | 3 |
| 2015-2016 | 1 |
| 2017-2018 | 4 |
| 2019-2022 | 15 |

Nota: Foram incluídos acordos de livre-comércio e acordos não tarifários que tiveram a negociação concluída ou assinatura até o fim do mandato. Não foram considerados acordos de investimentos.

| nº | Acordo | Ano de Conclusão |
|---|---|---|
| 1 | Mercosul-União Europeia | 2019 |
| 2 | Mercosul-EFTA | 2019 |
| 3 | Facilitação de comércio – Mercosul | 2019 |
| 4 | Brasil-Paraguai – Automotivo (1º PA ao ACE 74) | 2020 |
| 5 | Brasil-Argentina – Automotivo (44º PA ao ACE 14) | 2020 |
| 6 | Brasil-México – Veículos pesados (7º PA ao Apêndice II do ACE 55) | 2020 |
| 7 | Acordo de Comércio Eletrônico Mercosul | 2021 |
| 8 | Brasil-EUA – Protocolo de Regras Comerciais e Transparência ao ATEC | 2021 |
| 9 | Acordo sobre o comércio de aeronaves civis da OMC (ACAC) | 2022 |
| 10 | Uruguai – Zonas Francas (83º PA ao ACE 02) | 2022 |
| 11 | Mercosul-Singapura | 2022 |
| 12 | Brasil-Colômbia – Zonas Francas (4º PA ao ACE 72) | 2022 |
| 13 | Brasil-Argentina – Acordo de Reconhecimento Mútuo de homologações veiculares | 2022 |
| 14 | Adesão do Brasil aos Acordos de 1958 e 1998 de Requisitos veiculares da UNECE | 2022 |
| 15 | Acordo de Subsídios a Pesca OMC | 2022 |

Nota: Foram incluídos acordos de livre-comércio e acordos não tarifários que tiveram a negociação concluída ou assinatura até o fim do mandato. Não foram considerados acordos de investimentos.

### Modernização do Mercosul

Desde o seu estabelecimento, em 1º de janeiro de 1995, a Tarifa Externa Comum do Mercosul (TEC) jamais havia sido objeto de revisão ampla. O diagnóstico, contudo, é de que seria fundamental aproximar a estrutura tarifária do bloco aos níveis praticados internacionalmente, tendo como *benchmark* um grupo de países em desenvolvimento com estruturas produtivas similares às do Brasil. Por meio da implementação gradual dessa reforma, seriam acomodadas também as necessidades de adaptação do setor produtivo à nova realidade competitiva trazida pela maior exposição à concorrência externa.

Foi assim que, em novembro de 2021, o Brasil reduziu em 10% as alíquotas do Imposto de Importação sobre 87% dos códigos tarifários que compõem a Nomenclatura Comum do Mercosul (NCM)[53]. Em maio de 2022, houve uma nova redução de 10% para o mesmo universo tarifário. As duas reduções ocorreram ao amparo do artigo 50, alínea "d", do Tratado de Montevidéu de 1980, o qual instituiu a Associação Latino-Americana de Integração (ALADI). As reduções, com vigência até 31 de dezembro de 2023, possuem caráter excepcional, em virtude da necessidade de proteger a vida e a saúde dos brasileiros no contexto da pandemia, e como uma resposta do governo à pressão inflacionária decorrente do conflito na Ucrânia.

Nesse contexto, o Conselho do Mercado Comum do Mercosul (CMC) decidiu, em julho de 2022, reduzir de forma permanente e para todos os membros do bloco as alíquotas desse universo tarifário em 10%. O acordo alcançado no Mercosul tornou permanente uma parcela da redução tarifária já implementada pelo Brasil. No mesmo contexto, os Estados-Partes também acordaram dar continuidade aos trabalhos de revisão da TEC, a fim de buscar uma modernização mais ampla e mais

---

53. Herança do nosso período de substituição de importações, a TEC do Mercosul é fortemente caracterizada pela chamada "escalada tarifária", conferindo proteção efetiva muito acima do valor da tarifa nominal de importação para diversos setores. A tentativa de minimizar a escalada tarifária, que pressuporia cortes tarifários heterogêneos, ainda que ideal sob o ponto de vista teórico, provou-se de difícil viabilidade política. Desta forma, optou-se por cortes horizontais em 87% do universo tarifário, excepcionando-se os regimes especiais do Mercosul, como automotivo, têxtil, brinquedos, pêssegos, entre outros.

profunda de sua estrutura. A redução é a mais abrangente já adotada no bloco, desde a criação da Tarifa Externa Comum, em 1995.

As estimativas, por meio de modelo de equilíbrio geral com dinâmica recursiva, apontam para impacto positivo da medida em todas as variáveis macroeconômicas. Em termos de ganhos acumulados até 2040, os impactos estimados são de US$ 44,6 bilhões no PIB, US$ 25,1 bilhões nos investimentos, US$ 50,6 bilhões nas exportações e US$ 52,7 bilhões nas importações. Isso representa um aumento permanente de longo prazo de 0,18% no PIB nacional, 0,41% nos investimentos, 1,03% nas exportações, 0,84% nas importações e 0,19% no salário real, além de queda de -0,28% nos preços ao consumidor.

Em relação à renovação do regime de origem do Mercosul, houve avanço nas negociações para a sua modernização. Pretende-se promover uma redução de 60% para 50% na exigência de conteúdo regional para as trocas comerciais intrabloco, gerando forte incentivo para uma maior integração do bloco às cadeias globais de valor. Também houve avanço nas negociações para inclusão do setor automotivo no Mercosul (sobretudo após a assinatura do acordo automotivo entre Brasil e Paraguai), que hoje é regulado apenas por meio de negociações bilaterais entre os membros.

Para o setor de açúcar, ainda fora do Mercosul, o Brasil liderou movimento para a reativação de grupos de trabalho voltados para a discussão de sua devida internalização ao bloco e estabelecimento de livre-comércio entre os sócios.

Junto com o Uruguai, o Brasil também foi protagonista no debate sobre a flexibilidade negociadora no Mercosul, ou seja, sobre a possibilidade de países negociarem acordos bilaterais fora do âmbito da ALADI. Brasil e Uruguai estiveram alinhados no diagnóstico de que a flexibilidade negociadora poderia dar mais dinamismo econômico-comercial ao bloco, respeitando as distintas realidades no que tange aos ciclos políticos em cada sócio do Mercosul.

Mais recentemente, o Uruguai iniciou negociações bilaterais para um acordo de livre-comércio com a China, e formalizou pedido de adesão à CPTPP (*Comprehensive and Progressive Agreement for Trans-Pacific Partnership*). Futuramente, caso estes acordos venham a ser internalizados no arcabouço jurídico do Uruguai, com a anuência dos sócios do

Mercosul, caberá discutir se o formato de União Aduaneira, ainda que sabidamente imperfeito[54], continua a servir aos interesses das economias que compõem o bloco.

### Redução das barreiras não tarifárias

A imposição de barreiras (ou medidas) não tarifárias é, na atualidade, o maior obstáculo ao comércio exterior mundial, ao menos entre as economias mais significativas. Vários estudos empíricos apontam que, quando medidas pelo seu equivalente *ad valorem*, medidas como TBT's (*Technical barriers to trade*) e SPS's (*Sanitary and Phytosanitary measures*) podem mesmo superar o valor nominal da tarifa de importação em vários países. Outras barreiras ao comércio exterior, comumente empregadas com fins protecionistas, são licenças de importação injustificadas, excesso de burocracia e atrasos em portos e aduanas, entre outros, gerando prejuízos da ordem de bilhões de dólares por ano para os operadores de comércio no Brasil.

A edição da Lei de Liberdade Econômica (Lei 13.784/2019) e os decretos[55] que a regulamentam representaram uma quebra de paradigma no ambiente regulatório brasileiro, abrindo caminho para uma série de iniciativas no âmbito do governo federal para tornar o ambiente regulatório no Brasil mais transparente, previsível, e aberto à concorrência, garantindo que a intervenção do Estado ocorra, apenas, quando necessária e com ônus mínimo para a sociedade.

Neste contexto, foram eliminadas, após análise técnica, várias exigências de licenças de importação automáticas e não automáticas, cuja existência se revelou totalmente desnecessária. A incidência dessas licenças estava relacionada às importações de mercadorias sujeitas a medidas de defesa comercial, monitoramento de preços e monitoramentos de natureza meramente estatística. A medida adotada simplificou os trâmites administrativos envolvidos nas importações, reduzindo custos e aumentando a previsibilidade do processo. A SECEX eliminou cerca

---

54. A Secretaria de Comércio Exterior do Brasil (Secex) estima que cerca de 50% do universo tarifário da TEC esteja excepcionado no Mercosul.
55. Decreto "Licenciamento 4.0" (Decreto 10.178/2019), Decreto "Revisaço" (Decreto 10.139/2019), Decreto de Normas Técnicas (Decreto 10.229/2020), Decreto de Análise de Impacto Regulatório (Decreto 10.411/2020).

de 700 mil licenças de importação, que representavam 60% do total de licenciamento da secretaria a valores de 2019. Estima-se que essa iniciativa gerou uma economia de R$ 53 milhões por ano aos importadores com o pagamento de taxas, sem contar a economia de atrasos com a eliminação dos licenciamentos mencionados, os quais levavam, em média, 2,5 dias[56] para serem executados.

Além disso, extinguiu-se o histórico mecanismo de "preço mínimo". Por esse mecanismo, havia a aplicação de licenciamento não automático de importação para 297 códigos da NCM, com o intuito de impedir que bens abaixo de um "preço mínimo", determinado em processo administrativo interno (a pedido de um setor interessado), entrassem no mercado doméstico. A alegação era de que esse mecanismo seria utilizado para combater eventual subfaturamento nos processos de importação, cuja competência legal, no entanto, é da Receita Federal. Em 2019, houve aproximadamente trezentos e cinquenta mil pedidos de licenças no âmbito do mecanismo, sobre importações que somaram US$ 4,5 bilhões, e que custaram aos operadores aproximadamente R$ 30 milhões devido à delegação de análise de parte das licenças ao Banco do Brasil.

Vale destacar também a simplificação dos procedimentos para a importação de linhas de produção usadas no país. A medida, adotada por meio da Portaria SECEX 156 de 2021, retirou a necessidade de acordo entre importadores e produtores nacionais[57], adequando os procedimentos do Brasil aos ditames da Lei de Liberdade Econômica, contribuindo para redução nos prazos e nos custos envolvidos na operação de importação. Ainda que pontual, a alteração é mais uma evidência da mudança de atuação do governo federal no comércio exterior, guiada pelos princípios do livre exercício da atividade econômica, da boa-fé do particular perante o Poder Público e da intervenção subsidiária e excepcional do Estado sobre o exercício de atividades econômicas.

---

56. Estima-se que um dia de atraso pode representar até 2,2% do valor da carga transportada em termos de prejuízo para o importador.
57. Essa condicionalidade gerava claro conflito de interesses. Na maior parte dos casos, os produtores nacionais, quando não vetavam a entrada da linha de produção usada importada, evitando a concorrência externa, exigiam a compra de produtos nacionais como contrapartida para a validação do processo de importação, tornando-o sobremaneira mais caro.

Ainda com o objetivo de reduzir a burocracia para o comércio internacional de serviços, foi desligado o Sistema Integrado de Comércio Exterior de Serviços, Intangíveis e Outras Operações que Produzam Variações no Patrimônio (SISCOSERV). O sistema havia sido desenvolvido com o intuito de aprimorar políticas públicas relacionadas ao comércio internacional de serviços, estabelecendo a obrigação para os operadores privados de prestação de informações relativas às importações e exportações de serviços e intangíveis no sistema. Após avaliação técnica, entendeu-se que o sistema apresentava baixo custo-benefício, uma vez que gerava excesso de burocracia para os operadores privados, não se tinha confiabilidade nos dados produzidos, além de não encontrar correlação com as recomendações internacionais de estatísticas do comércio de serviços. O desligamento do sistema eliminou cerca de 5 milhões de registros anuais de exportação e importação de serviços, além de uma economia para o governo de R$ 23,7 milhões por ano de custo de manutenção do sistema. É importante ressaltar que a iniciativa não prejudicou a captação de dados para fins de desenho de políticas públicas, divulgação estatística baseada em padrões internacionais e fiscalização tributária, tendo em vista a existência de informações já apresentadas ao governo federal por meio de contratos de câmbio e de outras obrigações tributárias acessórias. Atualmente, a partir dos dados originários do Banco Central, a SECEX divulga relatório anual do comércio exterior de serviços, em linha com as recomendações de manuais estatísticos internacionais.

Mais recentemente, em 2022, por intermédio da Lei 14.301/2022, foi reduzida de 25% para 8% a alíquota do Adicional ao Frete para Renovação da Marinha Mercante (AFRMM), cuja incidência recai sobre o valor do frete cobrado no transporte aquaviário de longo curso e de cabotagem. Ademais, foram retirados da base de cálculo do valor aduaneiro os custos de capatazia incorridos no território nacional. Capatazia é definida como a atividade de movimentação de mercadorias nas instalações dentro do porto. Com essa alteração normativa, foram reduzidos os custos de importação de mercadorias. Além disso, as operações de importação no Brasil passaram a estar mais aderentes às melhores práticas internacionais.

Em relação à facilitação e desburocratização do comércio exterior brasileiro, o Programa Portal Único de Comércio Exterior, ao tornar a atuação governamental mais eficiente, harmonizada e integrada, propiciou a redução dos tempos e custos incorridos pelas empresas para realizar suas operações de comércio exterior. Por meio desta iniciativa, já havia sido possível reduzir o tempo médio para se exportar no Brasil de treze para menos de cinco dias, gerando uma economia anual de custos decorrente da diminuição dos atrasos nos embarques de mais de R$ 100 bilhões a cada ano. No governo Bolsonaro, o novo processo de importação teve a sua implementação iniciada. Ao final de 2022, cerca de 30% das operações já podiam ser realizadas por meio do Portal Único, e como consequência dos ganhos de eficiência auferidos com o redesenho dos processos, reduziu-se o tempo médio de importação de dezessete para nove dias, gerando uma economia estimada de R$ 60 bilhões a cada ano.

A Secretaria de Comércio Exterior (SECEX) também se empenhou, desde 2019, no desenho de uma política de modernização dos regimes de *drawback* suspensão e isenção, visando torná-los ainda mais abrangentes e acessíveis aos exportadores. Merecem destaque o restabelecimento da desoneração do AFRMM para as importações de insumos amparadas pelo regime de *drawback* isenção, a permissão para uso do *drawback* isenção por empresas exportadoras de bens de capital de longo ciclo de fabricação, a extensão da cobertura dos regimes de *drawback* suspensão e isenção para micro e pequenas empresas optantes pelo Simples Nacional, e a extensão dos regimes de *drawback* suspensão e isenção para embalagens de transporte integrantes do processo de industrialização.

Uma mudança de paradigma realizada no âmbito do regime de *drawback* diz respeito à inclusão de serviços no *drawback* suspensão. O *drawback* suspensão é uma ferramenta de inserção internacional das empresas brasileiras que amparou a exportação de mais de US$ 61 bilhões em 2021, representando aproximadamente 22% do total das exportações brasileiras. Atualmente, o regime abrange a desoneração tributária apenas na compra de mercadorias estrangeiras e nacionais destinadas à industrialização de produtos que serão exportados. Com a nova legislação editada – Lei 14.440/2022 – os serviços direta e exclusivamente vinculados à exportação ou à entrega, no exterior, de produto resultante da utilização do mecanismo de *drawback*, terão tratamento semelhante ao aplicado às mercadorias utilizadas na fabricação de itens vendidos ao exterior, gerando redução de encargos e maior competitividade para os exportadores brasileiros. Para a operacionalização da nova legislação, a SECEX realizará ajustes em sistemas de controle informatizado e editará uma portaria regulamentando os critérios de concessão, fruição, acompanhamento e fiscalização do regime de *drawback* suspensão, considerando a possibilidade de extensão dos serviços elegíveis.

A Lei do Ambiente de Negócios, Lei 14.195 de 2021, por sua vez, consolidou em seu capítulo de Comércio Exterior muitos desses avanços na legislação nacional, por meio do reconhecimento expresso do Portal Único Siscomex como guichê único de comércio exterior no Brasil; da obrigatoriedade da adoção de boas práticas, como análise de impacto regulatório e consulta pública na imposição de novas licenças de importação e exportação; da dispensa de exigência legal de prestação de informações sobre o comércio exterior de serviços no SISCOSERV; além de melhorias na investigação de origem não preferencial (eliminação de licenças e atribuição de origem, com garantia de sanção nos casos em que haja irregularidades comprovadas).

Destaca-se, por fim, a reforma do sistema brasileiro de defesa comercial. O processo de interesse público foi reestruturado, e foram publicados a Portaria SECEX 13/2020 e o Guia de Interesse Público em Defesa Comercial. O objetivo foi aumentar a previsibilidade, a segurança jurídica e a transparência do procedimento, visando a sua padronização técnica e redução do nível de discricionariedade das análises até então realizadas. Como resultado, notou-se uma redução drástica na utilização da cláusula de interesse público no Brasil. Em 2017 e 2018, 100% dos casos iniciados de interesse público resultaram em alteração ou suspensão das medidas de defesa comercial. Em 2019, esse número caiu para 64% e, em 2020, para 28%, sugerindo maior racionalidade no uso do instrumento que, de acordo com as melhores práticas internacionais, deve ser aplicado em situações em que o benefício localizado de combate à prática ilegal de comércio seja claramente inferior ao eventual prejuízo causado em elos a jusante e à montante na cadeia produtiva de uma dada indústria.

Em outra importante iniciativa de proteção aos investidores, foi promulgado, em outubro de 2021, o novo Decreto de Subsídios e Medidas Compensatórias (Decreto 10.839/2021). Essa medida teve como objetivo avançar na transparência, previsibilidade e segurança jurídica das investigações, representando um marco na modernização da defesa comercial no Brasil, alinhado às melhores práticas internacionais. No final de 2021, foram publicadas também portarias que regulamentam pontos do Decreto 8.058/2013, como preço provável, redução do direito antidumping e suspensão diante de dúvidas sobre o comportamento futuro das importações (art. 109).

Com relação aos processos de defesa comercial, vale ressaltar que o número de investigações originais iniciadas caiu de cinquenta e seis em 2013 para treze em 2021, uma redução de 77% no período. No que se refere às revisões de final de período das medidas antidumping em vigor, com relação a investigações encerradas em 2021, observou-se que 35% das medidas foram prorrogadas com redução do direito vigente; 27,5% das medidas foram prorrogadas sem alterações; 12,5% das medidas foram prorrogadas com imediata suspensão com base no art. 109 do Decreto 8.058, de 2013; 12,5% das revisões foram encerradas sem a prorrogação da medida; 10% foram prorrogadas com imediata suspensão por interesse público; e 2,5% foram prorrogadas com majoração do direito.

## 7.8. Estabelecimento de direitos de propriedade de imóveis rurais e urbanos

Uma das reformas econômicas mais importantes – e menos comentada do período – 2019-2022 refere-se ao estabelecimento de direitos de propriedade para imóveis rurais e urbanos em favor do morador estabelecido na terra. Aqui ocorreu uma verdadeira mudança no *mindset* vigente. Foram entregues mais de quatrocentos mil títulos de propriedade rural e mais de cem mil títulos de propriedade urbana.

O Brasil é um país rico em terras rurais e urbanas. Mas uma série grande de legislações mal desenhadas e décadas de ocupações irregulares criaram um dos mais tristes paradoxos de nosso país: um país com grande extensão territorial, onde brasileiros não tem a propriedade de seu imóvel (seja ele rural ou urbano). Num país onde o fator terra é abundante, resta evidente que dar uma propriedade a cada família é caminho importante para o estabelecimento de uma sociedade saudável e justa. Não faltam terras aos governos federal, estadual ou municipal.

Nada mais justo do que o governo fazer a distribuição de suas terras, sempre que possível, para a população. Afinal, para que o governo quer ser dono de terras? Muito melhor ele faz em estabelecer os direitos de propriedade dos imóveis rurais e urbanos que lhe pertencem e doá-los às famílias que nele residem.

Espero que com o passar do tempo essa ideia ganhe força e cada vez mais adeptos: não cabe ao governo federal, estadual ou municipal ser dono de propriedades rurais ou urbanas que não estejam diretamente ligadas às atividades de administração pública. Todos os demais imóveis que não estejam sob uso direto das administrações públicas devem ser doados à população. E doar um bem significa dar ao receptor o direito de propriedade, que por sua vez significa usar, vender, emprestar ou o que mais aprouver ao novo dono do imóvel, desde que em concordância com a legislação. Em resumo, espero que com o passar do tempo os prefeitos, os governadores e o presidente doem os imóveis rurais e urbanos (que não são usados para a administração pública) para o povo. Tenho certeza de que isso mudará definitivamente para melhor a vida na sociedade brasileira.

Antes de encerrar esta parte, é fundamental ressaltar ainda que disponibilizamos ao trabalhador brasileiro o direito de sacar quase R$ 135 bilhões de seus próprios recursos, que antes lhe era negado. Foi o maior movimento de devolução de recursos ao trabalhador da história brasileira. Em 2019, foram disponibilizados para saque imediato aproximadamente R$ 23 bilhões que antes estavam inacessíveis aos trabalhadores, referentes ao seu próprio dinheiro do PIS/PASEP em contas individuais. Ainda em 2019, foram disponibilizados aos trabalhadores brasileiros para saque R$ 43 bilhões que antes lhes eram negados, referentes aos seus próprios recursos do FGTS. Essas medidas beneficiaram diretamente quase 100 milhões de brasileiros[58]. Em 2020, nova rodada de saques, beneficiando os legítimos donos dos recursos do FGTS, foi providenciada. O saque emergencial do FGTS liberou, em 2020, R$ 37 bilhões, beneficiando diretamente cerca de sessenta milhões de brasileiros. Em 2022, nova rodada de liberações do FGTS

---

58. Disponível em: https://static.poder360.com.br/2019/07/Apresentacao-saque-certo-FGTS.pdf. Acesso em: 15 mar. 2024.

(novo saque emergencial de FGTS) beneficiando seus legítimos donos, os trabalhadores brasileiros, foi providenciada. Dessa vez, foram liberados aos trabalhadores aproximadamente R$ 30 bilhões, que beneficiaram diretamente 42 milhões de brasileiros.

Em resumo, entre 2019 e 2022 o governo disponibilizou aos seus legítimos donos R$ 110 bilhões de recursos do FGTS, e outros R$ 23 bilhões do PIS/PASEP em contas individuais. Nunca na história brasileira um volume tão grande de recursos retido por fundos do governo foi disponibilizado nessa magnitude a seus legítimos donos, o trabalhador brasileiro.

# 8. A INFLUÊNCIA DA AGENDA ECONÔMICA NO MINISTÉRIO DE MINAS E ENERGIA[59]

## 8.1 Introdução

Este capítulo comenta sobre meu período como ministro no Ministério de Minas e Energia (MME). Dessa maneira, o capítulo cobre o período entre maio e dezembro de 2022, que foi quando atuei como ministro. Relato aqui a orientação que implementei no MME.

Tão logo fui nomeado ministro de Minas e Energia, em 11 de maio de 2022, delineei as linhas básicas da estratégia que implementaria no ministério. Como pode ser lido em minha nota à imprensa[60], ou assistido no vídeo da coletiva de imprensa dada no dia em que assumi como ministro, ressalto meus principais objetivos à frente do MME: **a)** concluir o processo de desestatização da Eletrobras; **b)** iniciar os estudos para a desestatização da Petrobras e da PPSA; e **c)** aprovar um conjunto de leis que aprimorem o mercado de energia, dando mais previsibilidade e segurança jurídica aos investimentos bem como corrigindo algumas ineficiências do setor. Além dessa breve introdução, a seção 2 pontua os desafios urgentes com que me deparei no MME e a maneira pela qual busquei resolvê-los. A seção 3 mostra as agendas estruturais implementadas no MME nesse período, e a seção 4 apresenta algumas reflexões e considerações finais. A seção 5 é composta de contribuições especiais de técnicos que ajudaram e contribuíram para a resolução de problemas estruturais no MME.

---

59. Por Adolfo Sachsida.
60. Disponível em: https://www.gov.br/mme/pt-br/assuntos/noticias/declaracao-a-imprensa-do-ministro-adolfo-sachsida. Acesso em: 19 fev. 2024.

## 8.2. Os problemas urgentes relacionados ao MME

### 8.2.1. Aumento nos preços do petróleo, gás, gasolina, diesel e energia elétrica

Em 2021, no Brasil, ocorreu a maior crise hídrica na série histórica de dados. Foi a pior crise hídrica registrada em noventa e dois anos de dados históricos. A escassez de chuvas associada aos já baixos níveis dos reservatórios das usinas hidrelétricas obrigaram a um uso intensivo de usinas térmicas a gás, que possuem um custo mais elevado. Esse fato teria como implicação um oneroso aumento das contas de luz no ano seguinte. De fato, logo que assumi o ministério, em maio de 2022, meu primeiro desafio foi encontrar uma maneira de evitar os expressivos reajustes que ocorreriam nas contas de luz dos brasileiros. Da mesma maneira que procederia depois com a questão dos preços dos combustíveis, recusei-me a procurar soluções artificiais que implicassem interferência nos contratos vigentes. Em vez disso, adotamos soluções estruturais para a redução do preço da energia elétrica. E, tal como faríamos na questão dos combustíveis, a solução adotada foi via aprovação de projetos de lei que implicassem numa expressiva redução dos tributos incidentes nas contas de energia elétrica.

No dia 24 de fevereiro de 2022, a Rússia invadiu a Ucrânia. Essa invasão deu início ao maior conflito armado no continente europeu desde o final da Segunda Guerra Mundial. Como era previsível, esse conflito fez os preços do barril de petróleo dispararem. Para dar ao leitor uma ideia, em 3 de janeiro de 2022 o barril de petróleo custava US$ 78,98. Em 3 de fevereiro de 2022, com o aumento da instabilidade na região, esse valor já havia atingido os US$ 91,11. Em 3 de março, alguns dias após a invasão ter se iniciado, o barril de petróleo atingia US$ 110,46[61]. Ao longo de 2022, o barril de petróleo chegaria a valores acima de US$ 120,00[62].

Os Estados Unidos, em conjunto com a União Europeia, aplicaram sanções econômicas à Rússia em decorrência da invasão da Ucrânia. Além disso, várias empresas privadas deixaram espontaneamente a Rússia, temendo um risco reputacional ou o agravamento do conflito, ou

---

61. Disponível em: https://br.investing.com/commodities/brent-oil-historical-data. Acesso em: 19 fev. 2024.
62. Em 11 de maio de 2022, quando assumi como ministro, o barril estava a US$ 107,51, e em 31 de maio de 2022 atingia US$ 122,84.

o aumento das sanções econômicas[63]. Algumas dessas empresas atuavam no ramo de refino de petróleo, e a saída delas da Rússia agravou o problema de escassez de óleo diesel. Por fim, a redução do fornecimento de gás da Rússia para a Alemanha obrigou que outras fontes de energia, entre elas o óleo diesel, fossem utilizadas para gerar energia no inverno europeu. Isso fez com que o preço do diesel aumentasse ainda mais do que o preço do petróleo. Em dezembro de 2021, o diesel podia ser adquirido a U$ 2,25 o galão. Em janeiro de 2022, com a proximidade do conflito, o galão do diesel já estava em US$ 2,62. Em fevereiro de 2022 chegava a US$ 2,87, e em maio de 2022 atingia US$ 4,65. Em outras palavras, o preço do galão do diesel mais do que dobrou entre dezembro de 2021 e maio de 2022[64].

Em 2022, o Brasil era exportador de petróleo, mas importador de óleo diesel. O aumento do preço do petróleo, e o aumento ainda maior do preço do diesel, tiveram impacto relevante no aumento do custo de vida no Brasil e no mundo. Em 2022, o mundo sofreu um forte choque negativo no que se refere aos preços de energia (petróleo, gás, óleo diesel e gasolina). Atenuar esse choque passou a ser prioridade em vários países no mundo, inclusive no Brasil.

Como ministro, elaborei a seguinte estratégia para a redução do preço dos combustíveis (gasolina e diesel). Separei o problema em três partes: **a)** o que não controlo; **b)** o que tenho chance de controlar; e **c)** confiar no efeito do tempo para o ajuste de preços.

- **a.** O que não controlo: o preço do petróleo é formado no mercado internacional, logo não é uma variável que estava sob meu controle. Sempre tratei a Petrobras como uma empresa na qual o governo não deveria intervir na política de preços, logo controlar os preços da Petrobras nunca foi uma opção.
- **b.** O que tenho chances de controlar: mostrar que o Brasil era um porto seguro para o investimento mundial, atraindo capitais para nosso país e com isso fortalecendo a taxa de câmbio. Um real mais forte reduziria naturalmente o preço dos combustíveis.

---

63. Disponível em: https://economia.ig.com.br/1bilhao/2022-03-08/250-empresas-ja-deixaram-a-russia-desde-inicio-da-guerra--veja-lista.html. Acesso em: 19 fev. 2024.
64. Disponível em: https://www.indexmundi.com/commodities/?commodity=diesel&months=60. Acesso em: 19 fev. 24.

**c.** Efeito do tempo: com o tempo seria de se esperar que os Estados Unidos aumentassem o uso de suas reservas estratégicas de petróleo. Com o tempo era de se esperar que países permitissem uma maior exploração do petróleo para tentar reduzir a drástica elevação dos preços de energia. Com o tempo, e dado o elevado preço do diesel, seria de se esperar que as refinarias aumentassem suas taxas de processamento (seja reduzindo sua capacidade ociosa, seja reativando unidades ou aumentando seu refino para o limite da capacidade técnica). Com o tempo seria de se esperar que o aumento da inflação gerado pelo aumento do preço da energia obrigaria Bancos Centrais de todo o mundo – e principalmente nos Estados Unidos e Europa – a aumentar as taxas de juros, o que naturalmente reduziria a demanda agregada, reduzindo também a demanda por energia. Era de se esperar que com o passar do tempo os ajustes de mercado iriam naturalmente elevar a oferta e reduzir a demanda por petróleo e óleo diesel, reduzindo assim a pressão sobre seu preço.

Em conjunto, os três itens acima embasaram a postura do MME durante a crise dos combustíveis que marcou o ano de 2022. Nós não iríamos interferir nos preços de mercado; pelo contrário, iríamos fortalecer e respeitar os mecanismos de mercado que naturalmente, e de maneira eficiente, corrigiriam o problema. Os resultados mostraram o acerto de nossa escolha. Pela primeira vez na história a inflação no Brasil (5,8% em 2022) terminou abaixo da inflação americana (6,5% em 2022), e o crescimento de nosso PIB foi igual ao chinês (3% de crescimento em 2022).

Entendendo que energia é um insumo básico do processo produtivo, o governo federal zerou os tributos federais incidentes sobre gasolina, diesel e gás de cozinha. Além disso, o Congresso Nacional aprovou legislação classificando combustíveis, energia elétrica, serviços de telecomunicações e de transporte público como bens essenciais, limitando a alíquota máxima do ICMS sobre esses bens em 17% (ou 18% a depender do estado). Em conjunto, essas medidas significaram uma grande redução tributária que, ao reduzir o peso morto dos tributos, aumentou a eficiência e produtividade da economia brasileira e reduziu significativamente os preços de energia elétrica e combustíveis. É importante ressaltar que essa redução tributária em nada comprometeu a meta de superávit fiscal. Vale lembrar que em 2022 o governo central (Tesouro Nacional, Banco Central e Previdência Social) teve superávit primário de 0,5%

do PIB. Já o setor público consolidado (governos federal, estaduais e municipais) teve um superávit primário de 1,2% do PIB. A redução de tributos foi uma maneira de devolver à sociedade parte do aumento estrutural de arrecadação que ocorreu em 2022. É importante ressaltar que a arrecadação federal bateu seguidos recordes ao longo de 2022, sendo nada mais justo do que devolver à população parte desse aumento estrutural de arrecadação via redução de tributos.

Para o leitor mais detalhista, segue a legislação aprovada que permitiu a redução de tributos: **a**) Lei Complementar 192/2022 (redução de tributos federais a zero; determina que o ICMS incidirá uma única vez na gasolina, etanol anidro, diesel, biodiesel e GLP; ICMS uniforme em todo o território nacional, podendo ser diferenciado por produto; e ICMS específico – *ad rem* – por unidade de medida adotada.); e **b**) Lei Complementar 194/2022 (inclui combustíveis, energia elétrica, serviços de telecomunicações e de transporte público como bens essenciais, fixando a alíquota máxima do ICMS em 17%; determina que a alíquota de ICMS servirá de limite máximo para fixação da alíquota específica – *ad rem* – da LCP 192/2022; determina que a alíquota de ICMS do diesel será a média móvel dos últimos sessenta meses anteriores à LCP nº 192/2022; zera o PIS/COFINS/CIDE sobre gasolina e etanol).

No conjunto, as leis complementares 192 e 194 significaram expressiva redução de tributos sobre energia elétrica, gasolina, etanol e óleo diesel. Essa redução tributária foi em grande medida repassada aos preços desses bens, que tiveram forte redução após julho de 2022, quando essa legislação entrou em vigência no país. Vale ressaltar que os tributos federais sobre o gás de cozinha (GLP) já estavam zerados desde março de 2021.

### 8.2.2 Desestatização da Eletrobras

A desestatização da Eletrobras era uma prioridade quando assumi o ministério, e todos os esforços foram feitos para que o processo de desestatização, que se encontrava na sua fase final, fosse concluído com sucesso. Visitas ao TCU, declarações de apoio ao processo de desestatização, e toda a parte burocrática necessária para o sucesso do empreendimento foram colocadas como prioridade do ministério.

No dia 18 de maio de 2022, o Tribunal de Contas da União (TCU) decidiu, sob a relatoria do ministro Aroldo Cedraz, por sete votos a um, autorizar o governo federal a dar continuidade ao processo de desestatização da Eletrobras. Uma nota sobre a importância do processo de capitalização da Eletrobras foi divulgada pelo Ministério de Minas e Energia no dia 9 de junho de 2022[65]. Por fim, no dia 14 de junho de 2022, o toque da campainha na Bolsa de Valores de São Paulo marcou simbolicamente a capitalização da Eletrobras, chegando com sucesso ao fim o processo de desestatização dessa empresa.

## 8.3. A agenda estrutural no Ministério de Minas e Energia (MME)

O Ministério de Minas e Energia (MME) era composto por diversas secretarias, empresas coligadas, e mantinha relação com importantes agências reguladoras. O MME tinha ligações diretas com aproximadamente 10% do PIB brasileiro. Assuntos ligados a petróleo, gás, biocombustíveis, geração, distribuição e transmissão de energia elétrica (geração eólica, solar, nuclear, térmica, biogás, resíduos, pequenas centrais hidrelétricas, hidrelétricas, geração distribuída, hidrogênio verde, leilões, etc.), planejamento energético e mineração estavam todos sob a prerrogativa legal do MME.

À época em que fui ministro, o MME contava com uma estrutura que se dividia em: **1)** Gabinete; **2)** Secretaria Executiva; **3)** Assessoria Jurídica; **4)** Assessoria Econômica; **5)** Assessoria Internacional; **6)** Compliance; **7)** Secretaria de Petróleo, Gás e Biocombustíveis; **8)** Secretaria de Mineração; **9)** Secretaria de Energia Elétrica; e **10)** Secretaria de Planejamento Energético. Além disso, várias empresas estatais ou de economia mista também estavam ligadas ao MME: Petrobras, PPSA, ENBpar (que inclui Eletronuclear – responsável por Angra 1 e Angra 2 –, Itaipu e Indústrias Nucleares do Brasil), Serviço Geológico do Brasil, NUCLEP e Empresa de Pesquisa Energética. A Eletrobras também fazia parte desse grupo até ser privatizada. Ao MME também estavam ligadas três agências reguladoras: Agência Nacional de Energia Elétrica (ANEEL), Agência Nacional do Petróleo, Gás Natural e Biocombustíveis

---

65. Disponível em: https://www.gov.br/mme/pt-br/assuntos/noticias/visao-do-mme-sobre-os-impactos-da-capitalizacao-da-eletrobras-1. Acesso em: 19 fev. 2024.

(ANP) e Agência Nacional de Mineração (ANM). Também ligados ao MME estavam o Operador Nacional do Sistema Elétrico (ONS) e a Câmara de Comercialização de Energia Elétrica (CCEE). O MME ainda comanda o Comitê de Monitoramento do Setor Elétrico (CMSE) e o Conselho Nacional de Política Energética (CNPE). Por fim, dado o enorme volume de ações judicializadas no setor de atuação do MME também era necessária boa interlocução e visitas frequentes ao Superior Tribunal Federal (STF), ao Superior Tribunal de Justiça (STJ) e ao Tribunal de Contas da União (TCU).

Estabeleci objetivos claros para cada área do ministério. Ter um norte é fundamental. às vezes questões conjunturais nos afastam de nossos objetivos, mas quando se tem um norte sempre é possível conduzir o navio, com parcimônia e sabedoria, para aquele destino. O MME, com suas quatro grandes áreas de atuação, foi direcionado para perseguir os seguintes objetivos:

a. Secretaria de Energia Elétrica: colocar o consumidor em primeiro lugar, favorecendo a adoção de energias limpas, seguras e baratas;

b. Secretaria de Planejamento Energético: colocar o consumidor em primeiro lugar, evitando escolher tecnologias e fortalecendo o mecanismo de preços. Os leilões deveriam buscar sempre favorecer fontes de energia limpas, seguras e baratas. Quem fosse mais eficiente em satisfazer esses critérios deveria vencer o leilão;

c. Secretaria de Petróleo, Gás e Biocombustíveis: colocar o consumidor em primeiro lugar fortalecendo a competição no setor;

d. Secretaria de Mineração: aprimorar os marcos legais do setor de mineração, transformando o Brasil numa potência de mineração equivalente ao Canadá ou Austrália, países líderes mundiais em mineração, e que também se destacam por seu cuidado com o meio ambiente e o respeito para com as populações locais.

Além dos nortes expostos acima, também busquei fortalecer a área jurídica do ministério. A judicialização no setor de minas e energia é espantosa, praticamente tudo é judicializado e os valores envolvidos envolvem quase sempre bilhões de reais. Fortalecer a área jurídica do MME e melhorar a coordenação da defesa jurídica com as entidades vinculadas ao ministério foi um importante passo, que resultou em vitórias jurídicas importantes que economizaram bilhões de reais à

União. Além da economia de recursos financeiros, foi também graças a esse "escudo jurídico" que foi possível encerrar o litígio que impedia o início das obras referentes à construção do Linhão Manaus-Boa Vista. Essa não foi uma vitória menor. O Linhão Manaus-Boa Vista estava parado havia mais de uma década, em decorrência de disputas jurídicas. Foi em setembro de 2022 que se chegou a um consenso jurídico que permitiu o início dessa importante obra que liga Roraima ao Sistema Interligado Nacional (SIN)[66].

Criei a Iniciativa Mercado Minas e Energia (IMME), fórum permanente de debates, aproximando o setor público do setor privado, buscando o aprimoramento da legislação do setor[67]. Diversas propostas foram elaboradas para melhorar a segurança jurídica, reduzir a burocracia, estimular o investimento e aumentar a eficiência dos setores de minas e energia em decorrência dos debates realizados no âmbito da IMME[68]. Abrimos o mercado de energia para a Alta Tensão[69], desburocratizamos a comercialização do lítio[70] (o que gerou bilhões de dólares em investimentos na região do Vale do Jequitinhonha, em Minas Gerais), reduzimos a tributação sobre campos marginais para estimular a produção petrolífera nesses campos[71], implementamos a oferta permanente de áreas no pré-sal e na mineração[72], entre várias outras medidas estruturais implementadas que podem ser lidas em nossa prestação de contas[73].

---

66. Disponível em: https://www.gov.br/mme/pt-br/assuntos/noticias/acordo-judicial-permite-a--retomada-das-obras-da-linha-de-transmissao-entre-manaus-e-boa-vista. Acesso em: 19 fev. 2024.
67. Disponível em: https://www.gov.br/mme/pt-br/assuntos/noticias/iniciativa-mercado--minas-e-energia-propoe-ferramentas-para-alavancar-investimentos-em-mineracao-e-energia. Acesso em: 19 fev. 2024.
68. Disponível em: https://www.gov.br/mme/pt-br/assuntos/noticias/mme-apresenta-resultados-da-iniciativa-mercado-minas-e-energia. Acesso em: 19 fev. 2024.
69. Disponível em: https://www.gov.br/mme/pt-br/assuntos/noticias/portaria-do-mme-permite-que-consumidores-tenham-liberdade-de-escolha-e-melhores-precos. Acesso em: 19 fev. 2024.
70. Disponível em: https://www.gov.br/mme/pt-br/assuntos/noticias/decreto-promove-a-abertura-e-dinamizacao-do-mercado-brasileiro-de-litio. Acesso em: 19 fev. 2024.
71. Disponível em: https://www.mattosfilho.com.br/unico/cnpe-royalties-campos-marginais/. Acesso em: 19 fev. 2024.
72. Disponível em: https://www.gov.br/mme/pt-br/assuntos/noticias/mme-publica-diretrizes--para-oferta-de-areas-disponiveis-para-mineracao. Acesso em: 19 fev. 2024.
73. Disponível em: https://www.gov.br/mme/pt-br/assuntos/noticias/sete-meses-a-frente-do--ministerio-de-minas-e-energia-prestacao-de-contas. Acesso em: 19 fev. 2024.

Seguimos a famosa frase do mais vitorioso técnico de futebol americano universitário dos Estados Unidos: "Tenha um plano, confie no plano, mantenha o plano" (Paul William "Bear" Bryant). Meu plano a frente do Ministério de Minas e Energia era simples: o consumidor brasileiro vem sempre em primeiro lugar. Na área de petróleo, gás e biocombustíveis o objetivo básico era aumentar a competição no setor. Na área de energia elétrica o objetivo era energia limpa, segura e barata. Na área de planejamento energético o objetivo era melhorar a eficiência do mecanismo de preços e não privilegiar tecnologias, a tecnologia escolhida deveria ser sempre a que melhor atendesse ao consumidor. Na área de mineração o objetivo era termos uma mineração padrão Canadá-Austrália.

Como resta evidente, um ministro de Minas e Energia tem muito poder. À frente do MME busquei reduzir esse poder. Desconcentrar o poder é um norte seguro a ser perseguido. Como dizia Lord Acton, "o poder corrompe, e o poder absoluto corrompe absolutamente". Exatamente por isso sempre fui contrário a que uma quarta agência reguladora, a Agência Nacional de Segurança Nuclear (ANSN) fosse colocada sob a alçada do MME. Sempre que esteve ao meu alcance tentei reduzir a influência do MME na alocação de recursos privados e na escolha de tecnologias vencedoras nos leilões. O que acontece no MME, acontece também em vários outros ministérios. Por isso, sempre fui favorável a privatizar empresas, incrementar as concessões, aumentar a transparência na administração pública e reduzir a intervenção do Estado na economia. Aumentar a competição e reduzir a intervenção do Estado é um norte seguro para desconcentrar o poder, o que evita que o grande capital se alie ao Estado e onere o consumidor brasileiro, obrigado a bancar uma enorme conta de subsídios, vantagens tributárias e ineficiências regulatórias.

## 8.4. Reflexões e considerações finais

O Ministério de Minas e Energia é responsável direto por setores extremamente intensivos em capital: petróleo, gás, biocombustíveis, mineração e geração, transmissão e distribuição de energia elétrica. Todos os setores da economia se beneficiam com a previsibilidade e a segurança jurídica, mas estes itens são essenciais para atividades intensivas em capital. Os investimentos em mineração e energia envolvem cifras bilionárias e requerem um longo prazo de maturação. Exatamente por isso sempre busquei fortalecer a segurança jurídica e dar previsibilidade para o setor.

À frente do MME enfrentei problemas urgentes e importantes, e sempre busquei soluções de mercado para ambos. Soluções que nem sempre dão respostas rápidas, mas que são fundamentais para o longo prazo da economia. O Brasil tem tudo para ser o grande porto seguro do investimento mundial, e os setores de minas e energia podem ser os carros-chefes dessa grande transformação. Num momento em que o mundo vê crescer a instabilidade no Leste Europeu e em zonas da Ásia e do Oriente Médio, o Brasil pode se apresentar como uma nação amiga, democrática e geograficamente próxima dos Estados Unidos e da Europa, características fundamentais para a atração de capitais internacionais.

A matriz energética brasileira, que é uma das mais limpas do mundo, é um bônus importante para a atração de investimentos externos. O movimento global de transição energética pode encontrar no Brasil um país com importantes possibilidades de produção de energia limpa. Além disso, não é possível realizar a transição energética sem diversos minérios que são essenciais para baterias, painéis solares, linhas de transmissão, etc. Esses minerais podem ser encontrados todos no Brasil, o que pode gerar bilhões de dólares em investimentos para transformarmos o Brasil numa sólida e respeitável potência da mineração nos moldes do Canadá e Austrália: mineração sustentável preservando o meio ambiente e respeitando a população local.

Para atrairmos mais investimentos precisamos de melhores marcos legais, que deem mais previsibilidade e segurança jurídica aos investimentos. Esse sempre foi um norte que segui: melhorar os marcos legais para corrigir ineficiências, aumentar a previsibilidade e fortalecer a segurança jurídica é fundamental para o desenvolvimento dos setores de energia e mineração. Além disso, busquei também aproximar esses setores do mercado de capitais. O mercado de capitais é o local ideal para financiar os setores de minas e energia. Por isso, busquei criar instrumentos financeiros adequados às características desses setores.

Uma preocupação constante sempre foi priorizar o consumidor brasileiro. Respeito quem pensa diferente, mas acredito que chegou a hora de reduzirmos os subsídios e vantagens tributárias de vários setores que atuam na esfera de influência do MME. Por mais meritórios que tais subsídios sejam, é sempre importante lembrar que é o consumidor brasileiro quem paga essa conta. Está no momento de uma grande conversa para que importantes questões regulatórias e legais sejam encaminhadas. Acredito que um amplo debate dentro da Iniciativa Mercado Minas e Energia (IMME) seja o fórum adequado para que com parcimônia, serenidade e previsibilidade sejam aprimoradas as legislações dos setores de mineração e energia. Aprimorar o marco legal desses setores é fundamental para atrairmos cada vez mais investimentos de longo prazo para nossa economia.

Por fim, acho importante ressaltar minha preocupação com a crescente judicialização nos setores de minas e energia. Os custos associados a essa judicialização são não apenas financeiros, mas implicam por vezes na não execução dos contratos. O exemplo mais óbvio é o do Linhão Manaus-Boa Vista, que ficou parado devido a decisões judiciais por mais de uma década. Outro exemplo é o atual caso da Margem Equatorial: região rica em petróleo e que até o momento o Brasil não consegue explorar devido a imbróglios jurídico-administrativos. Também temos o caso do projeto de Santa Quitéria no Ceará, obra bilionária que também tem se defrontado com dificuldades jurídicas. Esses três exemplos referem-se a problemas jurídicos dentro do próprio setor público. São problemas decorrentes de decisões divergentes dos diversos atores públicos envolvidos em processos relacionados a energia e mineração (Ministério Público Federal, agências reguladoras, IBAMA, Advocacia Geral da União, Ministério de Minas e Energia, Ministério do Meio Ambiente, FUNAI, órgãos de controle estaduais e municipais, etc.). É fundamental uma melhor coordenação entre estes entes públicos para dar mais celeridade, segurança jurídica e previsibilidade aos investimentos em mineração e energia.

Outro tipo de problema jurídico que tem crescido é a judicialização no setor de energia entre atores privados e o setor público. Absolutamente tudo tem sido judicializado. Daí minha preocupação em fortalecer a estrutura jurídica do Ministério de Minas e Energia. São causas que frequentemente ultrapassam a casa do bilhão de reais e que, para além da repercussão financeira sobre os cofres da União, representam muitas vezes o início de problemas regulatórios mais severos. Não me parece prudente continuar com esse nível de judicialização no setor. Sendo assim, aprimoramentos nos contratos são fundamentais. Além disso, é fundamental uma maior interação junto aos tribunais para que eles consigam compreender com mais clareza o emaranhado de regras que é o setor de energia elétrica atualmente, e entender o impacto que decisões intempestivas podem gerar sobre todo o sistema. É fundamental que as regras do setor elétrico sejam mais simples e transparentes, e que os contratos sejam mais bem desenhados para reduzir a judicialização no setor.

Se pudesse resumir minha gestão à frente do MME numa única frase, seria assim: "Gestão marcada pela redução de tributos sobre energia elétrica e combustíveis, pelo aprimoramento dos marcos legais e incremento da competição, colocando sempre o consumidor brasileiro em primeiro lugar".

## 8. 5. Tópicos Especiais

### 8.5.1. Seção Especial: Renovação das concessões vincendas de transmissão de energia elétrica[74]

Em 29 de dezembro de 2022, publicamos o Decreto 11.314, de 28 de dezembro de 2022, que regulamentou a licitação e a prorrogação das concessões de serviço público de transmissão de energia elétrica em fim de vigência. A regulamentação trouxe previsibilidade ao processo de renovação das concessões de transmissão e contribuirá para um ambiente seguro de investimentos e para a redução das tarifas a serem pagas pelos consumidores de energia elétrica.

A expansão da transmissão de energia elétrica no Brasil, como regra geral, ocorre por meio de licitação, nos termos do art. 175 da Constituição Federal. As primeiras licitações de transmissão ocorreram em 1999, com os respectivos contratos firmados no ano 2000. Desde então, os leilões de transmissão vêm atraindo investimentos nacionais e estrangeiros, com forte competição e altos índices de deságio na receita ofertada. Entre 2019 e 2022, por exemplo, foram negociados 51 lotes, com investimentos estimados em R$ 38,5 bilhões e deságio médio de 49,7% nos lances ofertados.

---

74. Por Isabela Sales Vieira, que foi assessora da Secretaria-Executiva do Ministério de Minas e Energia; e Hailton Madureira de Almeida, que foi secretário-executivo do Ministério de Minas e Energia.

As primeiras concessões de transmissão licitadas chegarão ao termo contratual a partir de 2030. Antes disso, entre 2025 e 2027 encerram-se três concessões decorrentes dos processos de desverticalização realizados à luz da Lei 10.848, de 15 de março de 2004. Até 2042, serão 169 concessões de transmissão chegando ao final, como mostrado no gráfico a seguir. Essas concessões de transmissão somam quase R$ 12,5 bilhões em receitas pagas anualmente pelos usuários da rede de transmissão.

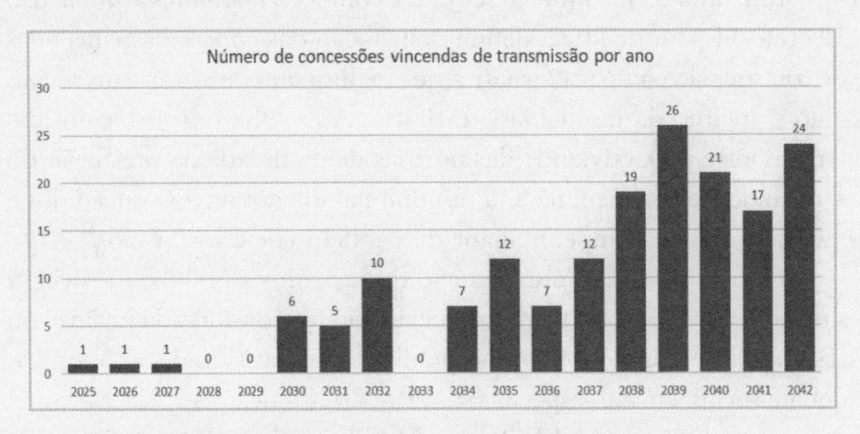

**Fonte:** Dados da Agência Nacional de Energia Elétrica (ANEEL) – Contratos de Transmissão[75].

Nesse contexto, a existência de regras claras para o tratamento das concessões em fim de vigência é essencial para que haja um ambiente seguro de investimentos no segmento de transmissão. A publicação do Decreto 11.314, de 2022, ofereceu a oportunidade às concessionárias e aos investidores de planejar suas ações e redefinir seus modelos de negócio, com antecedência em relação ao término dos contratos.

A regulamentação partiu do arcabouço legal do setor, que define, para os contratos de transmissão em fim de vigência, as alternativas de licitação ou de uma prorrogação, por até trinta anos, a critério do poder concedente. Em síntese, as leis que regem o serviço de transmissão de energia elétrica definem a licitação como o meio preferencial para a concessão da prestação do serviço e facultam ao poder concedente a decisão sobre uma prorrogação contratual.

---

75. Disponível em: https://antigo.aneel.gov.br/contratos-de-transmissao.

O Decreto 11.314, de 2022, cumpre com o objetivo de dar transparência ao critério adotado pelo poder concedente para a escolha entre a licitação e a prorrogação desses contratos em fim de vigência, garantindo previsibilidade e segurança jurídica para a renovação das concessões vincendas de transmissão. As diretrizes consolidadas no texto normativo foram resultado de participação pública e de ampla discussão com os agentes setoriais, especialmente por meio da Consulta Pública MME 136/2022.

Em linha com o modelo setorial e com foco no interesse público, o Decreto 11.314, de 2022, definiu a licitação das concessões vincendas de transmissão como a alternativa que melhor atende aos anseios sociais e ao princípio da modicidade tarifária. A escolha por esse caminho tem suporte na efetividade das normas de qualidade da prestação do serviço de transmissão, na alta disponibilidade dos ativos concedidos e na maturidade e competitividade do segmento de transmissão.

Por outro lado, a prorrogação dessas concessões ficou restrita a situações excepcionais, nas quais a licitação for considerada inviável ou resultar em prejuízo ao interesse público, e fundamentada, após prévio debate social, em rito específico a ser realizado pela Agência Nacional de Energia Elétrica (ANEEL) com a devida motivação e transparência, em conformidade com os princípios da Administração Pública.

Com isso, ao privilegiar a licitação das concessões vincendas, o Decreto 11.314, de 2022, vai ao encontro da eficiência econômica e da justiça tarifária, na medida em que o preço do serviço resulta de processo competitivo, com base no menor valor ofertado de receita anual, beneficiando os usuários do sistema e os consumidores de energia elétrica.

O processo licitatório é, sem dúvida, a opção que permite o estabelecimento de uma relação comercial entre o poder concedente e a concessionária com o preço mais adequado, diante da assimetria de informações decorrente dessa relação. Além disso, o modelo econômico dos contratos resultantes de licitação naturalmente reduz os custos administrativos e as intervenções regulatórias ao longo da concessão. Em sentido contrário, a prorrogação da concessão requer um modelo econômico com mais intervenções do regulador, uma vez que as novas receitas seriam definidas administrativamente, sem os benefícios do processo concorrencial, e, portanto, com os necessários instrumentos de regulação econômica, como as revisões periódicas de receitas.

As diretrizes para a licitação das concessões vincendas de transmissão, dispostas no Decreto 11.314, de 2022, foram definidas de forma a trazer benefícios sociais, a partir da modicidade tarifária, e aumentar a atratividade dos leilões e a rentabilidade dos negócios, visando a redução do preço do serviço por meio da concorrência.

Nesse sentido, o decreto estabelece que as instalações de transmissão das concessões vincendas poderão ser licitadas em conjunto com novos investimentos previstos pelo planejamento setorial. Isso aumenta a atratividade da licitação e os ganhos para os usuários da rede de transmissão e para os consumidores, que de outro modo teriam que arcar com o pagamento de receitas às transmissoras definidas administrativamente, sem os ganhos do processo concorrencial. A inclusão nos leilões, juntamente com as instalações de contratos em fim de vigência, das melhorias, reforços e ampliações já apontados pelo planejamento setorial, garantirá a atualidade e modernidade do serviço ao menor custo para os usuários da rede e consumidores finais.

A licitação, nos termos do decreto, ocorrerá sem a reversão prévia dos bens vinculados à prestação do serviço, preservado o direito da antiga concessionária à indenização pelos ativos não amortizados. Essa indenização será paga pelo vencedor do leilão à antiga concessionária, como condição para a assinatura do novo contrato, reduzindo os riscos decorrentes do certame. Além disso, é facultado à própria concessionária participar do processo licitatório, desde que respeitadas as regras do leilão e a livre concorrência.

Esse modelo de licitação, positivado no Decreto 11.314, de 2022, é semelhante ao adotado com sucesso para os ativos de transmissão da antiga Amazonas-GT e para as instalações associadas às Estações Conversoras Garabi 1 e 2. Essas concessões foram leiloadas, respectivamente, em dezembro de 2020 e dezembro de 2022, e arrematadas com deságios de 47,4% e 34,21%, representando uma economia de R$ 3,5 bilhões para os usuários da rede de transmissão e para os consumidores de energia elétrica.

É importante destacar que, além de propiciar a redução das tarifas de uso a serem pagas por consumidores e geradores de energia elétrica, a renovação dos contratos de transmissão consiste em uma oportunidade de redesenhar as concessões, aumentando sua eficiência técnica e econômica, e mantendo a qualidade do serviço prestado. Os ganhos de escala por agregação de ativos novos aos existentes ou a junção de mais de uma outorga vincenda permitem a racionalização operacional e econômica das novas concessões, reduzindo as ineficiências decorrentes do atual modelo de concessão.

Por tudo isso, e diante do grande número de concessões de transmissão que chegam ao fim de vigência a partir de 2030, o Decreto 11.314, de 2022, representa um marco relevante na direção da modicidade tarifária, da racionalidade técnica e econômica e da segurança jurídica do segmento de transmissão. A regulamentação do tema reforça a confiança dos investidores no setor elétrico brasileiro e contribuirá para a atração de novos investimentos para o segmento de transmissão e para o desenvolvimento econômico e social do país.

### 8.5.2. Seção especial: Reformas pró-investimento para produção de minerais[76]

A mineração é considerada a indústria das indústrias, por ser o grande provedor dos materiais aplicados em diversas atividades produtivas, ao fornecer desde fosfato, potássio e outros minerais para nutrição dos solos, elementos para produção de aço, cimento e agregados para construção, até materiais para as indústrias, novas tecnologias e transição energética. Assim, a evolução da produção de bens minerais é considerada essencial para a superação de grandes desafios do nosso tempo: segurança alimentar, transição energética e mudanças climáticas.

Com base em pesquisa anual realizada com empresas de mineração e transformação mineral, o instituto Fraser classifica os países de acordo com os efeitos das políticas públicas em termos de promoção ou desencorajamento ao investimento. De acordo com o índice de Percepção Política do Instituto Fraser, em 2022 o Brasil obteve a maior elevação de sua pontuação, subindo da posição 68 (entre 84 jurisdições classificadas) para a posição 29. Portanto, isso reflete a visão das empresas quanto às políticas implementadas pelos países nos últimos anos. No caso do Brasil, um conjunto de políticas que contemplou reformas pró-investimento,

---

76. Por Pedro Paulo Dias Mesquita, que foi secretário de Geologia e Mineração no Ministério de Minas e Energia.

inspiradas nas melhores práticas internacionais, na racionalização de processos e remoção de entraves para ampliar o acesso das empresas e investidores às oportunidades de investimentos no país mostrou seu bom resultado.

Entre as reformas implementadas no país com o objetivo de promover o investimento para a produção de bens minerais, serão apresentadas: a) a modernização do processo de oferta e leilão de disponibilidade de áreas; e b) a abertura do mercado de lítio. Além dessas, são destacadas as seguintes políticas e ações:

- **a.** Política Pró-Minerais Estratégicos, que elegeu uma lista de minerais prioritários para o desenvolvimento da economia brasileira e forneceu apoio aos projetos desses minerais para atendimento aos parâmetros legais e ambientais envolvidos e, consequentemente, a obtenção das licenças ambientais;
- **b.** Regulamentação do uso de direitos minerários em garantia de financiamentos, que aperfeiçoou o arcabouço regulatório para segurança dos agentes financiadores;
- **c.** Adoção de padrões internacionais de publicação e certificação de resultados de recursos e reservas minerais, que provê maior confiança aos agentes investidores e financiadores na avaliação de novos empreendimentos;
- **d.** Estruturação e realização de leilões de ativos minerais represados por décadas pelo Serviço Geológico do Brasil (SGB-CPRM), os quais puderam ser destinados ao mercado para receberem investimentos; e
- **e.** Definição da Política Mineral Brasileira, política de Estado que estabeleceu os princípios norteadores para os planos de desenvolvimento do setor mineral, e a criação do Conselho Nacional de Política Mineral, órgão formado pelos diversos ministérios relacionados, representações dos estados, municípios, setor produtivo e academia, para assessoramento do presidente da República quanto às políticas relacionadas ao setor.

## Novo modelo de ofertas e leilões de disponibilidade de áreas

O processo de disponibilidade de áreas é conduzido pela Agência Nacional de Mineração (ANM), para ofertar a potenciais novos investidores áreas que já haviam sido outorgadas, mas por algum motivo se tornaram novamente disponíveis, por exemplo, por desistência ou renúncia ao direito minerário. Em 2020, a Resolução 24, de 3 de fevereiro de 2020, da ANM, definiu o novo modelo, com rodadas de ofertas regulares de inúmeras áreas simultaneamente. As ofertas são realizadas por meio de edital de chamada pública, pelo qual os agentes apresentam manifestação de interesse por cada área ofertada. As áreas que recebem mais de uma manifestação avançam para uma etapa de leilão eletrônico, decidido pelo maior valor ofertado.

No modelo anterior, cada área era ofertada individualmente, e era selecionado o melhor projeto técnico apresentado. Um procedimento moroso, sujeito à subjetividade e questionamentos, incompatível com o volume de áreas que deviam ser ofertadas. De acordo com dados do portal SOPLE, da ANM, atualmente 13.229 áreas são consideradas aptas para disponibilidade, de um estoque de 76.706 áreas, que incluem ainda áreas "em análise de aptidão" ou que aguardam "para análise de aptidão". A partir do novo modelo, foram realizadas e concluídas cinco rodadas de ofertas, há uma rodada em execução e outra em planejamento. Com relação às cinco rodadas concluídas, foram ofertadas 16.449 áreas, com geração de 5.160 requerimentos de áreas que efetivamente voltarão a receber investimentos, enquanto as demais áreas deverão retornar ao mercado como áreas livres. Os cinco leilões realizados ainda geraram uma expectativa de receita para a União de até R$ 336 milhões, que corresponde ao somatório dos lances vencedores.

### Abertura do mercado de lítio (Decreto 11.120, de 5 de julho de 2022)

Após décadas de restrições ao comércio internacional de produtos de lítio, o Decreto 11.120, de 5 de julho de 2022, permite as operações de comércio exterior de minerais e minérios de lítio e de seus derivados, de forma a prover maior previsibilidade e condições para as indústrias se instalarem no Brasil e competirem em âmbito internacional.

Essa reforma eliminou as restrições que incidiam sobre as operações de exportação e importação, bem como a necessidade de autorização prévia de Comissão Nacional de Energia Nuclear, que atuava por meio da definição de cotas anuais. Isso permitiu às empresas realizarem um planejamento comercial eficiente para cada empreendimento, e estabelecerem compromissos e relacionamentos comerciais de médio e longo prazo fundamentais para a viabilização de novos investimentos e desenvolvimento da cadeia produtiva.

A mudança foi realizada diante do cenário de crescimento exponencial da demanda por lítio para uso em dispositivos de armazenamento de energia, acentuado pelo movimento de introdução dos veículos elétricos no âmbito da agenda climática global. O lítio, que na década de 1960 foi considerado um minério de interesse para a energia nuclear pela sua utilização no resfriamento de reatores, representa atualmente um dos principais minerais críticos para a transição energética. De acordo com dados da agência internacional de energia (IEA, em inglês), em 2022 cerca de 60% da demanda mundial de lítio foi destinada à produção de baterias de veículos elétricos.

Outro fator de grande importância diretamente relacionado à abertura do mercado de lítio foi a contribuição esperada para o desenvolvimento sustentável de uma das regiões mais pobres do nosso país, o Vale do Jequitinhonha, no norte de Minas Gerais. A região do vale concentra a maior parte das reservas conhecidas de lítio no Brasil, e já vivencia um ciclo virtuoso de atração de investimentos e crescimento.

De acordo com dados da ANM, o Brasil conta atualmente com três empresas produtoras de lítio e alcançou o valor de produção de R$ 1,74 bilhão em 2022, mais de cinco vezes o valor observado em 2021. As exportações de lítio, que foram de apenas US$ 63 milhões em 2021, já alcançaram US$ 463 milhões em 2023 (até setembro). Ainda segundo dados da ANM, há atualmente no Brasil o registro de 2.401 processos de autorizações de pesquisa de minérios de lítio, ou minérios de lítio conjugados a outros elementos. Desses requerimentos, 87% ocorreram após 2022, o que mostra a importância e o efeito do Decreto 11.120. Foram identificadas 174 empresas detentoras de autorizações de pesquisa requeridas nesse período.

A abertura comercial trouxe maior previsibilidade e dinamismo para mercado brasileiro de lítio, com impacto direto sobre diferentes indicadores econômicos. A partir de informações divulgadas por cinco empresas listadas em bolsa, foram mapeados cerca de US$ 1,3 bilhão em investimentos realizados e previstos desde 2022, incluindo projetos de desenvolvimento de novas minas, expansão da produção e planta de refino. Entre esses, investimento nos municípios vizinhos de Araçuaí e Itinga, no Vale do Jequitinhonha, para o desenvolvimento de mina de classe mundial e instalação de planta de produção industrial de "lítio verde" para baterias. Essa planta iniciou a produção em abril de 2023 e posicionou o Brasil entre os principais fornecedores de lítio para baterias em nível global. Esses investimentos têm promovido a geração de emprego e renda para a população dos municípios envolvidos. Conforme a tabela abaixo, de acordo com dados do Novo CAGED e da RAIS 2021, nos municípios de Araçuaí e Itinga, entre os anos 2021 e 2023, foram adicionados 1.152 empregos e R$ 3 milhões de massa salarial mensal estimada.

**Empregos e massa salarial adicionada entre 2021 e 2023 no município de Araçuaí**

| Grande Grupamento | Novo CAGED - Estoque de empregos | | | | RAIS 2021 - Remuneração real média | Massa salarial mensal adicionada |
|---|---|---|---|---|---|---|
| | 2021 | 2022 | 2023 Outubro | Variação (2023-2021) | | |
| Agropecuária | 392 | 403 | 400 | 8 | R$ 1.199,82 | R$ 9.598,56 |
| Indústria | 419 | 491 | 662 | 243 | R$ 2.988,50 | R$ 726.205,50 |
| Construção | 184 | 602 | 175 | -9 | R$ 1.499,11 | R$ 13.491,99 |
| Comércio | 1040 | 1032 | 1057 | 17 | R$ 1.504,97 | R$ 25.584,49 |
| Serviços | 2074 | 2149 | 2314 | 240 | R$ 2.156,17 | R$ 517.480,80 |
| Total | 4109 | 4677 | 4608 | 499 | | R$ 1.265.377,36 |

**Fonte:** elaboração própria, com base em Novo CAGED e RAIS 2021 para o município de Araçuaí.

**Empregos e massa salarial adicionada entre 2021 e 2023 no município de Itinga**

| Grande Grupamento | Novo CAGED - Estoque de empregos | | | | RAIS 2021 - Remuneração real média | Massa salarial mensal adicionada |
|---|---|---|---|---|---|---|
| | 2021 | 2022 | 2023 Outubro | Variação (2023-2021) | | |
| Agropecuária | 64 | 60 | 58 | -6 | R$ 1.347,32 | R$8.083,92 |
| Indústria | 205 | 328 | 611 | 406 | R$ 3.300,83 | R$ 1.340.136,98 |
| Construção* | 7 | 71 | 234 | 227 | R$ 1.499,11 | R$ 340.297,97 |
| Comércio | 103 | 114 | 116 | 13 | R$ 1.901,10 | R$ 24.714,30 |
| Serviços | 61 | 105 | 74 | 13 | R$ 2.437,51 | R$ 31.687,63 |
| Total | 440 | 678 | 1093 | 653 | | R$ 1.728.752,96 |

**Fonte:** elaboração própria, com base em Novo CAGED e RAIS 2021 para o município de Itinga/MG, com exceção da remuneração real média para a construção. Por ausência de informação, o valor replica a remuneração divulgada para o município de Araçuaí.

A geração de renda e desenvolvimento local do Vale do Jequitinhonha também são impulsionados pela arrecadação de tributos e investimentos sociais realizados pelas empresas. Somente a título de Compensação Financeira pela Exploração Mineral (CFEM), os municípios produtores receberam R$ 24,6 milhões em 2022, enquanto projetos de microcrédito e financiamento a pequenos negócios locais têm promovido o avanço da região para além da atividade mineral. Antes um grande conhecido de muitos brasileiros apenas pela condição de pobreza, hoje o Vale do Jequitinhonha é conhecido internacionalmente como o promissor Vale do Lítio.

### 8.5.3. Seção Especial: Respeito aos contratos do Procedimento Competitivo Simplificado – PCS[77]

O Procedimento Competitivo Simplificado (PCS) consistiu em uma solução emergencial de contratação de energia de reserva, que visava garantir a segurança e a continuidade do suprimento eletroenergético diante da grave crise hídrica vivenciada pelo país entre 2020 e 2021.

O PCS, realizado no dia 25 de outubro de 2021, contratou 1.221 MW, distribuídos em dezessete usinas, para início de operação comercial até 1º de maio de 2022, tendo como contrapartida uma receita fixa anual de R$ 11,71 bilhões. No período de contratação, entre 1º de maio de 2022 e 31 de dezembro de 2025, o PCS representaria um custo para os consumidores de mais de R$ 39 bilhões, em valores históricos.

Os preços elevados dessa contratação refletiram as condições excepcionais do processo competitivo, os riscos envolvidos e o cenário de grave escassez hidrológica. Por outro lado, em virtude da necessidade da entrada em operação dos empreendimentos no prazo estipulado pelo leilão, as diretrizes do certame previam a rescisão dos contratos de energia de reserva em caso de atraso maior que três meses do compromisso de entrada em operação comercial das usinas contratadas. Além disso, os contratos estabeleciam também o pagamento de penalidades por não entrega da energia no período de atraso, além de multas rescisórias e editalícias.

---

77. Por Isabela Sales Vieira, que foi assessora da Secretaria-Executiva do Ministério de Minas e Energia; e Hailton Madureira de Almeida que foi secretário-executivo no Ministério de Minas e Energia.

O caráter excepcional do PCS conferia ao procedimento riscos expressivos, tanto para os investidores, devido ao prazo exíguo de implantação dos empreendimentos, quanto para os consumidores, tendo em vista o alto custo da energia contratada.

Fato é que em 2022 o cenário que se concretizou foi muito diferente daquele projetado nos meses anteriores. As condições hidrológicas melhoraram significativamente, os reservatórios estavam com bons níveis de armazenamento e apenas 207 MW, em sete usinas, foram integrados ao sistema nos termos pactuados no PCS. Com isso, os custos do certame, antes previstos em R$ 39 bilhões, passaram a R$ 8,28 bilhões. Além disso, havia a expectativa de rescisão dos Contratos de Energia de Reserva (CER) das dez usinas inadimplentes, com a cobrança de multas rescisórias de cerca de R$ 9,27 bilhões.

Assim, as condições rigorosas do certame excepcional, se cumpridas à risca, levariam a um resultado inusitado – o consumidor pagaria R$ 8,28 bilhões em geração de energia e receberia R$ 9,27 bilhões em multas rescisórias, ficando o consumidor com um saldo positivo a receber de quase R$ 1 bilhão pela frustração da entrega de boa parte dos empreendimentos contratados.

Diante desse cenário, os empreendedores inadimplentes passaram a propor soluções negociais para seus contratos. Por sua vez, os geradores adimplentes, pressionados pela alta dos preços de combustíveis decorrente da Guerra da Ucrânia, passaram a propor a alteração da inflexibilidade contratada, a fim de reduzir os níveis de geração compulsória, ou a rescisão amigável dos contratos.

Também naquele momento, o Tribunal de Contas da União (TCU) entendeu ser necessária a reavaliação dos resultados do PCS, diante da alteração do cenário hidrológico. Em sua visão, havia o risco da manutenção de contratos antieconômicos e desnecessários, onerando excessivamente os consumidores do setor elétrico. Nesse sentido, o Tribunal determinou ao Ministério de Minas e Energia (MME) que, com base no seu poder-dever de motivação e autotutela, realizasse a avaliação individualizada e conclusiva dos contratos decorrentes do PCS, comparando as vantagens e desvantagens quanto às possibilidades de manutenção dos contratos, rescisão ou solução negociada.

Foi nesse contexto que, após a discussão do assunto na Consulta Pública MME 139/2022, publicamos a Portaria Normativa 55/GM/MME, de 19 de dezembro de 2022. O documento apontou que a solução que melhor atenderia ao interesse público seria o estrito cumprimento dos contratos – aplicando-se a rescisão unilateral para os geradores inadimplentes, com a consequente cobrança da penalidade de multa por resolução, nos exatos termos contratuais; e facultando a rescisão amigável para os adimplentes, com respaldo jurídico no Código Civil e na Lei 8.666, de 1993, que rege os contratos da Administração Pública.

A conclusão decorreu da realidade fática: do ponto de vista contratual, os adimplentes representavam 21% dos custos decorrentes do PCS. Logo, qualquer negociação que trouxesse os inadimplentes para a mesa, necessariamente resultaria em aumento de custos para os consumidores de energia elétrica, uma vez que eles representavam 79% do valor contratado. Portanto, embora facultada aos adimplentes a rescisão amigável, a grande oportunidade para os consumidores no cumprimento dos contratos era evitar o aumento dos custos, já que a não entrega dos empreendimentos no prazo afastou a obrigação de pagamento de mais de R$ 30 bilhões, em valores históricos.

Assim, apesar de alternativas como a redução da inflexibilidade dos poucos geradores que entraram em operação comercial, consideradas isoladamente, indicarem ganhos para os consumidores, elas significariam a negociação de aspectos por vezes explicitamente proibidos na portaria de diretrizes e no edital do PCS. Isso abriria espaço de discussão com os geradores inadimplentes; o que, fatalmente, poderia impor enormes prejuízos aos consumidores de energia elétrica, devido ao grande impacto econômico desses empreendimentos.

Por isso, com foco no interesse público e no cuidado social, fomos firmes na defesa do estrito cumprimento dos contratos e das regras do certame. Para as hipóteses de resolução por inadimplemento do vendedor, defendemos a rescisão unilateral, com a consequente cobrança da penalidade de multa por resolução, nos termos previstos no contrato; e, para aqueles empreendedores adimplentes que não aceitassem a rescisão amigável, os contratos deveriam ser respeitados, preservando a segurança jurídica e a estabilidade nas relações contratuais estabelecidas.

Das análises que realizamos, não restavam dúvidas de que o estrito cumprimento das diretrizes do PCS era o caminho mais alinhado ao interesse público, além de manter a previsibilidade das regras e a credibilidade e segurança jurídica dos investidores no setor elétrico brasileiro.

### 8.5.4. Seção Especial: Abertura do Mercado de Energia Elétrica[78]

Em 7 de julho de 1995 foi publicada a Lei 9.074, que definiu as normas para outorga e prorrogações de concessões e permissões de serviços públicos, dentre eles aqueles relacionados aos serviços de energia elétrica.

Além de tratar das questões relacionadas à outorga, a lei trouxe inovações no que se refere ao consumo de energia, tanto pela criação do Produtor Independente de Energia (PIE), que é aquele agente gerador autorizado a produzir energia destinada à venda por sua conta e risco, como pela criação do consumidor livre de energia, ou seja, aquele que pode optar pela compra de energia elétrica de qualquer concessionário, permissionário ou autorizado de energia elétrica do sistema. Surgia, nesse momento, o Ambiente de Contratação Livre (ACL), devidamente batizado em 2004 na Lei 10.848, de 15 de março de 2004, em contrapartida ao Ambiente de Contratação Regulada (ACR), que até aquele momento era a única realidade existente no mercado brasileiro, na qual os consumidores adquirem energia exclusivamente das distribuidoras de energia elétrica.

A Lei 9.074, de 1995, trouxe restrições iniciais de carga e tensão para definir quais consumidores poderiam comprar sua energia livremente. Entretanto, avançou no sentido de abrir a possibilidade para que, decorridos oito anos da publicação da lei, o poder concedente flexibilizasse esses requisitos de carga e tensão ali definidos, permitindo que mais consumidores optassem pelo ACL, ou seja, adquirissem o direito de escolher seu fornecedor de energia. Posteriormente, em 26 de dezembro de 1996, a Lei 9.427 criou outra figura capaz de adquirir

---

78. Por Renata Rosada da Silva, que foi assessora da Secretaria-Executiva do Ministério de Minas e Energia; e Hailton Madureira de Almeida, que foi secretário-executivo no Ministério de Minas e Energia.

energia de fornecedores além da distribuidora, o consumidor especial. Esses consumidores também deveriam cumprir, além dos requisitos de carga e tensão, a obrigatoriedade de compra de energia especial, ou seja, aquela oriunda de fontes renováveis de energia.

Apesar da possibilidade de ampliar o rol de consumidores com acesso ao mercado livre trazida pela Lei 9.074, de 1995, nada foi feito até 2018. Ou seja, ainda que a abertura pudesse ter sido ampliada a partir de 2003, o poder concedente não o fez até a publicação da Portaria MME 514, de 27 de dezembro de 2018, que criou dois novos patamares de carga para migração de consumidores para o ACL, que até então estava restrita aos consumidores com carga igual ou superior a 3.000 kW: de 2.500 kW a partir de 1º de julho de 2019, e de 2.000 kW a partir de 1º de janeiro de 2020. A partir desse primeiro movimento, também foi publicada a Portaria 465, de 12 de dezembro de 2019, que trouxe novos patamares de carga, chegando aos 500 kW em janeiro de 2023. Todavia, ainda restava incluir os consumidores abaixo de 500 kW, dando a eles a possibilidade de migração e consequente escolha de seus fornecedores de energia.

Em 2022, o MME retomou a discussão a respeito da abertura de mercado, com base no entendimento de que a liberdade de escolha do fornecedor de energia traz benefícios ao consumidor, que é o agente com melhor capacidade para definir suas preferências e a forma de atendê-las. O momento era propício para a abertura do mercado, uma vez que as tarifas reguladas no Brasil vêm crescendo de forma acentuada nos últimos anos, tornando a energia elétrica um item que pesa no bolso do consumidor. Conforme pode ser visto no gráfico a seguir, as tarifas residenciais tiveram aumento da ordem de 114% na média nacional, chegando a R$ 731,20/MWh em 2023. Por outro lado, no mercado livre, conforme pode ser visto no Gráfico 1, o preço da energia apresenta maiores oscilações, embora com patamar de preços bastante inferior àquele verificado nas distribuidoras de energia: por exemplo, em 2023, a energia no ACL custou, em média, R$ 98,10/MWh (Gráfico 2).

**Gráfico 1: Tarifa residencial média de energia elétrica, Brasil, em R$/MWh**

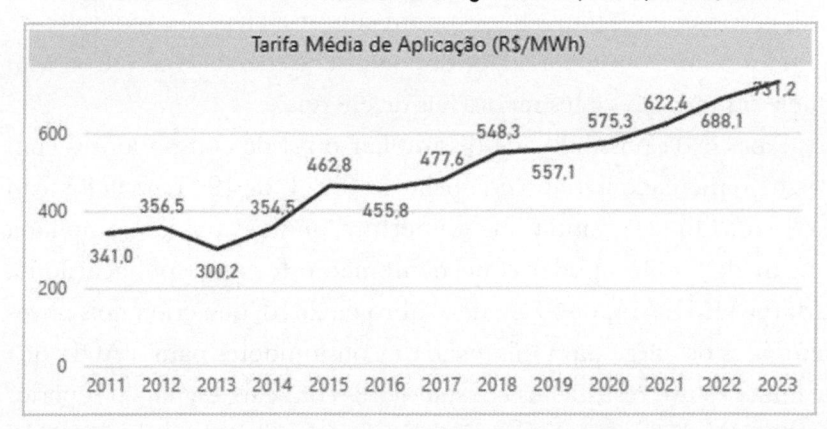

| Ano | Tarifa Média de Aplicação (R$/MWh) |
|---|---|
| 2011 | 341,0 |
| 2012 | 356,5 |
| 2013 | 300,2 |
| 2014 | 354,5 |
| 2015 | 462,8 |
| 2016 | 455,8 |
| 2017 | 477,6 |
| 2018 | 548,3 |
| 2019 | 557,1 |
| 2020 | 575,3 |
| 2021 | 622,4 |
| 2022 | 688,1 |
| 2023 | 731,2 |

Fonte: Agência Nacional de Energia Elétrica (ANEEL)79.

**Gráfico 2: Preço médio de longo prazo da energia no Ambiente de Contratação Livre (ACL), sem encargos, em R$/MWh**

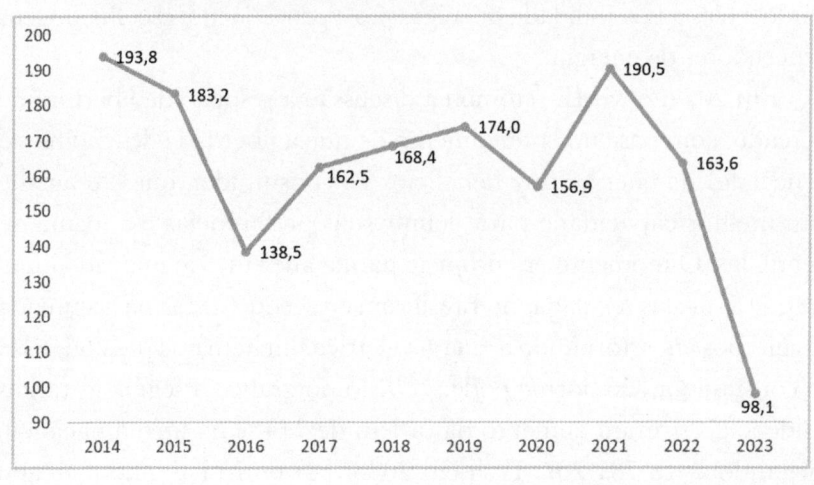

| Ano | Preço (R$/MWh) |
|---|---|
| 2014 | 193,8 |
| 2015 | 183,2 |
| 2016 | 138,5 |
| 2017 | 162,5 |
| 2018 | 168,4 |
| 2019 | 174,0 |
| 2020 | 156,9 |
| 2021 | 190,5 |
| 2022 | 163,6 |
| 2023 | 98,1 |

**Fonte:** Dcide80.

---

79. disponível em https://www.gov.br/aneel/pt-br/centrais-de-conteudos/relatorios-e-indicadores/tarifas-e-informacoes-economico-financeiras. Elaboração própria.
80. disponível em https://www.dcide.com.br/. Elaboração própria.

Conforme pode ser observado nos Gráficos 3 e 4, o custo da compra de energia (energia de revenda) para atendimento aos consumidores cativos em 2022 foi inferior ao custo de 2018, não apresentando grande oscilação, principalmente se 2020 não for considerado, já que foi o primeiro ano da pandemia de Covid-19, que impactou consideravelmente o mercado de energia. Adicionalmente, cabe destacar que o custo da compra de energia também vem representando um percentual cada vez menor da tarifa de energia ao longo dos últimos anos, ainda que esta tenha apresentado aumentos significativos, conforme visto no Gráfico 1.

**Gráfico 3: Evolução da tarifa média residencial Brasil, por componentes de custo**

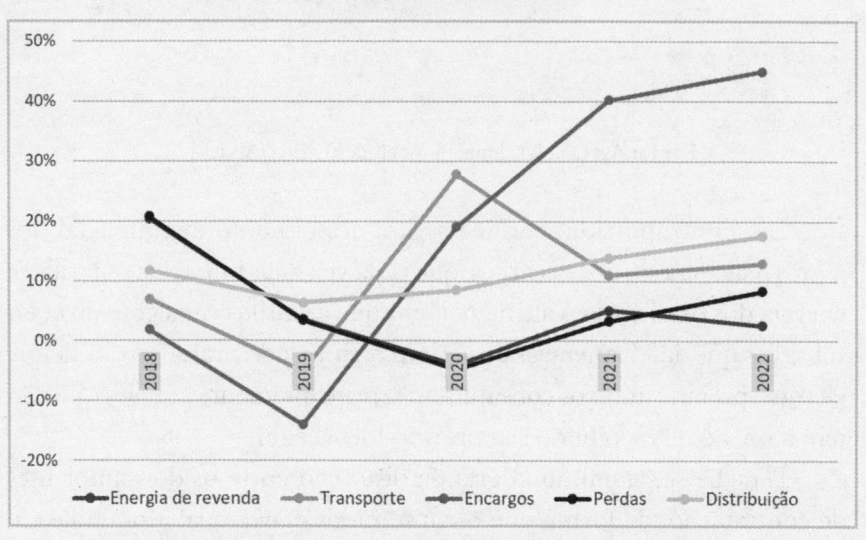

**Fonte:** Agência Nacional de Energia Elétrica (ANEEL)81.

---

81. disponível em https://www.gov.br/aneel/pt-br/centrais-de-conteudos/relatorios-e-indicadores/tarifas-e-informacoes-economico-financeiras. Elaboração própria.

**Gráfico 4: Participação de cada componente de custo na tarifa residencial total**

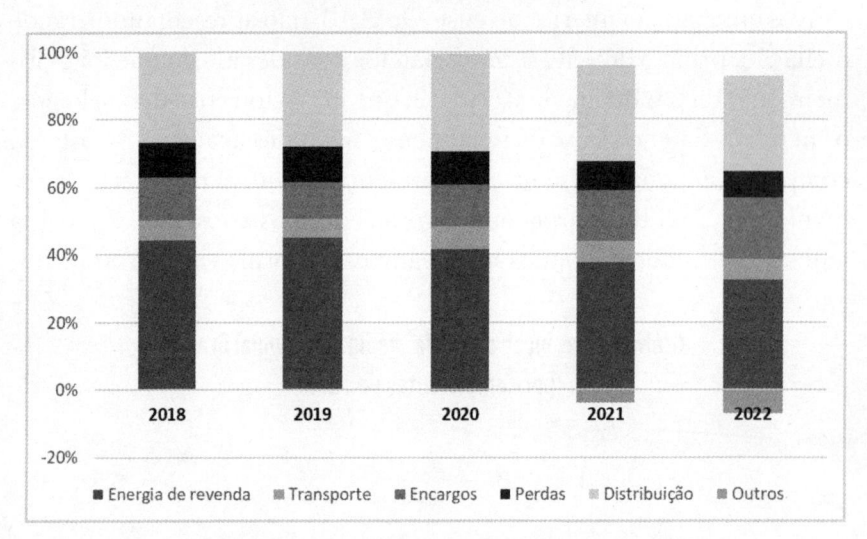

[Gráfico de barras empilhadas mostrando a participação percentual dos componentes (Energia de revenda, Transporte, Encargos, Perdas, Distribuição, Outros) na tarifa residencial total para os anos 2018, 2019, 2020, 2021 e 2022]

**Fonte:** Agência Nacional de Energia Elétrica (ANEEL)[82]

Em contrapartida, verifica-se um crescimento exponencial dos custos relacionados aos encargos, que cada vez mais impactam a tarifa de energia dos brasileiros. Vale mencionar que as tarifas carregam diversos subsídios que, infelizmente, são comuns no mercado brasileiro de energia elétrica, prejudicando os consumidores, principalmente aqueles que não têm a opção de escolher o seu próprio fornecedor.

Percebe-se, assim, uma grande distorção entre os dois ambientes de contratação, de forma que o consumidor cativo acaba prejudicado por arcar com diversos subsídios impostos por força de políticas públicas pelas quais, muitas vezes, não são beneficiados. Um exemplo é a Micro e Mini Geração Distribuída (MMGD), em que consumidores que não possuem painéis solares pagam pela disponibilidade da rede para aqueles que os possuem. Em regra, tendo em vista o alto custo de investimento relacionado à instalação do sistema de MMGD, verifica-se aí uma distorção social, já que os consumidores de menor renda, sem acesso

---

[82]. disponível em https://www.gov.br/aneel/pt-br/centrais-de-conteudos/relatorios-e-indicadores/tarifas-e-informacoes-economico-financeiras. Elaboração própria.

à MMGD, pagam para que consumidores de alta renda possuam seus sistemas de geração solar.

Assim, com base na premissa de que a abertura do mercado brasileiro de energia elétrica é medida imprescindível e inevitável para a modernização do setor e para o aumento da eficiência e da justiça social, o Ministério de Minas e Energia, em 27 de setembro de 2022, publicou a Portaria MME 50, que permitiu que, a partir de 1º de janeiro de 2024, todos os consumidores conectados na alta tensão (Grupo A), independentemente de sua carga, pudessem comprar energia de quaisquer vendedores do mercado, por meio de um comercializador varejista.

A medida foi publicada após debate com a sociedade em Consulta Pública, na qual nenhum agente se mostrou contrário ao movimento de abertura, tendo em vista a maturidade do processo. Vale destacar que esse avanço foi o primeiro além do limite dos 500 kW definidos na Lei 9.427, de 1996, ou seja, o mercado brasileiro demandou mais de vinte e cinco anos para que tal medida fosse efetivada em prol dos consumidores. A abertura do mercado traz liberdade de escolha para os consumidores brasileiros, com a consequente ampliação da competitividade, ao permitir o acesso a outros fornecedores além da distribuidora de energia elétrica. A abertura traz também autonomia ao consumidor, que pode gerenciar suas preferências, podendo optar por produtos que atendam melhor seu perfil de consumo, como os horários em que necessita consumir mais energia. Além disso, a concorrência tende a proporcionar preços mais competitivos, melhorando a eficiência do setor elétrico e da economia brasileira.

O último passo que ainda precisa ser dado para a total abertura do mercado de energia é o acesso dos consumidores conectados em baixa tensão (Grupo B) ao mercado livre de energia. O assunto também foi debatido em consulta pública no fim de 2022, e os resultados entregues para a equipe de transição do governo. A abertura total do mercado de energia continua sendo o caminho para a redução das desigualdades sociais e a oportunidade para que os consumidores de baixa tensão, especialmente os menos favorecidos, possam se beneficiar do mercado competitivo de energia elétrica. O Brasil não pode prescindir dessa medida.

### 8.5.5. Seção Especial: Importação e exportação de energia elétrica para Argentina e Uruguai[83]

Um dos marcos da gestão Sachsida foi o fortalecimento dos marcos legais pertinentes às áreas de atuação da Secretaria de Energia Elétrica do Ministério de Minas e Energia (MME). O estabelecimento de diretrizes para a exportação e importação de energia elétrica para a Argentina e o Uruguai tem sido objeto de consistentes estudos das secretarias de Energia Elétrica e de Planejamento e Desenvolvimento Energético, com a abertura das Consultas Públicas 84/2019, de setembro de 2019, 96/2020 e 97/2020, ambas de julho de 2020, 142/2022, de novembro de 2022 e 144/2022, de dezembro de 2022, com ampla discussão com a sociedade.

As análises técnicas indicaram a oportunidade do desenvolvimento de mercados com lógica comercial, priorizando a formação de preços de forma adequada, um dos pilares da gestão até 2022, com a participação de agentes privados, que teriam mais agilidade e resposta mais imediata quando estivessem presentes os meios para o novo mecanismo de intercâmbio. Com isso, buscou-se ampliar a segurança jurídica e promover maior racionalidade no uso dos recursos naturais, beneficiando também os consumidores de energia elétrica.

As interconexões internacionais entre os sistemas elétricos do Brasil, Argentina e Uruguai foram concebidas a partir do interesse mútuo de estabelecer interligação que permita realizar intercâmbios de energia elétrica com múltiplos objetivos, entre eles aumentar a confiabilidade dos sistemas, reduzir o custo de produção e aproveitar a diversidade de disponibilidade energética entre os países. O intercâmbio energético tem sido fundamental, dadas as atuais características dos sistemas desses países e a insuficiência de carga em determinados horários para fazer frente aos recursos energéticos inflexíveis.

Em alguns períodos verificados no sistema brasileiro, restrições na operação podem levar à ocorrência de excedentes energéticos não alocáveis na carga do SIN, mas transmissíveis para exportação. E, ainda,

---

83. Por Ricardo Marques Alves Pereira, que foi secretário de Energia Elétrica no Ministério de Minas e Energia, e por João Daniel Cascalho, que foi secretário adjunto de Energia Elétrica no Ministério de Minas e Energia.

que não poderiam ser armazenados e utilizados no futuro. Do mesmo modo, a importação de recursos energéticos também representa fonte de geração elétrica adicional para o Brasil, tendo sido utilizado principalmente no âmbito da crise energética verificada em 2020 e 2021, e para a Argentina, conforme verificado ao longo de 2022 e 2023. A legislação vigente até 2022 era composta basicamente por duas portarias:

I. A Portaria MME 339/2018, que aperfeiçoou as diretrizes relativas à importação de energia elétrica a partir da Argentina e do Uruguai. A importação passou a ser praticada em substituição da geração termelétrica que seria despachada em solo brasileiro, desde que houvesse benefício econômico. A vantagem competitiva da importação em relação à geração térmica substituída é revertida para o abatimento de encargos, em benefício da modicidade tarifária e, por decisão do Comitê de Monitoramento do Setor Elétrico (CMSE), a importação de energia elétrica é considerada como recurso adicional ao Sistema Interligado Nacional (SIN); e

II. A Portaria MME 418/2019, que apresentou conceitos relevantes da liberdade econômica. Foi definido que usinas termelétricas disponíveis para atendimento do SIN, não utilizadas do ponto de vista energético pelo Brasil, possam produzir energia destinada à exportação, com preço privado e adequada governança institucional, e com previsão de compensação financeira e benefício aos consumidores do Ambiente de Contratação Regulada (ACR).

Ao longo do segundo semestre de 2022, foram analisadas, estudadas, debatidas e, por fim, publicadas novas diretrizes em duas modalidades:

**a.** Exportação de energia elétrica proveniente de excedentes hidráulicos; e
**b.** Importação de energia elétrica.

### Exportação de energia elétrica proveniente de excedentes hidráulicos

Uma inovação importante foi o estabelecimento de diretrizes para a exportação de energia elétrica de energia proveniente de excedentes hidráulicos. Até então, não havia previsão dessa modalidade em aspecto comercial. A modalidade implementada se refere a fornecimento interrompível, sem escambo, destinado à Argentina e ao Uruguai, proveniente de vertimento turbinável de usinas hidrelétricas despachadas centralizadamente pelo Operador Nacional do Sistema Elétrico (ONS), disponíveis para atendimento ao Sistema Interligado Nacional (SIN), cuja geração seja transmissível e não alocável na carga do SIN.

Até 2022, o aproveitamento dos excedentes energéticos de fontes hidrelétricas, caracterizados por vertimentos turbináveis transmissíveis e não alocáveis na carga do SIN, foi prioritariamente realizado a partir de trocas (*swap*) não comerciais de energia entre o Brasil e Argentina ou Uruguai, em caráter de energia de oportunidade. A histórica prática de *swap*, quando adotada, visou aproveitar a sinergia sazonal de ofertas energéticas dos diferentes países, ou atender a situações emergenciais. Nessa modalidade, energia importada era compensada com devolução em igual montante, não havendo transação financeira. Embora a troca internacional de energia elétrica apresente vantagens para os países do ponto de vista energético, com o país exportador alocando energia que não seria utilizável em seu próprio sistema, e o país importador recebendo energia que deverá ser devolvida mais tarde, essa prática pode, do ponto de vista comercial, gerar impactos em agentes que não estão diretamente envolvidos na transação. Além disso, com essa modalidade, os geradores hidrelétricos estariam prestando um serviço de mitigação de riscos diverso de sua concepção original, sendo também impactados posteriormente com o deslocamento de sua geração no momento da devolução de energia elétrica pelo país vizinho, sem necessariamente o respectivo rebatimento financeiro, ou seja, o pagamento do eventual deslocamento hidrelétrico associado à situação descrita.

Um outro risco ao sistema de escambo refere-se ao tempo para a devolução do montante de energia disponibilizado e a possível falta de sincronia entre a necessidade de energia do Brasil e a viabilidade energética do outro país conseguir retornar com o recurso. Também era uma questão de preocupação dos agentes geradores e transmissores o pagamento dos custos de transação – tarifas, impostos e custos de produção –, o que não incentivava a troca energética entre os países.

O Ministério de Minas e Energia, trabalhando para resolver estas questões, cuidou de apresentar análises e encontrou a solução que mais se adequava, conforme detalhado na Nota Técnica 22/2022/CGDE/DMSE/SEE, de 19 de agosto de 2022:

4.2 Foi utilizada avaliação multicritério, tomando por base os Princípios para Atuação Governamental no Setor Elétrico, estabelecidos pelo MME por meio da Consulta Pública nº 32/2017. Dessa forma, a AIR indicou, como melhor alternativa, dentre as analisadas, o estabelecimento de mecanismo comercial para exportação de energia elétrica interrompível sem devolução, destinada à República Argentina e à República Oriental do Uruguai, proveniente de excedente de geração de energia elétrica de usinas hidrelétricas despachadas centralizadamente pelo ONS, disponíveis para atendimento ao SIN, cuja geração seja transmissível e não alocável na carga brasileira.

4.3 A ampliação dos recursos energéticos que podem ser utilizados para exportação de energia elétrica vai ao encontro dos Princípios para Atuação Governamental no Setor Elétrico e também dos anseios dos próprios agentes de mercado. Dessa forma, por meio da caracterização comercial, espera-se que os agentes setoriais sejam estimulados a maximizar as oportunidades comerciais relacionadas à exportação de energia elétrica aos países vizinhos, produzindo benefícios econômicos ao mercado brasileiro de energia elétrica, incluindo o consumidor, com a adequada governança do processo.

Com isso, o Ministério de Minas e Energia publicou a Portaria Normativa MME 49/2022, de setembro de 2022, que estabeleceu diretrizes para a exportação de energia elétrica em regime comercial destinada à Argentina ou ao Uruguai, proveniente de excedente de geração de energia elétrica de usinas hidrelétricas disponíveis para atendimento ao Sistema Interligado Nacional (SIN). A portaria estabeleceu um mecanismo competitivo periódico entre os agentes comercializadores, a ser promovido pela Câmara de Comercialização de Energia Elétrica (CCEE), com o objetivo de maximizar o preço da energia comercializada, destinando os recursos financeiros arrecadados ao Mecanismo de Realocação de Energia (MRE) e contribuindo com a modicidade tarifária no Brasil, pois parte dos recursos eram utilizados para abater custos fixos do sistema brasileiro. Os comercializadores capturam informações de preço nos países vizinhos, provendo efetividade no processo.

Os recursos financeiros provenientes do processo competitivo, considerando as ofertas de montante e preço apresentadas pelos agentes comercializadores, são rateados entre as usinas participantes do MRE, com o mesmo critério de rateio desse mecanismo. Assim, os recursos associados às usinas do regime de cotas de garantia física e da Usina Hidrelétrica Itaipu são destinados aos agentes distribuidores cotistas com fins de modicidade tarifária, com benefícios diretos ao consumidor brasileiro de energia elétrica.

### Exportação de energia elétrica proveniente de geração térmica

A exportação de energia elétrica proveniente de usinas termelétricas tem sido amplamente utilizada, com base na oferta de geração em períodos não utilizados no SIN. A modalidade de exportação tem sido aprimorada ao longo dos anos, tendo a Portaria MME 418/2019 apresentado conceitos de formação de preço e de liberdade econômica. Nessa modalidade, usinas termelétricas disponíveis para atendimento do SIN, não utilizadas do ponto de vista energético pelo Brasil, podem produzir energia destinada à exportação, com preço privado, com previsão de compensação financeira e benefício aos consumidores do Ambiente de Contratação Regulada (ACR), por meio da redução do custo do sistema de transmissão, valorado pelo Encargo de Uso do Sistema de Transmissão.

A Portaria MME 60/GM/MME, de 29 de dezembro de 2022, manteve as diretrizes e prorrogou os efeitos das regras até março de 2023. Desse modo, com os atos publicados em 2022, deu-se a priorização de modalidades comerciais, mantida a segurança energética. Como resultado, no primeiro trimestre de 2023 as modalidades de exportação foram amplamente utilizadas em aproveitamento do excedente energético verificado principalmente na região Sul, de janeiro a março, com benefício da ordem de R$ 500 milhões (aproximadamente US$ 100 milhões ao câmbio da época) para o setor elétrico brasileiro, conforme dados do MME.

A exportação de recursos energéticos excedentes – não há risco para o consumo interno de energia, pois leva em consideração a questão de segurança energética – propiciou um ganho econômico para os agentes do Sistema Elétrico Brasileiro (SEB), e principalmente para o consumidor brasileiro que recebe uma parte dos valores pagos no abatimento dos custos do sistema, significando um valor menor em sua tarifa de energia elétrica.

## Importação de energia elétrica

A Portaria MME 339/2018 aperfeiçoou as diretrizes relativas à importação de energia elétrica a partir da Argentina e do Uruguai. Ordinariamente, a importação praticada substitui a geração termelétrica que seria despachada em solo brasileiro, desde que houvesse benefício econômico. A vantagem competitiva da importação em relação à geração térmica substituída é revertida para o abatimento de encargos que são pagos por todos os consumidores brasileiros de energia elétrica, em benefício da modicidade tarifária. Além disso, por decisão do Comitê de Monitoramento do Setor Elétrico (CMSE), a importação de energia elétrica é considerada como recurso adicional ao SIN.

A Consulta Pública MME 142/2022 tratou de aprimoramentos para a importação de energia elétrica pelo Brasil. O ministério, por meio dos seus técnicos, debruçou-se sobre a questão e as sugestões recebidas, e realizou um profundo debate interno até concluir o trabalho. As notas técnicas elaboradas sobre o tema apontaram:

> 3.36. A última alternativa regulatória é estabelecer aprimoramentos às diretrizes de importação de energia elétrica, tendo como ponto de partida a Portaria MME nº 339/2018, de forma a:
>
> I. buscar aumentar a captura de ganhos econômicos pelos agentes brasileiros com a importação de energia elétrica nas situações ordinárias com substituição de usinas termelétricas, por meio da introdução de restrição para realização da importação apenas na existência de benefício econômico mínimo, referente à margem percentual positiva entre o valor do CVU da usina termelétrica cujo despacho seria substituído pela importação de energia elétrica e o preço da referida importação. Inicialmente o benefício econômico mínimo seria de 5% e caberia ao MME atualizá-lo, quando julgar pertinente, com base na operacionalização das diretrizes de que trata esta Portaria e em subsídios técnicos apresentados pelo ONS e pela CCEE;
>
> II. permitir a utilização da importação de energia elétrica como recurso energético de atendimento à ponta de carga definida pelo ONS. Ou seja, além do atendimento do recurso relativo à energia elétrica, a importação poderá ser utilizado para o atendimento do recurso relativo à potência;

III. permitir a importação de energia elétrica de forma ordinária sem substituição de geração de usina termelétrica no SIN nas situações em que o preço da oferta de importação de energia elétrica seja inferior ao PLD e ao PLDx (preço associado ao custo de oportunidade de geração em razão do armazenamento incremental nos reservatórios das usinas hidrelétricas, decorrente do deslocamento de geração hidrelétrica), definido pela ANEEL;

IV. tornar as diretrizes mais inteligíveis, mediante reestruturação dos dispositivos da Portaria MME nº 339/2018;

V. dar maior transparência ao processo e aos ganhos econômicos obtidos, mediante determinação à CCEE para contabilizar e divulgar, mensalmente, o resultado financeiro derivado do benefício econômico no processo de importação de energia elétrica nos termos desta Portaria.

Com isso, a Portaria Normativa 60/GM/MME/2022 estabeleceu novas diretrizes para a importação de energia elétrica a partir da Argentina ou do Uruguai, mantido o objetivo de evitar o dispêndio com o acionamento de recursos energéticos mais custosos. Segundo dados do MME, o montante contabilizado relacionado à prática comercial dos intercâmbios internacionais de energia elétrica pelo Brasil somou R$ 3,46 bilhões entre janeiro de 2019 e fevereiro de 2022, associado à importação ocorrida destacadamente no biênio 2020-2021, no enfrentamento da escassez hídrica e seus reflexos no setor elétrico brasileiro.

Um dos pontos mais inovadores e destacados pela mudança de paradigma, com o novo ato normativo, foi a inserção da possibilidade de utilização da importação de energia elétrica como recurso energético de atendimento à ponta de carga definida pelo Operador Nacional do Sistema Elétrico (ONS). Assim, o sistema ganhou um recurso a mais para a operação, com segurança jurídica, agilidade para decisão do Operador, e o consumidor tem acesso a uma geração mais econômica, no horário em que a energia tem o preço elevado. Foi permitido também que a utilização seja de forma ordinária, sem substituição de geração de usina termelétrica no Sistema Interligado Nacional (SIN) em determinadas situações. Além disso, a portaria torna as diretrizes mais inteligíveis, mediante reestruturação dos dispositivos da Portaria MME 339/2018, além de ampliar a transparência do processo e dos ganhos econômicos obtidos com o processo de importação de energia elétrica.

A promoção de energia com uma tarifa menor e segurança foi uma preocupação constante durante todos os trabalhos realizados na gestão Sachsida no MME. Para tanto, as ações estavam preocupadas em encontrar novas soluções e superar antigos preconceitos e entraves que limitavam o setor elétrico brasileiro. As novas regras de exportação e importação incorporaram as diretrizes e promoveram um avanço nas relações internacionais com a Argentina e o Uruguai e, ao mesmo tempo, estimularam a produção interna de energia, sempre com a atenção necessária para beneficiar o consumidor brasileiro.

### 8.5.6. Seção especial: Judicialização no Setor Elétrico[84]

**A atuação jurídica: o acordo judicial que permitiu as obras do Linhão Manaus-Boa Vista e o escudo contra a judicialização do setor elétrico**

Eu não conhecia o ministro Adolfo Sachsida quando fui convidada para ser a consultora jurídica do MME. Aceitei de pronto e, antes mesmo de formalizada a minha nomeação, comecei a trabalhar junto às equipes do ministério.

Já havia tido contato com os setores e as complexidades do MME desde 2016, quando fui trabalhar no jurídico da Presidência da República. Ao sair da Presidência, em 2021, fui para o Ministério da Economia e trabalhei na privatização da Eletrobras S. A., de modo que continuei acompanhando discussões da pasta, ainda que restritas ao setor elétrico.

Assim que cheguei ao MME, fui apresentada a duas questões de suma importância, que consumiram muita energia para o atendimento do interesse público, não apenas da Consultoria Jurídica como também das autoridades e das áreas técnicas do ministério.

A primeira era o imbróglio jurídico do Linhão Manaus-Boa Vista, licitado há mais de uma década e que até então não havia saído do papel. A ausência da linha de transmissão, com cerca de 720 km e fundamental para a ligação do estado de Roraima ao Sistema Interligado Nacional (SIN), ocasiona custos bilionários para todos os consumidores de energia

---

84. Por Ana Carolina Tannuri Laferté, que foi a chefe da Consultoria Jurídica do Ministério de Minas e Energia.

do país, uma vez que o suprimento de energia daquele estado é baseado em termelétricas, ao custo de cerca de 900 mil litros de óleo diesel por dia de operação, consumindo cerca de R$ 1,5 bilhões só em 2021[85]. Não obstante todos os esforços do governo Bolsonaro para viabilizar a obra[86], havia, naquele momento, três ações civis públicas impedindo o início do empreendimento.

A segunda questão dizia respeito a um questionamento judicial instaurado por um agente privado, que envolvia a contratação de energia para o SIN no período da crise hídrica de 2021, nos termos da Portaria MME 17/2021. Já havia sentença procedente ao agente e que imputava de imediato custo de R$ 740 milhões ao sistema elétrico brasileiro, com impacto na tarifa de energia de todo o país (aumento imediato de 0,5%). Mais do que isso, a ação representava grave risco jurídico para as decisões tomadas pelo Poder Público no âmbito das medidas excepcionais de enfrentamento da situação de escassez hídrica[87] e, ainda, ilustrava a dimensão da judicialização do setor elétrico e as distorções decorrentes da interferência do Poder Judiciário na regulação.

Ambos os temas possuem em comum a exagerada judicialização do setor elétrico, o que nos levou a construir um escudo jurídico para fazer frente às ações mais relevantes e que implicavam mais ônus ao consumidor, dentre as quais a ação acima referida. Esse escudo jurídico a que me refiro consistiu numa inédita e vitoriosa articulação e junção de forças entre o jurídico do MME e os jurídicos das demais entidades do setor elétrico, quais sejam ANEEL, ONS, EPE e CCEE, cuja institucionalização acredito tenha sido uma medida fundamental, elevando o patamar de defesa do interesse público.

---

85. Conforme memória de cálculo do reembolso CCC – Roraima energia; disponível no sítio eletrônico da CCEE: https://www.ccee.org.br/mercado/contas-setoriais/conta-consumo-de-combustiveis-ccc.

86. Nesse sentido, cita-se a Resolução 01, de 27 de fevereiro de 2019, do Conselho de Defesa Nacional (CDN), que reconheceu o empreendimento como de interesse da política de defesa nacional, considerando-a alternativa energética de cunho estratégico para o país, bem como a Resolução 55, de 08 de maio de 2019, do Conselho do Programa de Parcerias de Investimentos (CPPI).

87. Sobre o ponto, já antevíamos a forte judicialização sobre o Procedimento de Contratação Simplificada (PCS), também instituído durante a crise hídrica, e que envolve cerca de 30 bilhões em contratações que poderiam ser discutidas no judiciário.

Nesse contexto, passo a discorrer com mais detalhes sobre os feitos da gestão Sachsida que, sob a perspectiva jurídica, julgo mais relevantes para o interesse público.

### 8.5.6.1. Linhão Manaus-Boa Vista

Quando cheguei no MME, o impasse estava instaurado. Mesmo com a emissão da Licença de Instalação (LI) para início das obras da linha de transmissão, existiam três ações civis públicas que inviabilizavam o início do empreendimento[88], sob o fundamento, em suma, da necessidade de observância do procedimento de prévia, regular, livre e informada consulta ao povo indígena Waimiri-Atroari, na forma da Convenção 169/OIT.

A grande controvérsia residia no valor das compensações ambientais: a comunidade indígena entendia serem devidos valores a mais daqueles fixados pela concessionária (TNE) em relação ao PBA-CI (Plano Básico Ambiental do Componente Indígena), divergência que reclamava a quantia adicional de cerca de R$ 88 milhões em agosto de 2021.

De fato, após apresentada a proposta de compensação da TNE e emitida a LI, os indígenas apresentaram sua própria versão de uma "Proposta de Compensação Passagem da Linha de Transmissão Manaus-Boa Vista Terra Indígena Waimiri-Atroari", nos termos do Protocolo de Consulta Waimiri-Atroari, que totalizava cerca de R$ 133 milhões em agosto de 2021.

---

88. Na Ação Civil Pública 18408-23.2013.4.01.3200, pretendia-se a anulação do Edital de Leilão 04/2011, da ANEEL, no que concerne ao seu Lote A, o qual visa à implantação da linha de transmissão Manaus-Boa Vista, bem como a anulação das licenças ambientais eventualmente emitidas pelo IBAMA, e a anulação do processo de licenciamento ambiental referente ao empreendimento em comento.

Já na Ação Civil Pública 18032-66.2015.4.01.3200, almejava-se a declaração de nulidade da Licença Prévia concedida no bojo do Processo de Licenciamento Ambiental 02001.006359/2011-77, referente ao empreendimento.

Por sua vez, na Ação Civil Pública 1030014-50.2021.4.01.3200, objetiva-se a suspensão da Licença de Instalação (LI) nº 1400/2021 (10937645) concedida pelo IBAMA no Processo Administrativo 02001.006359/2011-77, relativa ao sobredito empreendimento, bem como que o Poder Público se abstenha de emitir licenças de instalação, de dar autorizações ou praticar qualquer outro ato administrativo no processo do empreendimento em questão antes se obter o consenso e o acordo com a Comunidade Waimiri-Atroari acerca da proposta de compensação por ela apresentada em todos os seus termos e das garantias de seu cumprimento.

Para o povo Waimiri-Atroari, a manifestação da comunidade indígena sobre os impactos do empreendimento foi considerada "um momento histórico", pois "pela primeira vez poderemos manifestar formalmente nossa posição acerca de um empreendimento de grande impacto prejudicial ao nosso modo de vida, cultura e meio ambiente, ou seja, é a primeira vez que tivemos nosso direito a uma consulta prévia, livre e informada devidamente respeitado segundo o que prevê a CF/1988, a Convenção 169 da OIT e o nosso Protocolo de Consulta Waimiri-Atroari"[89].

No entanto, os valores apresentados pelos indígenas divergiam dos valores apontados pela concessionária, o que instaurou o conflito. A TNE apontava que o custo para as compensações estaria limitado em cerca de R$ 44 milhões em valores de agosto de 2021[90].

O conflito entre a comunidade indígena e a concessionária, ainda que limitado a aspectos econômicos da compensação, motivou o Ministério Público Federal a questionar judicialmente a licença de instalação sob o fundamento, em suma, de inobservância da consulta prévia, livre e informada, nos moldes da Convenção OIT 169[91], conforme o seguinte trecho de uma das petições iniciais das ações ajuizadas:

> **III. e) Necessidade de consenso junto à Comunidade Waimiri-Atroari para a compensação dos 37 impactos socioambientais:**
>
> 42. Para que Licença de Instalação se mostrasse inatacável, necessário se faria que o respeito aos direitos indígenas constitucionalmente garantidos e o processo de consulta prévia tivesse ocorrido da forma devida, ou seja, que antes de qualquer outra coisa, *tivesse ocorrido o formal e expresso acordo e consenso por parte dos réus para com a proposta de compensação apresentada em 11 de agosto de 2021 pela Comunidade Waimiri-Atroari.*
>
> 43. Sem isso, *mostra-se inconstitucional, ilegal, indevida e desarrazoada a expedição da Licença de Instalação aqui combatida.* (grifos nossos)

---

89. Conforme carta da Associação Waimiri-Atroari (ACWA) enviada ao MME e a outros destinatários em 21/07/2021, com a planilha de custos da reunião final para a manifestação da comunidade sobre o PBACI da linha de transmissão.
90. Conforme Carta – CE TNE nº 049/2021 (SEI nº 0610897).
91. O próprio MPF, autor da Ação Civil Pública 1030014-50.2021.4.01.3200, declara expressamente na petição inicial que o conflito diz respeito à ausência de "acordo e consenso por parte dos réus para com a proposta de compensação".

De nossa parte, era pacífico o entendimento jurídico segundo o qual já havia amplo arcabouço legal para que a controvérsia fosse solucionada com recursos da Conta de Desenvolvimento da Amazônia Legal (CDAL), instituída com fundamento na lei de privatização da Eletrobras S. A. – Lei 14.182/2021, uma vez que esse diploma previa o aporte de recursos pela companhia privatizada para fazer frente a projetos de redução estrutural dos custos de geração de energia elétrica na Amazônia Legal[92]. Não havia dúvidas de que o Linhão reduziria estruturalmente os custos de energia naqueles limites.

Com a edição do Decreto 11.059/2022, que regulamentou a CDAL[93], o aspecto econômico da controvérsia poderia, portanto, ser tranquilamente solucionado com recursos aportados pela empresa privada na referida conta, atendendo-se, assim, a demanda da comunidade indígena afetada pelo empreendimento.

Ademais, no âmbito da governança dos entes públicos federais envolvidos, o compromisso com a destinação dos recursos da CDAL para atender a demanda dos indígenas cabia somente ao MME, ainda que fosse necessário aval do ministro da pasta, em conjunto com o aval do advogado-geral da União, para a celebração de eventual acordo com esses termos.

Nesse contexto, era consenso firme na gestão Sachsida de que o MME deveria se comprometer a usar os recursos da CDAL para atender o acréscimo de cerca de R$ 88 milhões demandado pela comunidade

---

92. Lei 14.182/2021:

    Art. 4º São condições para as novas outorgas de concessão de geração de energia elétrica de que trata o art. 2º desta Lei:

    [...]

    II – o pagamento pela Eletrobras ou por suas subsidiárias de bonificação pela outorga de novos contratos de concessão de geração de energia elétrica correspondente a 50% (cinquenta por cento) do valor adicionado à concessão pelos novos contratos abatidos das seguintes parcelas:

    [...]

    b) *despesas relacionadas ao desenvolvimento de projetos na Amazônia Legal com vistas a reduzir estruturalmente os custos de geração de energia e para a navegabilidade do Rio Madeira e do Rio Tocantins, de acordo com o disposto na alínea b do inciso V do caput do art. 3º desta Lei;* (grifo nosso)

93. Registra-se: a CDAL não é uma conta pública, está fora do orçamento público, e quem deposita os recursos a serem utilizados nas finalidades legais dessa conta é a Eletrobras S.A., por força da Lei 14.182, de 2021.

indígena afetada, como compensação ambiental decorrente da instalação da linha de transmissão no território indígena[94].

Entendíamos que esse compromisso atenderia o interesse público, pois o aporte a ser realizado para a compensação ambiental configuraria política pública a cargo do poder concedente, em caráter adicional às obrigações estabelecidas para o empreendedor no contrato de concessão, mantendo-se, ao final, a segurança regulatória e jurídica do setor elétrico.

Ademais, o valor mostrava-se irrisório frente à economia a ser gerada com a instalação do empreendimento, de cerca de R$ 1 bilhão/ano para custear as térmicas no estado de Roraima. Muito mais do que isso: os ganhos ambientais com o futuro desligamento das térmicas a óleo, os bilhões a menos para custear o óleo diesel, a segurança energética para a população atendida, a geração de empregos diretos e indiretos pelos investimentos da concessionária e, sobretudo, o respeito aos indígenas não deixavam dúvidas de que o MME deveria se comprometer com os aportes para superar a controvérsia instalada com as ações civis públicas.

Acontece que a destinação dos recursos não era suficiente para solucionar a controvérsia posta e dar fim às ações judiciais, permitindo-se o início das obras. Os recursos financeiros eram o menor dos problemas frente à complexidade de um eventual acordo judicial que envolvia inúmeros atores diferentes, uma gama enorme de órgãos e entidades federais, cada qual com uma governança própria e, mais do que isso, com uma perspectiva diferente sobre o projeto e, consequentemente, sobre o eventual acordo.

---

94. Especificamente a esse respeito – o valor total da compensação aos indígenas, o MME manifestou-se em diversas ocasiões, nas quais apontou que "os dispositivos do Decreto 11.059/2022 que tratam da destinação de recursos para a continuidade das obras de infraestrutura do Linhão de Tucuruí, correspondente à interligação Manaus-Boa Vista, abrem caminho para a solução do impedimento que atualmente se destaca como razão atual pelo não início das obras, embora não encerre de pronto a lide constituída na Ação Civil Pública nº 1030014-50.2021.4.01.3200, fazendo-se necessária a composição de algum instrumento entre as Partes do processo a fim de resolver a referida ação e promover as medidas necessárias à implantação da Linha de Transmissão Manaus/AM-Boa Vista/RR, relativas à execução do Contrato de Concessão 03/2012-ANEEL e ao seu licenciamento ambiental" (Nota Técnica 6/2022/CGET/DMSE/SEE – encaminhada à CONJUR/MME nos termos do Despacho de 19/07/2022, cujos documentos juntados subsidiaram o acordo judicial firmado – NUP 00740.000391/2022-12 e NUP SAPIENS AGU 00740.000484/2022-47).

De fato, estavam diretamente envolvidos nas ações – e com o empreendimento – o MME, a ANEEL, a FUNAI, o IBAMA, a AGU e a PGF, cada qual sob duas perspectivas, a administrativa e a jurídica.

Além da complexidade interna da União e de suas autarquias, também faziam parte da celeuma a Comunidade Waimiri-Atroari, a concessionária (TNE) e o Ministério Público Federal.

Uma proposta ampla de acordo judicial para extinguir as três ações civis públicas havia sido apresentada pela TNE em junho de 2022. A questão financeira do imbróglio poderia ser facilmente superada. No entanto, todas as partes envolvidas permaneciam em tratativas para a finalização do acordo, sem obtenção de sucesso.

O maior ponto de divergência era a Cláusula 16 que, nos termos da proposta apresentada pela TNE, previa que os cronogramas de execução do Contrato de Concessão 03/2012-ANEEL, bem como os do licenciamento ambiental, seriam ajustados considerando o lapso temporal entre a emissão da LI e a homologação do acordo judicial, a partir do pedido da TNE. Assim dizia a referida cláusula:

> CLÁUSULA DÉCIMA SEXTA. Homologado o presente Termo, os cronogramas de execução do Contrato de Concessão n° 03/2012-ANEEL, bem assim os do licenciamento ambiental, serão ajustados, considerando o lapso temporal entre a emissão da LI e a homologação deste instrumento, a partir do pedido da TNE.

A concessionária pleiteava o ajuste automático do cronograma de execução do contrato, a fim de se eximir do atraso do início das obras, pois entendia que não havia dado causa à celeuma. Em petição protocolada nos autos das ACP's 0018408-23.2013.4.01.3200 e 0018032-66.2015.4.01.3200, a TNE apontou que a licitação do empreendimento se deu sem consulta prévia aos povos indígenas, relacionando diretamente o fato ao ajuizamento das ações cuja causa de pedir era exatamente a não realização da consulta prévia aos povos indígenas.

Alegou, ademais, que a proposta dos indígenas envolvia compensações pelos impactos historicamente sofridos pela comunidade indígena desde a construção da BR 174, passando pela Mineração Taboca, pela UHE Balbina, pelos cabos de fibras óticas da OI e, por fim, pelo projeto de implantação da Linha de Transmissão Manaus-Boa Vista. Nesse contexto, aduziu que havia pleiteado reequilíbrio econômico-financeiro perante a ANEEL e que não teria recursos tarifários para atendimento das exigências extraordinárias da comunidade indígena, ficando, pois, impossibilitada de executar integralmente a proposta de compensação dos Waimiri-Atroari.

Portanto, era ponto caro para a concessionária eximir-se dos ônus decorrentes do atraso das obras após a emissão da LI, ponto esse que era condição imposta para firmar eventual acordo.

No entanto, a cláusula, nos termos em que apresentada, trazia determinação direta à ANEEL, a quem compete "gerir os contratos de concessão ou de permissão de serviços públicos de energia elétrica, de concessão de uso de bem público, bem como fiscalizar, diretamente ou mediante convênios com órgãos estaduais, as concessões, as permissões e a prestação dos serviços de energia elétrica" (art. 3º, inciso IV, da Lei 9.427/1996). Tratava-se, assim, de cláusula que envolvia as competências da agência, as quais não se confundem com as competências do MME.

Não obstante, eventual ajuste no cronograma dependeria de reconhecimento de excludente de responsabilidade da concessionária, impondo submissão do pleito aos ritos da ANEEL, o que pressupõe análises técnicas e jurídicas da agência, de modo que não seria adequado impor o ajuste pleiteado em cláusula de acordo, de forma *ex ante* e sem observância dos tramites ordinários.

Certo é que o MME não poderia se comprometer com ajuste de contrato pela agência e a agência, por sua vez, se recusava a firmar o acordo, notadamente com a previsão de ajuste *a priori* de cronograma, sem observância dos ritos administrativos.

No âmbito da gestão Sachsida, formamos consenso de que não poderíamos nos comprometer com a cláusula 16, tal como proposta pela TNE. De fato, não havia como o MME, pela União, comprometer-se com algo da competência de outra pessoa jurídica de direito público – a ANEEL – e que se recusava a firmar o acordo. Não obstante os aspectos jurídicos que nos impediam de firmar instrumento com a cláusula 16, ainda havia aspectos reputacionais rechaçados pela gestão Sachsida. Pelo MME, não iríamos adiante sem a ANEEL, que, por sua vez, mantinha firme a posição de não participar de eventual acordo nas ações.

Soma-se a isso o fato de que a concessionária não tinha mandato de seus acionistas para fechar o acordo sem a cláusula 16. Portanto, o impasse estava instalado e as tratativas não avançavam.

A partir deste ponto, ganha relevo o engajamento das autoridades e equipes técnicas do MME para encontrar uma saída que viabilizasse o acordo e a consequente extinção das três ações civis públicas, o que, por sua vez, inexoravelmente viabilizaria o início das obras da linha de transmissão licitada há mais de uma década e, desde então, imersa em questões jurídicas de alta complexidade. Naquele momento, estávamos frente à última questão a ser superada para o tão almejado início das obras, o que requeria um engajamento maior dos envolvidos.

Ganha relevo também os princípios que nortearam as discussões com a concessionária e seus mandatários, praticados pelos dois lados envolvidos e que foram essenciais para o sucesso no desfecho: lealdade, transparência e boa-fé.

Nesse contexto, a equipe do MME propôs que ao invés de uma cláusula 16 no instrumento de acordo houvesse uma resolução do Conselho Nacional de Política Energética (CNPE) que reconhecesse, primeiramente, a interligação do Sistema Elétrico de Roraima ao Sistema Interligado Nacional[95] como de interesse estratégico para o país e, em seguida, o ajuizamento das ações civis públicas e a dificuldade no cumprimento das tratativas preconizadas no Plano Básico Ambiental do Componente Indígena (PBA-CI) como fatores que afetaram o desenvolvimento das obras do linhão, desde a emissão da Licença de Instalação (LI) até a eventual celebração de acordo para extinguir as ações civis em questão. Propôs-se levar a questão ao CNPE pois se entendia que o reconhecimento, pelo Conselho, dos fatos que afetaram as obras seria, em alguma medida, levado em consideração pela ANEEL na análise de ajuste de cronograma a ser pleiteado posteriormente pela concessionária.

De fato, tão logo emitida a Licença de Instalação do empreendimento, em 28/09/2021, autorizando o empreendedor a iniciar as obras do linhão (desde que atendidos os requisitos da licença), houve manifestação dos indígenas ao Ministério Público Federal comunicando a divergência em relação aos valores da proposta de compensação apresentada pelos Waimiri-Atroari, a qual, no entendimento dos indígenas, correspondia "ao mínimo aceitável para que o povo Waimiri-Atroari

---

95. O reforço à solução efetivamente licitada foi fundamental para concretizar as bases técnicas do acordo, sem a necessidade de estudos de novas alternativas de planejamento para a interligação de Boa Vista.

suporte a construção e permanência desse empreendimento pela terra Kinja". Essa manifestação dos indígenas foi encaminhada ao MPF no dia 29/09/2021, imediatamente após a emissão da LI, e motivou o ajuizamento da Ação Civil Pública 1030014-50.2021.4.01.3200.

Nos autos dessa ação civil, a Justiça Federal do Amazonas havia proferido decisão na qual condicionou o início das obras ao pagamento dos valores de compensação ambiental pleiteados pela comunidade Waimiri-Atroari, eis que a compensação nos valores requeridos pelos indígenas representaria, no entendimento do magistrado, *concordância com o grande empreendimento*. Eis trecho da referida decisão:

1. Presente a probabilidade em maior parte do argumento e o risco de ineficácia da medida se concedida somente ao final, não haverá suspensão do licenciamento se as rés acolherem imediatamente a proposta de compensação oferecida pela Associação do Povo Kinja-ACWA, na medida em que a compensação é parte da concordância com o grande empreendimento.
2. Na hipótese de o empreendimento vir a avançar sem o pagamento da compensação, em obséquio à não surpresa, explicita o juízo que poderá haver bloqueio da conta de empresas (públicas ou privadas) beneficiárias com a exploração da matriz energética decorrente do Linhão ora sub judice, em razão dos direitos do povo indígena Kinja.

Em paralelo, a concessionária[96] já havia solicitado à FUNAI agendamento de reuniões junto à Associação Comunidade Waimiri-Atroari – ACWA para cumprir os ritos finais do PBA-CI, que permitiriam as obras na terra indígena. Frente ao impasse, a solicitação não era respondida, pois sem a concordância da comunidade a concessionária não teria acesso às terras indígenas.

Não obstante, a concessionária havia apontado que o caminho crítico determinado pela equipe de engenharia e onde deveria se dar o desenvolvimento inicial das obras seria o trecho das terras indígenas (cerca de 120 km, dos cerca de 720 km de extensão da linha de transmissão), sendo necessário o agendamento de reuniões com a comunidade bem como o efetivo acompanhamento, pelos indígenas, das obras e planos ambientais. Diante desse contexto, a concessionária apontava que a insegurança provocada pelas ações civis públicas poderia ocasionar risco

---

96. Carta – CE TNE nº 055/2021 (SEI nº 0610903), enviada à FUNAI em outubro de 2021.

de os bancos financiadores questionarem a capacidade de execução do projeto e, consequentemente, a capacidade de retorno do financiamento.

Portanto, entendemos que havia elementos suficientes para o reconhecimento, pelo Poder Público, de que a Ação Civil Pública 1030014-50.2021.4.01.3200 e a dificuldade no cumprimento das tratativas preconizadas no Plano Básico Ambiental do Componente Indígena (PBA-CI) afetaram o desenvolvimento das obras da linha de transmissão, desde a emissão da licença de instalação. Feito esse reconhecimento pelo CNPE, caberia à concessionária pleitear eventual ajuste de cronograma junto à ANEEL, observando-se os ritos ordinários e a futura decisão da agência.

A solução estava bem construída técnica e juridicamente e foi apresentada à concessionária, que concordou com a edição da resolução CNPE com os termos do reconhecimento. Agora, nos restava convencer as equipes dos demais membros do CNPE. No caso sob análise, argumentamos que a palavra final caberia à ANEEL, em observância ao dispositivo legal que reconhece à agência essa competência, já que o pleito seria posteriormente deduzido pela concessionária junto à agência.

No entanto, a complexidade do empreendimento impunha que se considerasse também a ação civil pública com decisão desfavorável e o risco jurídico presente nas teses ventiladas pelo Ministério Público Federal, segundo o qual o respeito aos indígenas e ao processo de consulta prévia exigia o formal e expresso acordo e consenso por parte da concessionária e do Poder Público com a proposta de compensação apresentada pela Comunidade Waimiri-Atroari, sem o que não haveria observância à Convenção OIT 169[97].

---

97. O MPF, na petição inicial da ACP nº 1030014-50.2021.4.01.3200, afirma:

"III. e) Necessidade de consenso junto à Comunidade Waimiri-Atroari para a compensação dos 37 impactos socioambientais:

[...]

42. Para que a Licença de Instalação se mostrasse inatacável, necessário se faria que o respeito aos direitos indígenas constitucionalmente garantidos e o processo de consulta prévia tivesse ocorrido da forma devida, ou seja, que antes de qualquer outra coisa, tivesse ocorrido o formal e expresso acordo e consenso por parte dos réus para com a proposta de compensação apresentada em 11 de agosto de 2021 pela Comunidade Waimiri-Atroari.

43. Sem isso, mostra-se inconstitucional, ilegal, indevida e desarrazoada a expedição da Licença de Instalação aqui combatida".

Assim, não se estava diante de um caso ordinário de análise de excludente de responsabilidade a ser feito pela ANEEL, mas sim diante de um complexo empreendimento, desde sempre envolto em controvérsias que demandaram inúmeros esforços administrativos e legislativos para solução das questões postas.

As tratativas com o Ministério da Economia (que também faz parte do CNPE), cujas equipes sempre foram reconhecidas pela excelência técnica, possibilitou formar o consenso em torno de uma minuta que atendia todos os envolvidos na reunião do CNPE. A reunião do CNPE foi agendada e a divulgação da resolução aguardaria os trâmites finais para a homologação do acordo. Dessa forma, a concessionária concordava em firmar o ajuste com o Poder Público, excluindo-se da proposta de termo por ela apresentada a cláusula 16.

Mas faltava ainda conciliar a Advocacia-Geral da União, a Procuradoria-Geral Federal, o IBAMA, a FUNAI e a ANEEL, sendo que as autarquias se manifestariam sobre o termo de acordo sob duas perspectivas, a administrativa e a jurídica. A complexidade da governança da administração pública federal impunha incontáveis pareceres, notas técnicas, aprovações e assinaturas – além, é claro, de entendimentos diversos. No decorrer das formalidades requeridas, novos ajustes foram propostos, demandando novas rodadas. Ao final, fechamos a minuta de termo de acordo, com as aprovações do ministro de Minas e Energia e da Advocacia-Geral da União, minuta essa que seria apresentada como contraproposta do Poder Público ao termo já apresentado pela concessionária nos autos, excluindo-se a cláusula 16.

Antes, contudo, acordamos com a concessionária em pedir audiência com o desembargador das ações. Diante do magistrado, nos manifestamos sobre a contraproposta a ser apresentada e explicamos o óbice em relação à cláusula 16 da proposta da TNE. A concessionária, representada por seus advogados, também manifestou concordância com a nossa contraproposta. Finalizamos a audiência pleiteando, em voz uníssona, a homologação de um acordo final nos termos da contraproposta a ser protocolada.

Em 22 de setembro de 2022, o Desembargador Souza Prudente exarou a decisão pela qual homologou a autocomposição, extinguindo as ações e permitindo, por fim, o tão aguardado início das obras do linhão, após mais de dez anos da licitação do empreendimento[98].

### 8.5.6.2. A judicialização de medida excepcional de enfrentamento da situação de escassez hídrica (Portaria MME 17/2021) – a ação de R$ 1 bilhão

Como mencionei, merece destaque o combate ao questionamento judicial instaurado por um agente privado envolvendo a modelagem de contratação de energia prevista na Portaria MME 17/2021, editada durante o período da crise hídrica de 2021.

Ao chegar na Consultoria Jurídica, nos deparamos com uma sentença procedente ao agente e que imputava, de imediato, um custo de cerca de R$ 1 bilhão ao sistema elétrico brasileiro, com impacto na tarifa de energia de todo o país (aumento imediato de 0,5%).

Mas a ação representava muito mais do que isso. As decisões judiciais proferidas subvertiam toda a lógica de alocação de custos da modelagem de contratação da Portaria MME 17/2021, o que também poderia colocar em risco, futuramente, a modelagem da contratação do Procedimento de Contratação Simplificada (PCS), que representava cerca de R$ 30 bilhões.

Em breve síntese, a modelagem da Portaria MME 17/2021 alocava os riscos referentes à geração de energia ao gerador, que possuía as ferramentas para gerenciá-los, e não ao consumidor, que seria o responsável por pagar a conta dessa geração. Dessa forma, as usinas eram livres para oferecer energia pelo preço, carga e duração que bem entendessem. Nesse contexto e dada a situação de emergência hídrica, o preço da energia ofertada era altíssimo. Restaria ao ONS, observando a otimização de custos e a segurança operativa, indicar ao Comitê de Monitoramento do Sistema Elétrico (CMSE) qual contratação dentre as ofertadas deveria ser absorvida pelo SIN[99].

A portaria previa, ainda, uma obrigação de desempenho mínima para o agente, em prol de um mínimo de confiabilidade do sistema, sob

---

98. Em 27 de setembro de 2022 foi publicada a Resolução CNPE 9, de 21 de setembro de 2022.
99. As usinas eram livres para fazer a oferta que quisessem de energia extra dado aquele cenário crítico e excepcional, dentro do seu limite de capacidade de geração, e negociariam o preço exclusivo pelo esforço adicional. Ver: SUTTER, Anna Paula. *Decisão judicial e os efeitos na conta de luz*. Disponível em: https://www.migalhas.com.br/depeso/371323/decisao-judicial-e-os-efeitos-na-conta-de-luz.

pena de serem canceladas as futuras ofertas do agente que apresentasse geração inferior a 50% da oferta aceita pelo CMSE[100].

O desempenho mínimo de 50% teve por objetivo acomodar possíveis incertezas ou variações de geração ocasionadas por fatores externos não controláveis pelo agente. Isso significava que, na prática, a modelagem da contratação já havia retirado parte dos riscos eventualmente suportáveis pelos agentes, transferindo-os ao sistema (consumidores), que poderia deixar de receber até metade da energia que o agente se comprometeu a gerar[101], ainda que com consequências para a confiabilidade do SIN num momento de crise severa.

Fato é que um dos agentes participantes da contratação não alcançou o mínimo de 50% e, conforme a portaria já enunciava, suas ofertas subsequentes foram canceladas.

O agente, então, judicializou a questão, requerendo que fosse assegurado o recebimento de todas as suas entregas de energia nas condições originalmente ofertadas e aceitas pelo CMSE, bem como a correspondente receita integral[102]. E, ainda, no curso da ação esse agente obteve decisão liminar que deferiu seu pleito de gerar energia ao SIN, desconsiderando-se toda a operação e organização do sistema elétrico brasileiro[103]. Por causa da decisão liminar, esse agente entregou energia ao SIN, sem observância da ordem de mérito de despacho, por cerca

---

100. Art. 5º Os agentes deverão encaminhar mensalmente ao ONS as ofertas de que trata o art. 1º.
    [...]
    *§ 7º Serão canceladas as entregas futuras das ofertas vigentes que apresentarem geração adicional verificada nos termos do § 6º, em pelo menos um mês, inferior a 50% (cinquenta por cento) da oferta aceita pelo CMSE nos termos do art. 6º, § 2º.* (grifo nosso)
101. Nota Informativa 31/2021/CGEG/DMSE/SEE.
102. O agente havia ofertado energia a R$ 2.700,00/MWh.
103. A decisão liminar afrontou as ordens técnica e administrativa que regem o comando para a geração de energia elétrica. Como em todo sistema elétrico de grande porte, no Brasil existe a figura do Operador Nacional do Sistema Elétrico (NOS), instituição privada e sem fins lucrativos, regulada e fiscalizada pela Agência Nacional de Energia Elétrica (ANEEL), que era o órgão responsável por receber as ofertas e analisá-las sob a ótica do atendimento eletroenergético e de custo de operação. "2.48. Tal condição não poderia se dar de outra forma, pois, o sistema elétrico exige sincronia entre geração e consumo, o que é realizado pelo ONS, ou seja, para se ter geração de energia tem que haver consumo. Dessa forma, o interesse individual dos ofertantes não deve prevalecer para o atendimento do consumo". Ver Nota Informativa 31/2021/CGEG/DMSE/SEE.

de vinte e nove dias em dezembro de 2021, quando o risco de escassez já não estava presente em razão do início das chuvas[104].

Restou, então, a controvérsia em relação ao valor ao ser pago ao agente litigante, se o valor indicado pela usina no âmbito da contratação excepcional da Portaria MME 17/2021 – R$ 2.700,00/MWh, quando a energia evitaria um risco de apagão – ou se o valor ordinário, aplicando-se o preço de liquidação de diferenças do setor elétrico (PLD) de R$ 66,67/MWh, sendo que, quando gerada, não se tinha sequer uma análise sobre a necessidade da carga ao sistema ou sobre o risco de escassez. Estávamos, assim, discutindo se o consumidor iria pagar R$ 20 milhões ou R$ 750 milhões, em valores de dezembro de 2021, sendo que a sentença já havia dado ganho de causa ao agente.

Nesse contexto, era preciso angariar todos os esforços possíveis para suspendermos os efeitos da sentença, enquanto discutíamos a questão no Tribunal. Sob a perspectiva do Poder Público, era impensável perdermos a causa, que em 2022 já alcançava a cifra de R$ 1 bilhão[105].

A ação havia sido proposta inicialmente contra a União e o ONS, mas diante do imenso impacto na tarifa do consumidor, a ANEEL havia pedido ingresso como assistente na ação, reforçando a defesa da regulação editada. Essa união de esforços entre **MME, ONS, ANEEL e AGU** foi fundamental para o sucesso obtido, e deu origem ao escudo jurídico que será detalhado mais adiante.

Nos momentos de maior fragilidade, ganhamos o reforço do ministro Adolfo Sachsida e do ministro Bruno Bianco, da AGU, que faziam questão de nos acompanhar em audiências com altas autoridades do Poder Judiciário. Para dar um pouco da dimensão do problema jurídico, apenas nesta ação foram treze decisões judiciais proferidas num intervalo de um ano, entre reveses e êxitos (ora determinando-se o pagamento

---

104. A liminar foi posteriormente revogada por decisão do Tribunal Regional Federal da 1ª Região.
105. Destaca-se que "a operação da usina nas condições estabelecidas pela decisão liminar impõe grave prejuízo aos consumidores de energia elétrica, ao imputar custo da ordem de R$ 859 milhões, somente com a operação da usina no mês de dezembro (cerca de R$ 1,15 milhão por hora em operação). Este custo equivale a um impacto tarifário médio anual da ordem de 0,5% na tarifa dos consumidores brasileiros, conforme calculado pela Superintendência de Gestão Tarifária da ANEEL, consoante Memorando n. 347/2021-SFG/ANEEL".

imediato ao agente, ora suspendendo até a discussão final de mérito). Dessas decisões, três foram proferidas num intervalo de um dia.

Com nossa união de esforços, conseguimos duas decisões que impediam o pagamento até que sobreviesse as decisões finais, uma no STJ e outra no TRF-1. Evitamos, ainda, uma concessão de liminar pela Presidência do STF e o recebimento de uma ação também na Corte Suprema. A soma de esforços mostrou-se imbatível nesta ação – na qual evitamos o impacto de R$ 1 bilhão na tarifa do consumidor – e em toda a judicialização que enfrentamos durante a gestão Sachsida[106].

### 8.5.6.3. A judicialização do setor elétrico e o escudo jurídico

A ação acima referida ilustra muito bem o grau de judicialização do setor elétrico. Além da subversão da regulação editada, a judicialização, com bastante frequência, também acarreta custos maiores nas tarifas de energia de todos os consumidores do país, ainda que não façam parte das ações.

De fato, a judicialização das regras do setor frequentemente tem impacto em pessoas que não estão representadas no processo, como os consumidores e por vezes também outros agentes que serão impactados pelas decisões judiciais proferidas. Isso se dá, em suma, porque as regras setoriais do setor elétrico levam em conta uma distribuição de riscos e ganhos entre todos os atores envolvidos. Por sua vez, pode ocorrer que as decisões judiciais, ao alterarem as regras do jogo fixadas na política pública, acabam por socializar custos e onerar a sociedade de forma geral.

O efeito sistêmico das decisões judiciais que impactam o setor elétrico já foi reconhecido pelo Poder Judiciário quando, por ocasião do II Fórum Nacional de Concorrência e da Regulação (FONACRE), realizado em 2018, organizado pela Associação dos Juízes Federais do Brasil (AJUFE), aprovou-se o Enunciado 20 com a seguinte inteligência:

---

106. Cito, como exemplo, a ação contra o limite máximo de PLD, vigente desde a edição do Decreto 5163/2004, em que houve concessão de liminar sem oitiva da União. O impacto da retirada do teto do PLD era estimado em cerca de R$ 11,2 aos consumidores cativos (num cenário extremo). Conseguimos reverter a decisão.

Cito, também, o ajuizamento de ação em face da Portaria 709 GM/MME/2022, que revisou a garantia física de usinas do setor elétrico. Neste caso, evitamos concessão de liminar requerida durante o recesso judiciário, em regime de plantão, estratégia comumente usada pelas grandes bancas para obter decisões favoráveis em face da União.

"ao decidirem sobre questões regulatórias no setor de energia elétrica, os juízes devem ter em conta os problemas sistêmicos e econômicos que suas decisões podem causar"[107].

Na gestão Sachsida, o lema era "energia limpa, segura e barata". As áreas técnicas do ministério trabalhavam incansavelmente para diminuir custos na tarifa final[108]. Por outro lado, as ações judiciais acarretavam a imposição de custos a mais na tarifa, numa medida que facilmente superava as boas medidas administrativas e legislativas para diminuir o valor final a ser pago pelos consumidores. Portanto, entendíamos que precisaríamos combater essa judicialização de modo mais efetivo.

O entrosamento entre os corpos jurídicos do MME, da ANEEL, do ONS, da EPE e da CCEE era grande. A AGU e a PGF também estavam engajadas. A troca de informações entre os jurídicos já ocorria em ações muito relevantes, como a já referida. O peticionamento em reforço também, em alguma medida. Tínhamos um enorme acervo de ações com impactos finais na tarifa do consumidor, além de novas ações que surgiam o tempo todo. No acervo existente, pode-se citar as diversas ações que contestavam rateios da CDE, cujas decisões liminares deferidas acabavam por distribuir aos demais consumidores a cota-parte que deixava de ser paga pelos autores das ações. Havia também inúmeras ações ajuizadas por municípios com questionamento de regras da CFURH, cujo impacto aos geradores seria repassado aos preços dos contratos de energia, impactando o consumidor final. Além, claro, de outras ações com questionamentos mais específicos, mas cujo efeito também era aumentar o ônus tarifário dos consumidores em geral (p. ex.: ações com repercussão no mecanismo de realocação de energia – MRE).

Nesse contexto, convidamos todos os jurídicos para uma reunião de alinhamento no MME, com a presença do ministro Sachsida, dos secretários e das áreas técnicas da pasta. Estiveram presentes inúmeros colegas da ANEEL, ONS, EPE, CCEE, AGU e PGF.

Nessa reunião, convergimos em criar um comitê de acompanhamento e discussões de ações judiciais com impactos relevantes no setor

---

107. Disponível em: https://www.ajufe.org.br/fonacre/enunciados-fonacre/231-enunciados-ii--fonacre. Acesso em: 21 dez. 2021.
108. Cito, como exemplo, a Lei Complementar 194/2022, que passou a considerar a essencialidade da energia elétrica.

elétrico. A Conjur MME ficaria responsável pela coordenação do novo comitê. Alinhamos as premissas da judicialização que deveríamos combater e que seria comum a todos os presentes. Assim, teríamos como foco ações com grande impacto econômico na tarifa ou preço da energia do consumidor e aquelas que causassem insegurança jurídica, com repercussão na estabilidade regulatória e confiabilidade do setor elétrico.

Alinhamos, também, que a posição institucional, a atuação estratégica e as competências dos órgãos e entidades integrantes do comitê seriam respeitadas, a fim de evitarmos conflitos ou questionamentos que pudessem fragilizar a atuação contenciosa. No mesmo sentido, fixamos que assuntos cujo sigilo decorresse de lei, regulamento ou determinação judicial não poderiam ser tratados no âmbito da nova cooperação que surgia.

As reuniões seriam quinzenais e, a partir desse momento, a articulação e a cooperação entre todos os envolvidos tomou outra dimensão, reforçando a defesa do interesse público.

Nas ações mais antigas, focaríamos naquelas com maior impacto econômico na tarifa, atuando em bloco para cassar liminares vigentes ou para conseguir suspensão de segurança e estancar efeitos ruins ao setor.

Atuaríamos também de forma prévia para combater futuras judicializações, como no caso do Procedimento de Contratação Simplificada (PCS), caso houvesse. Essa atuação prévia certamente nos daria mais rapidez de contra-ataque e, assim, obteríamos mais decisões favoráveis.

Nas ações novas, cassamos liminar em ação ajuizada por associação que questionou o limite máximo do PLD (preço de liquidação de diferenças) e que, num cenário extremo, poderia impor alto custo econômico aos consumidores do mercado cativo. Além da instabilidade regulatória ao setor, dado que o limite está vigente desde a edição do Decreto 5163/2004, o impacto da retirada do teto era estimado pelas áreas técnicas em cerca de R$ 11,2 bilhões aos consumidores, num cenário extremo.

Evitamos, também, concessão de liminares em ações ajuizadas tão logo editada a Portaria 709 GM/MME/2022, que revisou a garantia física de usinas do setor elétrico. A revisão de garantia física havia resultado de um longo processo de consulta e oitiva de agentes, mas como altera as receitas a serem recebidas pelas usinas, anteríamos a judicialização e nos preparamos para combatê-la, o que nos garantiu sucesso na etapa das liminares. Por fim, evitamos ainda pagamento imediato de R$ 1 bilhão a agente que questionou a modelagem de contratação de energia prevista na Portaria MME 17/2021, no contexto da crise hídrica.

Conseguimos o máximo engajamento dos jurídicos envolvidos, uma cooperação mais articulada entre as áreas técnicas e jurídicas, mais agilidade no peticionamento e, portanto, mais resultados favoráveis ao interesse público, sobretudo ao consumidor final, em atenção ao norte fixado pelo ministro: energia limpa, segura e barata.

Instituímos, assim, um escudo jurídico frente às ações do setor elétrico, e elevamos a representação e a defesa judicial da União, da ANEEL, da CCEE, do ONS e da EPE a outro patamar[109].

---

109. O "escudo jurídico" foi publicamente reconhecido como uma iniciativa que elevou a representação e a defesa judicial dos interesses públicos dos entes mencionados por quem melhor poderia testemunhar sobre os esforços empreendidos pelas equipes envolvidas: o brilhante ex-procurador-chefe da ANEEL, Luiz Eduardo Diniz, que o fez em seu discurso de desligamento da agência, em 26 de setembro de 2023, após mais de cinco anos à frente do jurídico da autarquia.

# 9. DADOS ECONÔMICOS DO BRASIL:
## comparação 2018 x 2022[110]

*"Acredito em Deus; todos os outros devem apresentar dados".*
– Pensamento atribuído a Edwin R. Fisher e W. Edwards Deming,
mas a verdadeira autoria da frase é desconhecida.

Este capítulo tem por objetivo comparar a evolução de alguns dos principais indicadores econômicos do Brasil entre o último ano do governo Temer (2018) e o último ano do governo Bolsonaro (2022). Acreditamos que verificar os dados é um caminho seguro para inferir sobre o sucesso de nossa política econômica. Respeitamos quem pensa de maneira diferente, mas é fundamental olharmos para a evolução dos dados econômicos desse período. Antes de prosseguirmos, é fundamental ressaltar que o período 2019-2022, período do governo Bolsonaro, foi talvez o período de maior número de choques negativos enfrentados pela economia brasileira:

> 2019: maior desastre ambiental da história brasileira (rompimento da barragem de Brumadinho). Ainda em 2019, a crise na Argentina gerou uma significativa redução no comércio com um de nossos principais parceiros comerciais;
>
> 2020: pior pandemia mundial desde a gripe espanhola de 1918;
>
> 2021: continuidade da pandemia e, em decorrência dela, uma severa quebra de cadeias produtivas, gerando escassez de insumos básicos. Ainda em 2021 ocorreu uma severa restrição de *containers* no mundo, encarecendo e limitando o transporte de mercadorias. Para complicar ainda mais o ano, o Brasil ainda se confrontou com a maior crise hídrica em cem anos, o que gerou um forte aumento

---

110. Este capítulo se beneficiou dos comentários e elaboração dos gráficos feitos por Fausto Vieira que foi subsecretário de política macroeconômica na Secretaria de Política Econômica.

no preço da energia elétrica. Além disso, a seca prolongada gerou também o maior choque negativo do agronegócio em quase uma década, no terceiro trimestre de 2021;

2022: continuidade da pandemia, e invasão da Ucrânia pela Rússia. No lado econômico, o efeito negativo mais visível foi o aumento explosivo nos preços de energia (gás, petróleo e seus derivados). Por fim, em 2022, foi observado o maior aumento de juros internacional desde 1980. Foi o maior ciclo de aumento da taxa de juros (taxa de dois anos) americana desde 1980 (aumento de 4,5pp entre o começo e o final de 2022). Com efeito, tanto no Brasil como no resto do mundo, observou-se uma forte política monetária contracionista, com vários países confrontando-se com índices inéditos de inflação elevada.

Em vista do reportado, resta evidente que o período 2019-2022 foi um dos mais desafiadores da história recente. Acrescente-se a isso que o Brasil vinha da mais forte recessão econômica de sua história (2015-2016), com várias empresas e famílias que ainda tentavam se recuperar do triênio 2014-2016, três anos consecutivos de redução do PIB per capita. Foi num quadro de choques negativos que marcaram todo o período de 2019 a 2022, recebendo um país já abalado por recessões, produtividade estagnada, escândalos de corrupção e endividamento elevado – que começamos nosso governo em 2019.

Alguns analistas fazem pensar que o Brasil que recebemos em 2019 era uma espécie de *dream team* do Real Madrid, time de estrelas e campeão absoluto de todos os principais campeonatos mundiais. Na realidade nós assumimos um time endividado, repleto de crises, e que lutava com todas as forças não para ser campeão da *Champions League*, mas simplesmente para não ser rebaixado à terceira divisão do campeonato brasileiro. No começo de 2019, o Brasil confrontava-se com uma situação fiscal temerária e uma produtividade estagnada há quarenta anos. É curioso que alguns analistas se esquecem desse ambiente, dessa "herança" que precedeu o período 2019-2022.

Começamos este capítulo mostrando o Gráfico 1, que ilustra a evolução do endividamento do Brasil e de seus pares (países emergentes) entre os anos de 2018 e 2022. Como pode ser observado, entre os países emergentes o Brasil mostrava um endividamento muito mais elevado que seus pares. A situação fiscal brasileira era claramente o desafio urgente a ser enfrentado. Em 2018, a Dívida Bruta do Governo Geral (DBGG) em relação ao PIB era de 75,3% no Brasil, enquanto se situava em 52,6% do PIB na média dos países emergentes. Uma diferença de quase 23 pontos percentuais do PIB separava o Brasil da média de endividamento dos países emergentes em 2018. Isso mostra claramente que o endividamento brasileiro já se situava em patamares muito elevados, dado nosso nível de desenvolvimento econômico.

**Gráfico 1: Dívida Bruta do Governo Geral (% PIB) em 2018 e 2022: Brasil e países emergentes**

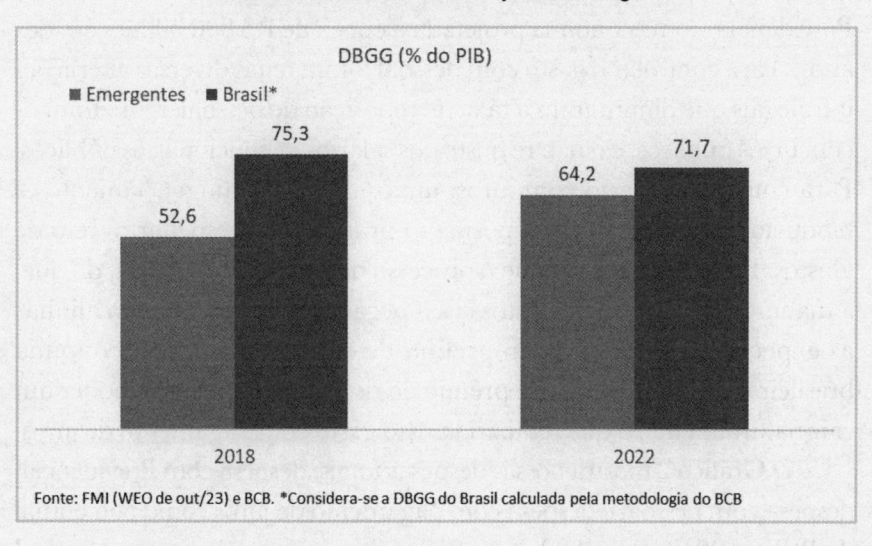

DBGG (% do PIB)

- Emergentes: 2018 = 52,6; 2022 = 64,2
- Brasil*: 2018 = 75,3; 2022 = 71,7

Fonte: FMI (WEO de out/23) e BCB. *Considera-se a DBGG do Brasil calculada pela metodologia do BCB

Ao final de 2022, após a pandemia, após a crise hídrica e após todos os choques que caracterizaram o período, a DBGG brasileira chegava a 71,7% do PIB, enquanto a dos países emergentes atingia 64,2% do PIB. Em palavras simples, o Brasil foi uma das únicas economias mundiais a ser capaz de reduzir seu endividamento nesse período marcado por tantos choques adversos na economia mundial. Ao final de 2022, a distância que separava o Brasil da média dos países emergentes (que era de quase 23 pontos percentuais do PIB em 2018) tinha se reduzido para menos de 8 pontos percentuais do PIB. Notem que enquanto o endividamento nos países emergentes cresceu quase 12 pontos percentuais do PIB (de 52,6% para 64,2%), no Brasil esse endividamento se reduziu em quase 4 pontos percentuais do PIB (de 75,3% para 71,7%). Esse dado mostra o tamanho do esforço fiscal realizado na economia brasileira nesse período, e também que, num período repleto de choques adversos, enquanto o endividamento dos países aumentou, no Brasil ocorreu justamente o contrário: fomos capazes de reduzir nosso endividamento. Isso comprova que a consolidação fiscal foi um pilar robusto da política econômica adotada entre 2019 e 2022.

Do lado fiscal havia três grandes contas que precisavam ser encaminhadas: Previdência, pessoal e juros. Essas eram as três grandes despesas do orçamento brasileiro, e nenhum ajuste fiscal duradouro poderia ser obtido sem controlar a expansão dessas despesas. Para controlar a expansão dos gastos previdenciários foi aprovada a Reforma da Previdência (com economia projetada à época de R$ 800 bilhões em dez anos). Para controlar o gasto com pessoal foram feitas diversas alterações infralegais que diminuíram a taxa de reposição de pessoal, reduziram os concursos públicos, e o não reajuste dos salários de funcionários públicos. Para controlar o gasto com juros, uma série de contingenciamentos e bloqueios orçamentários foi posta em prática para respeitar o Teto de Gastos. Era nossa ideia de que o processo de consolidação fiscal, do qual a manutenção do teto de gastos era a peça-chave, era vital para alinhar as expectativas e diminuir o prêmio de risco cobrado da economia brasileira. Com a redução do prêmio de risco as taxas de juros poderiam cair naturalmente, o que reduziria nosso gasto com pagamento de juros.

O Gráfico 2 mostra nossas despesas totais, despesa com Previdência, despesa com pessoal e despesa com pagamento de juros como percentual do PIB em 2018 e em 2022. Em 2018, a despesa total do governo central (Tesouro Nacional, Banco Central e Previdência Social) foi de 19,3% do PIB. Em 2022, mesmo após os fortes choques negativos ocorridos no período, a despesa total do governo central havia sido reduzida para 18% do PIB. Isto é, entre 2018 e 2022 os gastos do governo foram reduzidos em 1,3 pontos percentuais do PIB. Nesse período, a despesa com benefícios previdenciários foi reduzida em 0,5 ponto percentual do PIB (de 8,4% para 7,9% do PIB). A despesa com pessoal foi reduzida em quase 1 ponto percentual do PIB (de 4,3% para 3,4% do PIB). Mesmo com a elevação dos gastos com pagamento de juros em 2022, decorrente do mais rápido aumento global da taxa de juros internacional desde 1980, ainda assim fomos capazes de sair do governo gastando menos do que quando entramos, fato inédito desde a redemocratização do país.

Os dados presentes no Gráfico 2 são claros para demonstrar o sucesso de nossa política econômica, focada num ajuste fiscal via redução do gasto público, e não no aumento de tributos (como sempre foi a regra no Brasil desde a redemocratização do país). Ao contrário de governos anteriores, que sempre buscaram o ajuste fiscal majoritariamente aumentando tributos, nós implementamos um mix distinto de política econômica: a redução dos gastos do governo como carro-chefe do ajuste fiscal. Com o governo gastando menos, foi possível também a redução de diversos tributos, devolvendo assim à população parte de seus recursos que antes eram gastos pelo governo. Nosso mix de política fiscal foi baseado numa forte redução do gasto público, possibilitando a redução de diversos tributos, aumentando a eficiência da economia e fortalecendo o processo de consolidação fiscal.

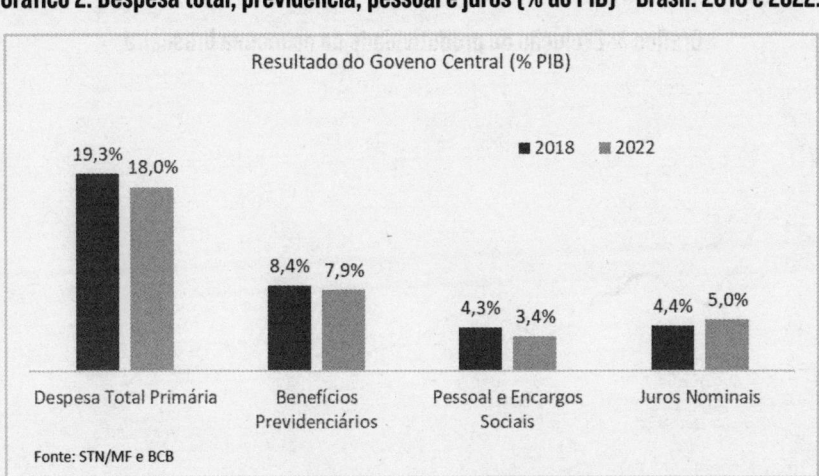

**Gráfico 2: Despesa total, previdência, pessoal e juros (% do PIB) – Brasil: 2018 e 2022.**

Resultado do Governo Central (% PIB)

| | 2018 | 2022 |
|---|---|---|
| Despesa Total Primária | 19,3% | 18,0% |
| Benefícios Previdenciários | 8,4% | 7,9% |
| Pessoal e Encargos Sociais | 4,3% | 3,4% |
| Juros Nominais | 4,4% | 5,0% |

Fonte: STN/MF e BCB

A redução da Dívida Bruta do Governo Geral (DBGG), aliada à redução nas despesas totais do governo central, e levando em consideração o superávit primário de R$ 59,7 bilhões (aproximadamente 0,6% do PIB) ocorrido em 2022[111], mostra o acerto e o sucesso de nossa política econômica no que se refere ao processo de consolidação fiscal.

---

111. Disponível em: https://www.gov.br/tesouronacional/pt-br/noticias/governo-federal-apresenta-superavit-primario-de-r-59-7-bilhoes-em-2022. Acesso em: 21 dez. 2023.

Se o desafio urgente era a consolidação fiscal, o desafio importante era aprovar reformas econômicas para o aumento da produtividade. Com efeito, a produtividade da economia brasileira estava estagnada desde 1980. O Gráfico 3 mostra a evolução da produtividade da economia brasileira até 2019 (último dado disponível). Peço ao leitor atenção ao Gráfico 3: ele demonstra como a produtividade da economia brasileira caiu ao longo de quarenta anos. O Brasil é menos produtivo hoje do que era há quarenta anos. Isso deixa claro que a perda de dinamismo da economia brasileira observada após 1980 tem como raiz um profundo e estrutural problema de produtividade em nossa economia. Exatamente por isso é fundamental continuar com a agenda de reformas econômicas para aprimorar os marcos legais e fortalecer a segurança jurídica na economia brasileira. Reformas microeconômicas pró-mercado são fundamentais para o crescimento da produtividade no Brasil.

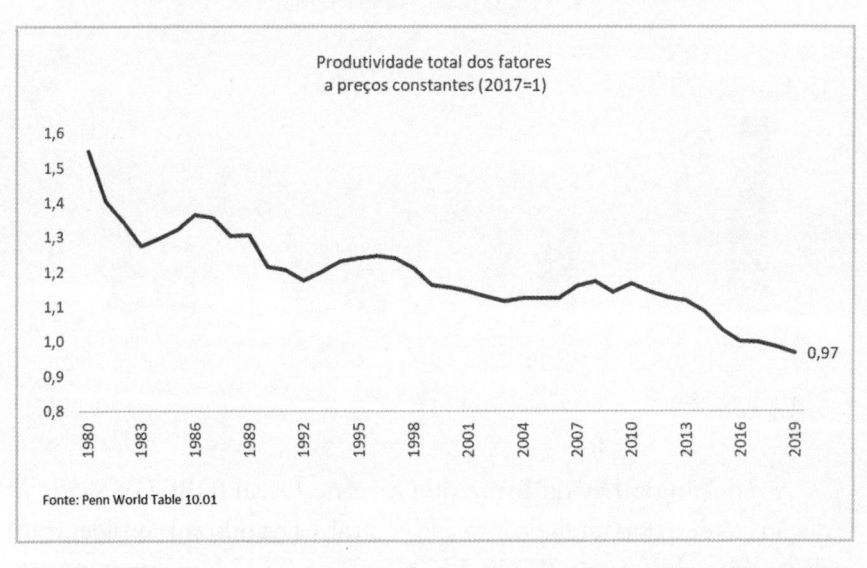

**Gráfico 3: Evolução da produtividade da economia brasileira**

Produtividade total dos fatores a preços constantes (2017=1)

Fonte: Penn World Table 10.01

Os Gráficos 1, 2, e 3 explicitam o motivo de nossa preocupação central de política econômica: consolidação fiscal via redução do gasto público, e reformas microeconômicas pró-mercado para o aumento da produtividade para garantir o crescimento sustentável de longo prazo da economia brasileira.

O Gráfico 4 ilustra um ponto pouco debatido na imprensa, mas que tem o efeito de um choque negativo na economia: o forte aumento no custo de transporte marítimo durante e após a pandemia de Covid-19. Com efeito, a pandemia causou uma série de disrupções nas cadeias globais de produção, e além disso gerou um forte incremento nos custos de transporte marítimo, que impactaram a inflação ao redor do mundo. Tal como disse na introdução deste capítulo, a quantidade e a magnitude de choques negativos ocorridos na economia no período 2019-2022 foram expressivas.

**Gráfico 4: Índice de preços de transporte no mar Báltico**
(*proxy* para custo do transporte marítimo)

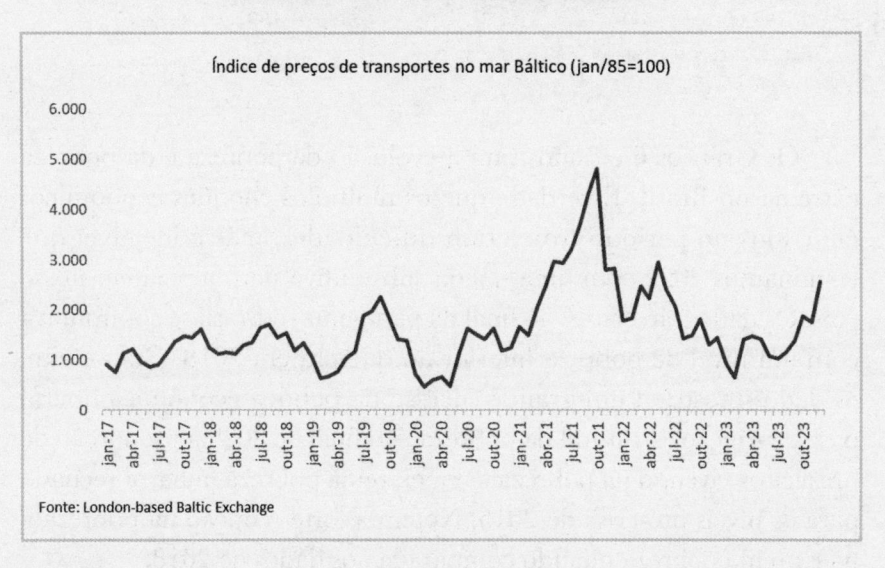

Fonte: London-based Baltic Exchange

O Gráfico 5 já foi abordado anteriormente neste livro, e mostra a evolução da abertura da economia brasileira ao comércio internacional. Em 2018, a corrente de comércio no Brasil (soma das importações e exportações) alcançava 22,3% do PIB. Em 2022 a corrente de comércio no Brasil estava em 32,6% do PIB. Uma elevação de mais de 10 pontos percentuais do PIB nesse curto intervalo de tempo. Entre 2019 e 2022 resta evidente que a economia brasileira se confrontou com um vigoroso processo de abertura econômica, resultado direto das diversas medidas de abertura econômica adotadas no período e explicadas ao longo do livro.

**Gráfico 5: Abertura econômica Brasil medida pela corrente de comércio: 2018 x 2022**

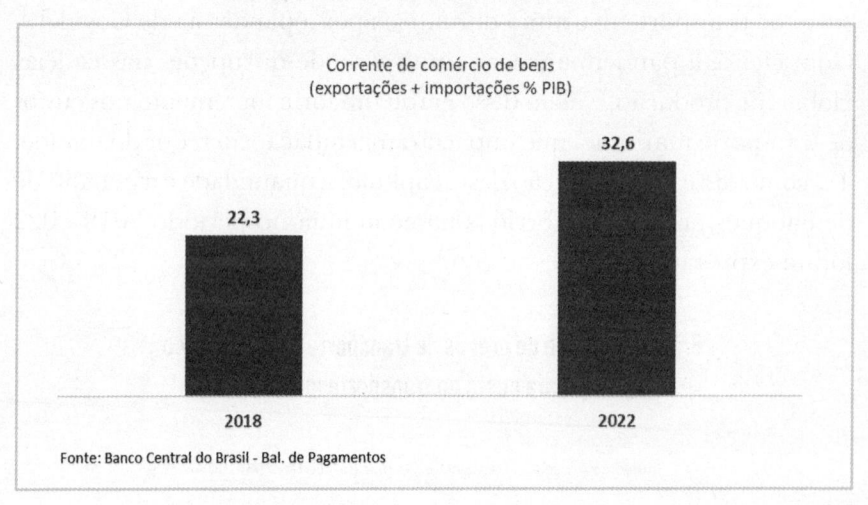

Corrente de comércio de bens (exportações + importações % PIB)

- 2018: 22,3
- 2022: 32,6

Fonte: Banco Central do Brasil - Bal. de Pagamentos

Os Gráficos 6 e 7 mostram a evolução da pobreza e da pobreza extrema no Brasil. É verdade que os múltiplos choques econômicos ocorridos no período trouxeram dificuldades, mas é inegável que terminamos 2022 com uma queda substantiva da pobreza em nosso país. Os dados são claros: ao final da pandemia, o Brasil se confrontava com um nível de pobreza inferior ao que era em 2018. Com efeito, os dados mostram um grande sucesso da política econômica liberal para a redução estrutural da pobreza. Ao final de 2022 a proporção de brasileiros vivendo na pobreza e em extrema pobreza já havia recuado para os níveis pré-crise de 2015. Notem a forte redução na pobreza e na extrema pobreza quando comparada aos dados de 2018.

Em 2018 a extrema pobreza alcançava 14,5% número esse que foi reduzido para 12,4% em 2022. No que se refere à pobreza, em 2018 ela alcançava 33,3% dos brasileiros. Em 2022 esse número havia sido reduzido para 31,6%. Devemos ressaltar, uma vez mais, que essa importante redução na pobreza em nosso país foi obtida durante um período de fortes choques econômicos que abalaram não apenas o Brasil, mas o mundo todo. O fato de a pobreza ter se reduzido nesse período mostra a força das ideias liberais no combate à pobreza.

**Gráfico 6: Evolução da extrema pobreza no Brasil: 2014 a 2022**

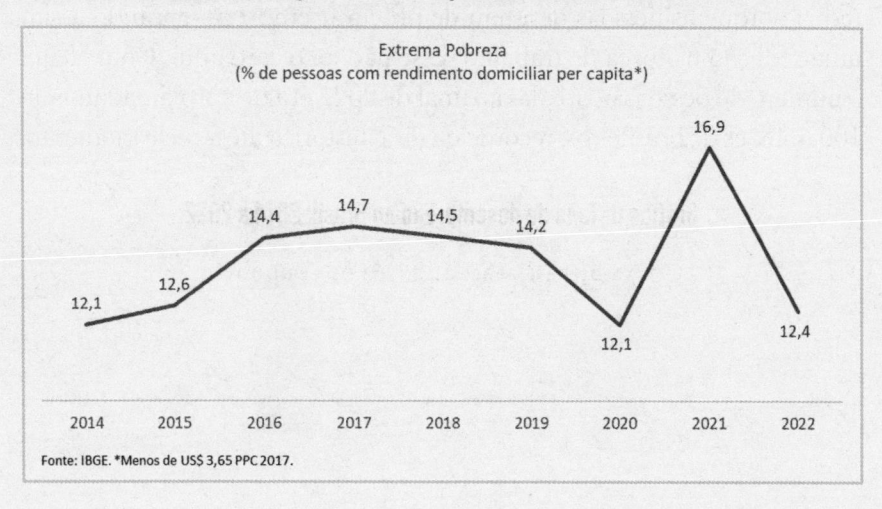

Extrema Pobreza
(% de pessoas com rendimento domiciliar per capita*)

| 2014 | 2015 | 2016 | 2017 | 2018 | 2019 | 2020 | 2021 | 2022 |
|------|------|------|------|------|------|------|------|------|
| 12,1 | 12,6 | 14,4 | 14,7 | 14,5 | 14,2 | 12,1 | 16,9 | 12,4 |

Fonte: IBGE. *Menos de US$ 3,65 PPC 2017.

**Gráfico 7: Evolução da pobreza no Brasil: 2014 a 2022**

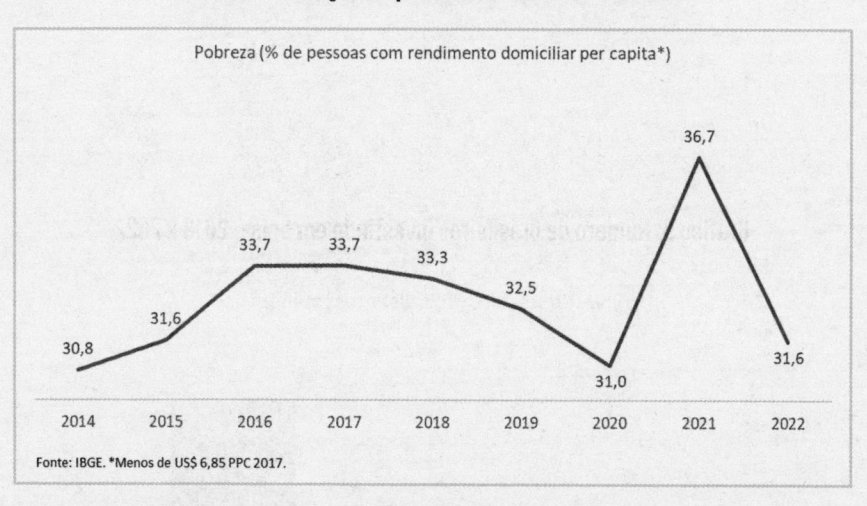

Pobreza (% de pessoas com rendimento domiciliar per capita*)

| 2014 | 2015 | 2016 | 2017 | 2018 | 2019 | 2020 | 2021 | 2022 |
|------|------|------|------|------|------|------|------|------|
| 30,8 | 31,6 | 33,7 | 33,7 | 33,3 | 32,5 | 31,0 | 36,7 | 31,6 |

Fonte: IBGE. *Menos de US$ 6,85 PPC 2017.

O Gráfico 8 mostra a importante redução na taxa de desemprego ocorrida entre 2018 e 2022. Em 2018, a taxa de desemprego era de 11,7%. Ao final de 2022, a taxa de desemprego tinha se reduzido para 7,9%. Num período marcado por pandemia, quebras de cadeias produtivas, guerra e crise hídrica ainda assim conseguimos obter importantes reduções na taxa de desemprego. Tão importante quanto isso foi que essa redução no desemprego foi obtida mesmo com o aumento da população procurando emprego (aumento da força de trabalho). Muitas vezes o desemprego se reduz porque as pessoas desistem de procurar emprego, gerando assim uma redução na força de trabalho. Esse não foi o caso aqui. Com efeito, o número de pessoas ocupadas ao final de 2022 era de aproximadamente 100 milhões de brasileiros, recorde da série histórica até aquele momento.

**Gráfico 8: Taxa de desemprego no Brasil: 2014 a 2022**

TAXA DE DESEMPREGO (%, FIM DE PERÍODO)

2014: 6,6
2015: 9,1
2016: 12,2
2017: 11,9
2018: 11,7
2019: 11,1
2020: 14,2
2021: 11,1
2022: 7,9

Fonte: IBGE - Pnad contínua

**Gráfico 9: Número de brasileiros investindo em bolsa, 2018 x 2022**

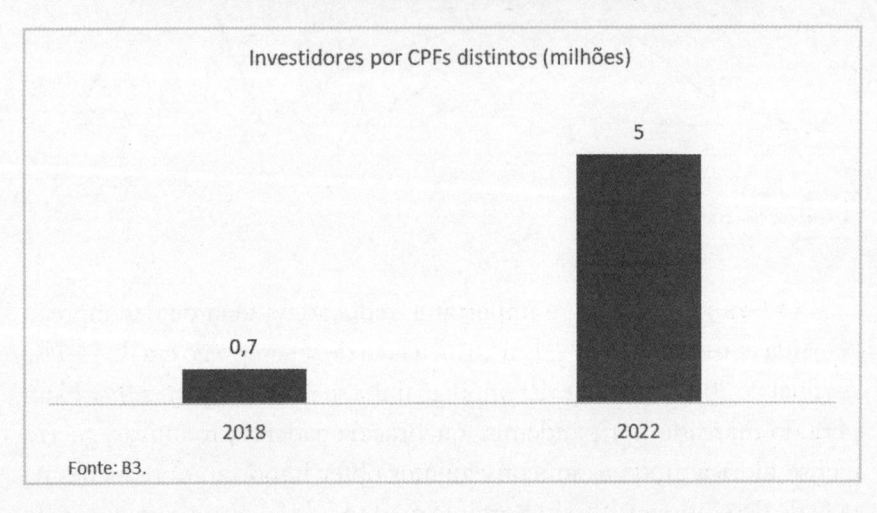

Investidores por CPFs distintos (milhões)

2018: 0,7
2022: 5

Fonte: B3.

O Gráfico 9 mostra outro ponto que já foi comentado anteriormente: o expressivo aumento de brasileiros investindo em Bolsa de Valores. Em 2018, eram aproximadamente 700 mil brasileiros investindo em bolsa. Em 2022, o número de brasileiros investindo em bolsa era de aproximadamente 5 milhões. Esse dado ilustra bem a força das medidas legais tomadas nesse período para dinamizar, simplificar e aprimorar os mercados de crédito, capitais, seguros e garantias.

Ainda explorando a força dos novos marcos legais referentes aos mercados de crédito, capitais, seguros e garantais, os Gráficos 10, 11 e 12 mostram a evolução do crédito no período (Gráfico 10), a evolução do crédito privado (Gráfico 11), e a importante e quase nunca comentada redução no crédito direcionado (Gráfico 12). No conjunto, essas informações sinalizam para um importante canal de crescimento via expansão do crédito, com uma alocação mais eficiente do mesmo, via bancos privados e crédito livre.

**Gráfico 10: Saldo de Crédito em relação ao PIB: 2018 x 2022**

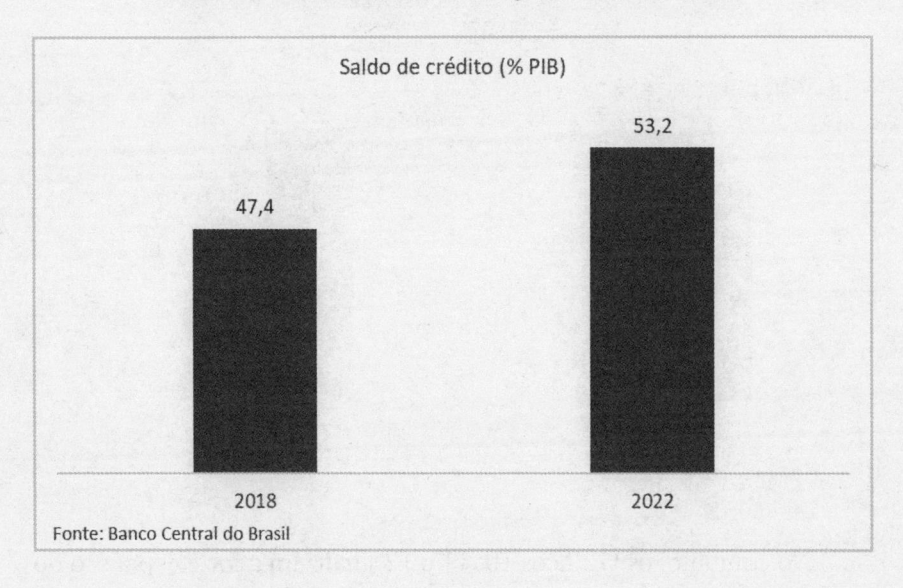

Saldo de crédito (% PIB)

- 2018: 47,4
- 2022: 53,2

Fonte: Banco Central do Brasil

**Gráfico 11: Saldo de Crédito em relação ao PIB, bancos privados x bancos públicos**

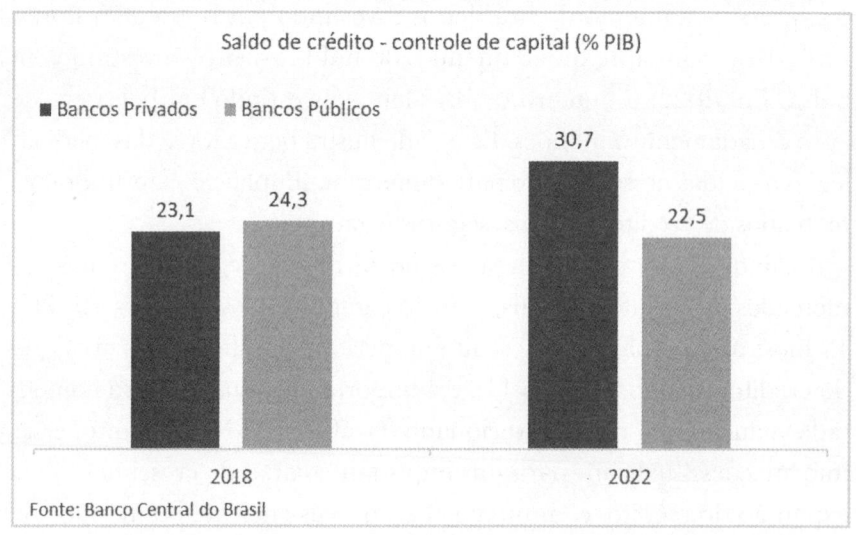

Saldo de crédito - controle de capital (% PIB)

- Bancos Privados
- Bancos Públicos

2018: 23,1 / 24,3
2022: 30,7 / 22,5

Fonte: Banco Central do Brasil

**Gráfico 12: Saldo de Crédito em relação ao PIB, crédito direcionado x crédito livre**

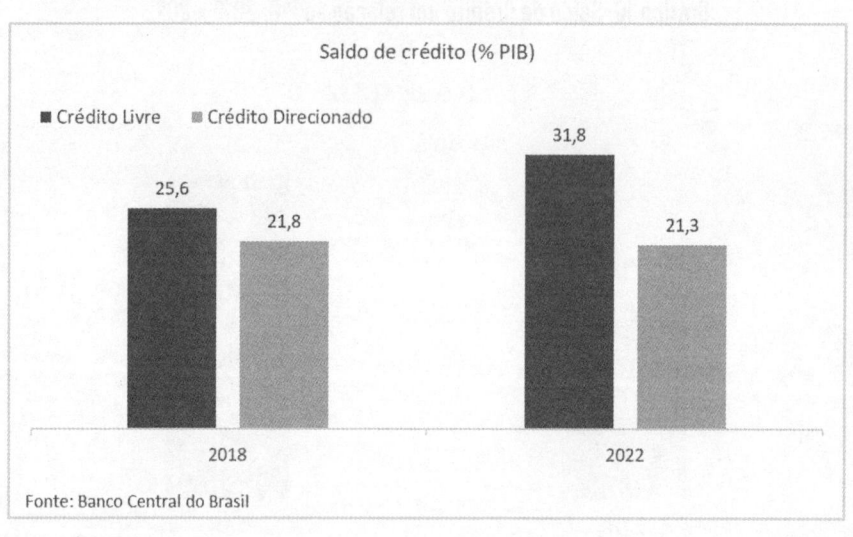

Saldo de crédito (% PIB)

- Crédito Livre
- Crédito Direcionado

2018: 25,6 / 21,8
2022: 31,8 / 21,3

Fonte: Banco Central do Brasil

No conjunto, os Gráficos 10, 11 e 12 sinalizam a forte expansão do crédito no período. É importante ressaltar que essa expansão não foi obtida de maneira artificial via artifícios do governo ou expansão do crédito via bancos públicos. A expansão do crédito nesse período foi consequência direta de novos e melhores marcos legais para os setores de crédito, capitais, seguros e garantias. Notem que no período ocorreu redução no crédito via bancos públicos e forte expansão do crédito via bancos privados. Além disso, o crédito direcionado se reduziu, e o crédito livre (que possibilita a melhor alocação de recursos) aumentou substancialmente. Isso sinaliza que o investimento financiado será também mais produtivo. Afinal, o grosso do investimento nesse período foi financiado via crédito livre ofertado por bancos privados. Essa é uma mudança estrutural importante no que se refere ao financiamento do investimento. Isso possibilita que a poupança da economia seja direcionada para os investimentos mais produtivos, e reduz a interferência do governo na alocação de crédito.

Em outras palavras, aceitando que de maneira geral a produtividade do investimento financiado por crédito livre via bancos privados é superior à produtividade do investimento financiado por crédito direcionado via bancos públicos, consideramos que, como o investimento financiado por bancos privados via crédito livre aumentou, é razoável assumir que esse investimento seja mais produtivo e irá alavancar o crescimento da produtividade da economia brasileira, principalmente via redução da má alocação de capitais.

O Gráfico 13 mostra a inflação no Brasil e em alguns países do mundo em 2022. O Gráfico 13 fala por si mesmo: pela primeira vez na história dos últimos cinquenta anos a inflação anual brasileira se situou num patamar inferior do que a inflação nos Estados Unidos, Inglaterra, Alemanha e França.

**Gráfico 13: Inflação no Brasil, Estados Unidos, Alemanha, Inglaterra e França: 2022**

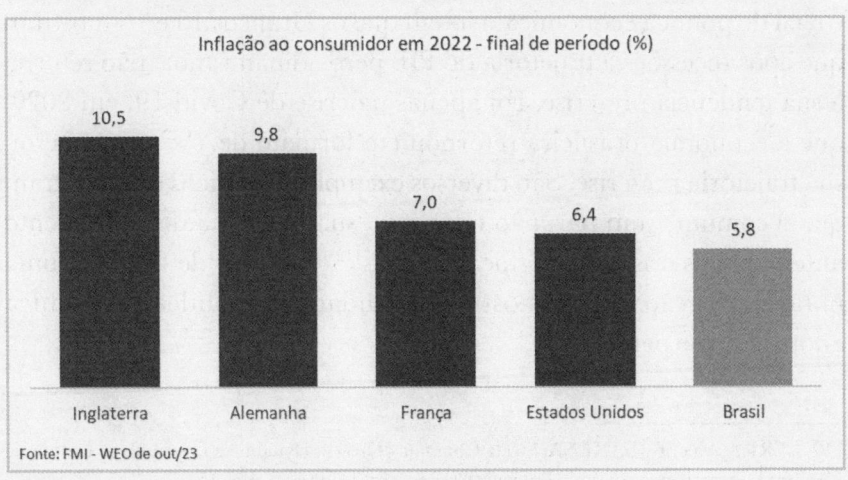

Inflação ao consumidor em 2022 - final de período (%)

| Inglaterra | Alemanha | França | Estados Unidos | Brasil |
|---|---|---|---|---|
| 10,5 | 9,8 | 7,0 | 6,4 | 5,8 |

Fonte: FMI - WEO de out/23

O Gráfico 14 mostra a evolução do PIB brasileira e de alguns países do mundo em 2022. Novamente, o gráfico fala por si mesmo. Mesmo num cenário mundial adverso a economia brasileira terminou 2022 com um crescimento similar ao da China e superior ao dos Estados Unidos. No conjunto, os Gráficos 13 e 14 mostram que em 2022, nosso último ano de governo, a economia brasileira teve um crescimento econômico similar ao da China, e uma inflação menor do que a americana.

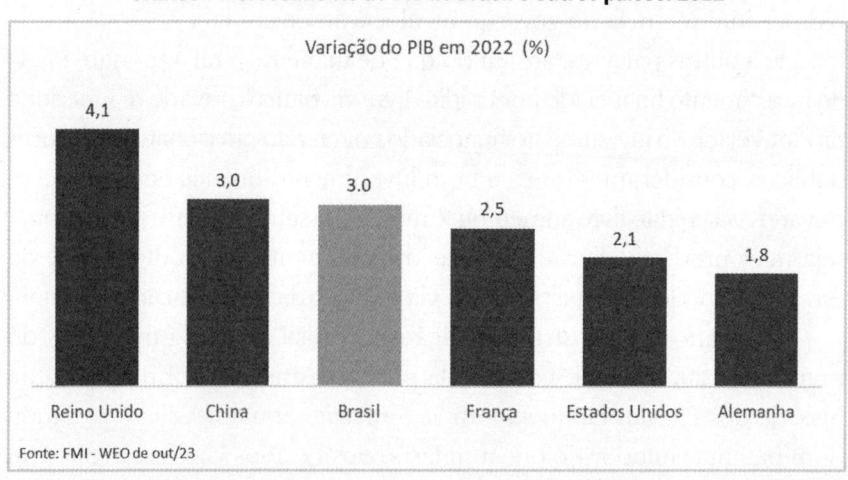

**Gráfico 14: Crescimento do PIB no Brasil e outros países: 2022**

Variação do PIB em 2022 (%)

- Reino Unido: 4,1
- China: 3,0
- Brasil: 3,0
- França: 2,5
- Estados Unidos: 2,1
- Alemanha: 1,8

Fonte: FMI - WEO de out/23

Os Gráficos 15 e 16 mostram que, pela primeira vez na história brasileira, o PIB recuperou sua trajetória pré-crise. Essa é uma vitória não trivial de política econômica. Notem que os Gráficos 15 e 16 mostram que após recessões a trajetória do PIB perde dinamismo e não retorna a sua tendência pré-crise. Foi apenas na crise de Covid-19, em 2020, que a economia brasileira retornou em formato de "V" e recuperou sua trajetória pré-crise. São diversos exemplos históricos que mostram que o comum é um país não retomar a sua trajetória de crescimento anterior após crises econômicas severas[112]. O Brasil de 2020 foi uma notável exceção, o que mostra a qualidade da política econômica adotada nesse período.

---

112. CERRA, Valerie e SAXENA, Sweta Chaman. "Growth Dynamics: The Myth of Economic Recovery". American Economic Review, 98(1): março de 2008, p. 439-457.

**Gráfico 15: Trajetórias de Crescimento do PIB após recessões, Brasil: 1980-2022**

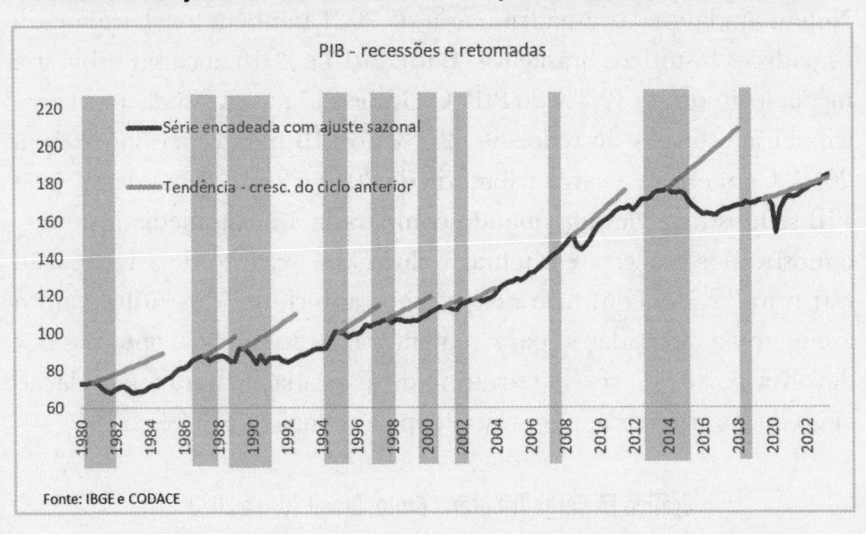

PIB - recessões e retomadas

Fonte: IBGE e CODACE

**Gráfico 16: Trajetórias de Crescimento do PIB após recessões, Brasil: 1980-2022**

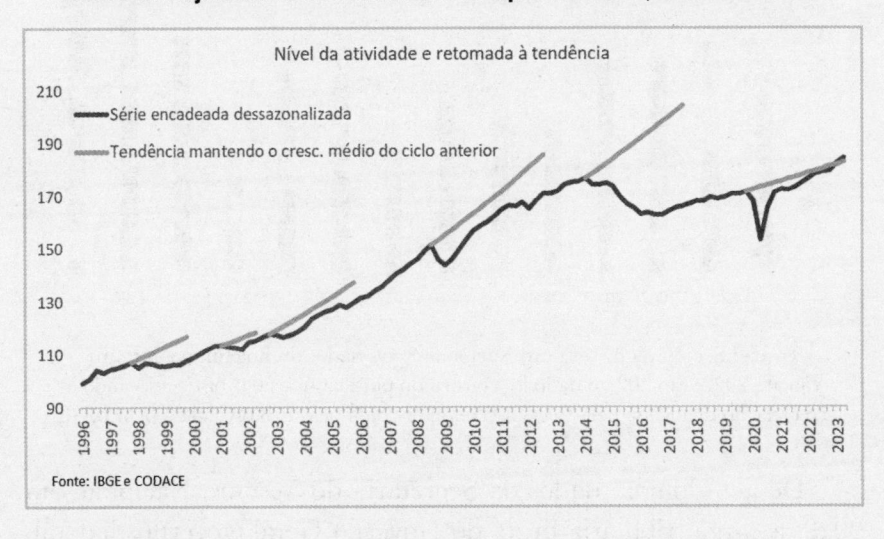

Nível da atividade e retomada à tendência

Fonte: IBGE e CODACE

O Gráfico 17 encerra este capítulo mostrando que, apesar de nosso esforço para reduzir tributos, a carga tributária terminou 2022 num patamar recorde de 33,7% do PIB. Esse é um indicativo de que nossa estratégia de redução tributária foi feita com toda serenidade, competência e respeito às contas públicas. Notem que, mesmo reduzindo tributos, ainda assim o Brasil encerrou 2022 com uma carga tributária recorde. Notem ainda que a carga tributária de 2021 também foi elevada para os padrões históricos brasileiros. Entre 2010 e 2018, a carga tributária média se situou em 32,3% do PIB. O Gráfico 17 mostra ainda uma carga tributária estável e ao redor de 32,5% do PIB para o período 2010 a 2018. Com efeito, a carga tributária de 2021 e 2022 acima de 33% do PIB se mostrava elevada quando comparada à nossa média histórica, e mostra nosso acerto em tentar reduzir esse excesso de arrecadação estrutural[113]. Ao contrário de governos anteriores, que utilizavam o aumento da arrecadação para aumentar o gasto público, optamos por devolver parte do excesso estrutural de arrecadação para a população via redução tributária, por exemplo, pela redução de 30% no IPI.

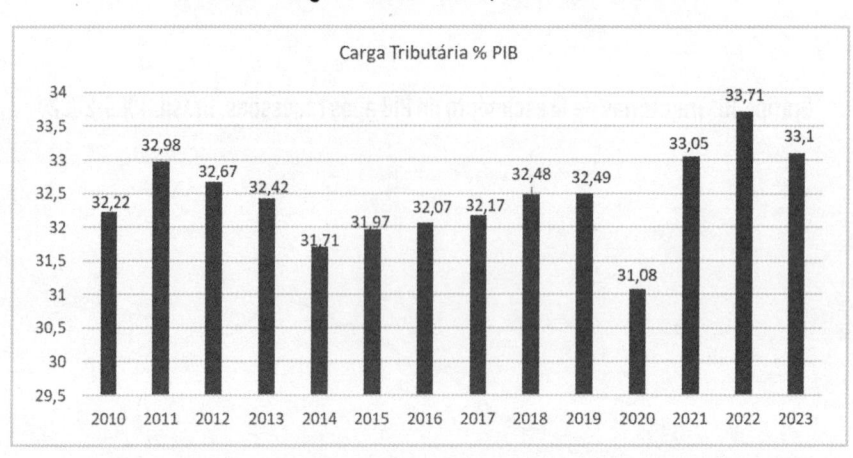

**Gráfico 17: Carga Tributária Bruta, Brasil 2010 a 2023\***

| Ano | Carga Tributária % PIB |
|---|---|
| 2010 | 32,22 |
| 2011 | 32,98 |
| 2012 | 32,67 |
| 2013 | 32,42 |
| 2014 | 31,71 |
| 2015 | 31,97 |
| 2016 | 32,07 |
| 2017 | 32,17 |
| 2018 | 32,48 |
| 2019 | 32,49 |
| 2020 | 31,08 |
| 2021 | 33,05 |
| 2022 | 33,71 |
| 2023 | 33,1 |

**Fonte:** Secretaria do Tesouro Nacional. \*: Os dados do Boletim do Tesouro vão até 2022. Em 2023 o dado foi construído por elaboração própria adotando a arrecadação divulgada pela Receita Federal dividida pelo PIB divulgado pelo IBGE.

De acordo com dados da Secretaria do Tesouro Nacional, em 2022, a carga tributária bruta do Governo Geral (governos federal, estaduais e municipais) atingiu 33,7% do PIB, o maior percentual da série histórica iniciada em 2010. Verdade que em 2023 a carga

---

113. Disponível em: https://www.gov.br/fazenda/pt-br/assuntos/noticias-economia/2021/setembro/arrecadacao-federal-deve-ter-crescimento-estrutural-adicional-de-r-110-bilhoes-em--2021-preve-spe. Acesso em: 29 fev. 2024.

tributária se reduziu para algo em torno de 33% do PIB, mas dizer que isso é um problema de arrecadação está fora de contexto. Afinal, não é possível bater recorde de arrecadação em relação ao PIB todos os anos, caso contrário chegaríamos numa situação absurda onde tudo que é produzido é arrecadado. O normal é se esperar uma carga tributária estável ao redor de determinado valor do PIB. E a carga tributária de 2023 ao redor de 33% do PIB ainda se encontra num patamar acima da média dos últimos anos.

Os dados apresentados neste capítulo, todos eles públicos e oficiais e que podem ser facilmente conferidos e replicados, mostram em seu conjunto que no período 2019 a 2022 tivemos importantes avanços econômicos em nosso país. A pobreza, a pobreza extrema e a taxa de desemprego foram todas substancialmente reduzidas entre 2019 e 2022. O mercado de crédito e capitais cresceu significativamente no período, e é digna de nota a forte expansão do crédito livre via bancos privados, em oposição ao que ocorria antes, quando a expansão do crédito se dava via crédito direcionado proveniente de bancos públicos. Ao final do período, o crescimento do PIB brasileiro teve desempenho similar ao crescimento chinês, e a inflação brasileira ficou abaixo da inflação americana. O gasto público se reduziu, a arrecadação bateu recordes mesmo com todas as reduções tributárias, e as contas públicas fecharam com superávit.

O período 2019 a 2022 foi marcado por fortes choques negativos que afetaram o Brasil e o mundo, mas mesmo assim os dados econômicos da economia brasileira registraram expressivas melhoras, mostrando o acerto da política econômica adotada nesse período de nossa história. Críticas existem e devem sempre ser respeitadas, mas é fundamental olhar os dados econômicos do período 2019 a 2022 e reconhecer que importantes avanços foram realizados.

É importante deixar claro neste capítulo que esses dados não são resultado do trabalho de apenas uma única pessoa. Nossa política econômica, além do apoio do presidente da República, contou também com o importante apoio do Congresso Nacional, verdadeiro parceiro do governo federal na agenda econômica. As presidências e as lideranças tanto da Câmara dos Deputados como do Senado Federal, as mesas diretoras e o apoio de vários deputados e senadores foram fundamentais para a obtenção desses resultados. Também é importante ressaltar que fomos prudentes em aceitar a contribuição de governos passados, mantivemos políticas acertadas, tais como a reforma trabalhista e o teto de gastos, e procuramos aprimorar e dar prosseguimento a outras medidas que se encontravam em tramitação quando de nossa chegada ao governo. Apesar de pouco comentado por analistas, o respeito às medidas corretas tomadas no passado é uma importante vitória de política econômica de qualquer governo. Afinal, infelizmente, é muito comum um novo governo querer acabar com medidas acertadas tomadas por governos passados.

# 10. A RESPOSTA DA POLÍTICA ECONÔMICA À PANDEMIA DE COVID-19[114]

## 10.1. Introdução

A pandemia de Covid-19 foi a maior catástrofe de saúde pública mundial desde a gripe espanhola que assolou o mundo em 1918. No dia 11 de março de 2020, a Organização Mundial de Saúde declarava que a Covid-19 era agora oficialmente uma pandemia mundial. Num intervalo de apenas oito dias (entre 9 e 16 de março de 2020), a bolsa brasileira acionou seis vezes seu *circuit-break* em decorrência direta da pandemia de Covid-19. O Brasil e o mundo adotaram rapidamente medidas de combate à pandemia. Essas medidas tinham como seu pilar central reduzir a circulação de pessoas, bens e serviços na sociedade. Não cabe aqui julgar se as medidas de distanciamento social adotadas por diferentes países foi efetiva. Nos limitamos a descrever a resposta de política econômica adotada pelo governo brasileiro durante a pandemia.

Os dados econômicos eram assustadores no começo da pandemia. Em decorrência das medidas de distanciamento social adotadas, e consequente obrigatoriedade de manter fechadas a maioria das empresas, e a quase obrigatoriedade de se ficar em casa (medidas duras para proibir a circulação de pessoas foram adotadas no Brasil e no mundo), a produção de bens e serviços sofreu forte redução no Brasil e no mundo. Esta seção descreve nossa resposta de política econômica para minimizar os efeitos econômicos da pandemia na vida das pessoas e na capacidade produtiva

---

114. Esta seção segue de perto duas Notas Informativas publicadas pela Secretaria de Política Econômica: *Medidas de Combate aos Efeitos Econômicos da Covid-19*, publicada em 17 de abril de 2020, e *Uma Análise da Crise gerada pela Covid-19 e a Reação de Política Econômica*, publicada em 13 de maio de 2020.

do país. Em primeiro lugar, era fundamental salvar vidas. E, para isso, dada a política de distanciamento social adotada, era necessário dar condições econômicas para que as pessoas pudessem ficar em casa. Além disso, era importante dar combustível financeiro para que as empresas aguentassem esse período de lockdown[115].

No Brasil usamos uma estratégia inovadora: em vez de um grande anúncio contendo todas as medidas a serem implementadas, e impondo logo no começo da pandemia um elevado custo fiscal à economia, preferimos adotar uma estratégia de "ondas"[116]. A primeira onda de medidas foi anunciada no dia 16 de março de 2020 (cinco dias após a OMS decretar calamidade mundial), e representou uma injeção de quase R$ 200 bilhões na economia. Contudo, menos de 1/3 desse valor teria impacto fiscal. A ideia era utilizar de largada medidas parafiscais (como a liberação de R$ 37 bilhões das contas do FGTS, e a liberação de outros R$ 23 bilhões em contas individuais de PIS/PASEP) que não representam ônus fiscal para o Tesouro Nacional, ou medidas de antecipação de pagamentos (pagamentos de 13º salário para aposentados e pensionistas, por exemplo) que não têm impacto fiscal no orçamento anual do governo federal, pois representam uma simples antecipação de um valor que já seria pago ao longo do ano. A primeira onda de medidas foi responsável por uma rápida e robusta injeção de recursos na economia com baixo custo fiscal.

No começo da pandemia, praticamente todos os dias uma nova "onda" de medidas econômicas era anunciada e implementada. Essa estratégia de ondas tinha um propósito: proporcionar espaço fiscal para fazer frente a uma situação de elevada incerteza quanto à duração da pandemia. Em março de 2020 ninguém sabia precisar quanto tempo duraria a pandemia. Assim, era necessário ter reservas fiscais caso a pandemia persistisse por um longo período, como de fato acabou

---

115. *Lockdown* refere-se a um fechamento quase absoluto da sociedade. No Brasil e no mundo o termo foi usado de maneira imprecisa para descrever um conjunto de medidas preventivas obrigatórias para limitar severamente a circulação de pessoas, bens e serviços durante a pandemia. Diferentes tipos de medidas e intensidade de lockdowns foram adotadas por diferentes países. A ideia básica do lockdown era desacelerar a propagação da Covid-19 enquanto aguardava-se o desenvolvimento de uma vacina.

116. Para ver a data de divulgação de cada medida basta acessar: https://www.gov.br/economia/pt-br/centrais-de-conteudo/publicacoes/boletins/Covid-19/timeline.

ocorrendo. No Brasil, antes mesmo do início da pandemia, o nível de endividamento público já era bastante elevado quando comparado com o de países em desenvolvimento. Esse elevado endividamento da economia brasileira trazia dificuldades que outros países, com situação fiscal mais sólida, não precisaram enfrentar. Dessa maneira, a estratégia de "ondas" possibilitava um ajuste mais fino das medidas econômicas, facilitava a correção de medidas que porventura não tivessem resultado satisfatório e mantinha a solvência das contas públicas brasileiras num cenário de forte stress fiscal.

Tão importante quanto a decisão de adotar o anúncio de medidas econômicas em ondas, foi a decisão de tornar todas essas medidas em caráter estritamente provisório. Isto é, todas as medidas anunciadas para combater os efeitos econômicos da pandemia foram transitórias, e só duraram enquanto durou a pandemia. Isso representou importante passo para evitar que uma crise transitória, em decorrência de uma pandemia, se transformasse numa crise de longo prazo, em decorrência da insolvência das contas públicas. O conjunto de medidas tomadas durante os estágios iniciais da pandemia nos dava a certeza de que a recuperação da economia brasileira se daria no formato de um "V". No primeiro momento teríamos uma queda forte na atividade econômica, mas tão logo a crise de saúde pública se encerrasse a economia retomaria rapidamente a trajetória anterior de crescimento.

Hoje parece claro que a economia brasileira percorreu a trajetória em formato de "V", mas, na época, vários analistas econômicos e jornalistas de renome zombaram dessa previsão de recuperação em "V", brincavam dizendo que o "V" era de "virtual". Verdade seja dita, não era trivial prever que a economia brasileira retornasse em "V". No Brasil existem vários fatores que dificultam a realocação de capital e trabalho na economia. Assim, é comum que em nosso país as crises se prolonguem por tempo mais longo. Além disso, a literatura econômica é repleta de exemplos sugerindo que crises severas costumam ter efeitos de longo prazo[117]. Dessa maneira, nos parece correto inferir que a recuperação da economia em formato de "V" foi uma grande vitória de política econômica.

---

117. CERRA, Valerie e SAXENA, Sweta Chaman. "Growth Dynamics: The Myth of Economic Recovery". *American Economic Review*, 98(1): março de 2008, p. 439-457.

## 10.2. Os choques econômicos associados à pandemia

A rápida disseminação do coronavírus pelo mundo constituiu um enorme desafio aos sistemas nacionais de saúde. Esses sistemas revelaram-se incapazes de fornecer tratamento adequado aos pacientes necessitados. Consequentemente, diversos governos optaram por adotar medidas de distanciamento social e restrição de circulação e aglomeração de pessoas, visando a reduzir a velocidade de propagação do coronavírus. Tais medidas têm impacto direto na atividade econômica por meio de diversos canais. Além disso, mais do que uma parada passageira da atividade, as medidas tinham potencial de destruição substancial da capacidade permanente de produção da sociedade, podendo gerar uma crise econômica com consequências de médio e longo prazos.

Em um primeiro momento, as medidas de distanciamento social e quarentena que impedem a produção e a circulação das pessoas tinham o efeito imediato de colapsar parcial ou completamente a produção e as vendas de diversos setores durante o período de emergência, tanto como resultado de uma disrupção de oferta como por uma queda forçada de demanda. De forma abrupta, as decisões de produção e consumo foram fortemente restritas, causando distúrbios em todas as cadeias da economia, embora esses impactos sejam maiores ou menores a depender do setor econômico.

A perda direta de produção causada pela crise de saúde refletiu-se em uma queda substancial no consumo de bens e serviços. Esse choque poderia ter tido efeitos indiretos maiores, por meio da falência de empresas e destruição de empregos. Afinal, durante os períodos de isolamento social, as empresas continuaram tendo custos fixos como salários, aluguéis, pagamento de juros e impostos. Quando superada a epidemia – ou seus efeitos mais severos –, diversas empresas tinham deixado de existir. O resultado não foi apenas a perda temporária de empregos, mas a destruição definitiva de postos de trabalho.

O crédito para as firmas desempenhou papel essencial nesse momento, ao permitir que mantivessem seus pagamentos em dia, diminuindo a desarticulação das cadeias produtivas e a eliminação de postos de trabalho. Contudo, os elevados riscos de falência e inadimplência restringiam a oferta de crédito por parte do setor financeiro. Ao final da pandemia, as firmas se defrontaram com a elevação em seu endividamento, o que aumentou o risco de falência futura e reduziu sua capacidade de obtenção de crédito. A desvalorização dos ativos e o aumento do endividamento reduziu o patrimônio líquido e, portanto, as garantias que as empresas tinham para oferecer em novas operações de crédito. A redução da capacidade de tomar crédito causada por qualquer crise tende a estender sua duração, transformando um choque temporário em permanente. Isso ocorreu na crise financeira mundial de 2008, e poderia ter se repetido na pandemia de Covid-19. De maneira semelhante, a destruição de postos de trabalho tende a transformar choques temporários em permanentes.

Parte expressiva de nossas medidas econômicas foram tomadas justamente para evitar que uma crise transitória se transformasse numa crise de longa duração ou permanente. Uma ampla gama de medidas econômicas foi adotada para minimizar os riscos de falência em massa de empresas, destruição de empregos e redução de riqueza agregada, que levariam à deterioração das condições econômicas e financeiras do país prolongando a crise econômica. A ideia básica dessa série de medidas era manter a estrutura produtiva funcionando até que, ao final da pandemia e com a normalização das questões de saúde, a economia tivesse uma base sólida para retomar sua atividade. Isto é, era fundamental evitar que uma crise temporária se transformasse numa crise permanente, como ocorreu em diversos países do mundo ao longo da história, quando choques transitórios acabaram tendo efeitos de longo prazo.

A crise gerada pela pandemia de Covid-19 é única na história recente. Na Idade Moderna, excetuando-se guerras, a crise só encontra paralelo na gripe espanhola de 1918. A magnitude e a multiplicidade de choques negativos decorrentes da pandemia, pelo lado da oferta e pelo lado da demanda, nos levam a considerá-la um dos maiores desafios de política econômica já enfrentados pela sociedade brasileira.

Os primeiros choques adversos nas perspectivas de crescimento do país estiveram associados à deterioração do quadro externo. Inicialmente, ocorreu a desaceleração do crescimento na China, onde teve início a epidemia. Por concentrar quase um quinto do PIB mundial e ser destino de parcela substancial das exportações de vários países, inclusive do Brasil, a China vinha sendo o principal motor da economia mundial nos últimos anos, de modo que a súbita redução em sua taxa de crescimento necessariamente implicaria efeitos adversos para os demais países.

É importante ressaltar ainda que a rápida disseminação do vírus em outros países, notadamente na Europa, levou a uma deterioração ainda mais forte no cenário econômico internacional e, assim, também nas perspectivas de crescimento do PIB brasileiro. Tal deterioração pôde ser sentida na deterioração dos termos de troca, no preço das commodities, nas quedas nas bolsas e nos preços dos ativos financeiros, e em prováveis quebras na cadeia produtiva. Tais efeitos, por si sós, já teriam um impacto adverso relevante no crescimento de 2020. Em um segundo momento, a economia passou a ser impactada também por choques adversos internos. De fato, as medidas necessárias para proteger a população do vírus, desacelerando a taxa de contaminação e evitando o colapso do sistema de saúde, implicavam inevitavelmente em forte desaceleração das atividades econômicas. Essas medidas envolviam, por exemplo, reduzir interações sociais, manter trabalhadores em casa e fechar temporariamente estabelecimentos comerciais e industriais.

Em março de 2020, diversos estados e municípios decretaram algum tipo de restrição ao deslocamento de pessoas e à abertura de empresas, o que magnificou o choque negativo sobre o mercado de trabalho. A incerteza decorrente da pandemia de Covid-19, aliada ao fechamento de diversos estabelecimentos comerciais decretada pelos governos, gerou dois outros choques negativos, mas dessa vez pelo lado da demanda: investimentos foram postergados e o consumo de diversos bens e serviços passou a ser menos procurado pela população, que buscava proteger-se de um possível contágio, ou tornou-se impossível pelas restrições aplicadas ao funcionamento de determinados setores de atividade econômica.

Todos os países do mundo foram afetados, em maior ou menor escala, pela pandemia de Covid-19. Em especial, vários importantes parceiros comerciais brasileiros, como Estados Unidos, China, Argentina e Comunidade Europeia, tiveram expressiva redução em sua atividade econômica. Essa contração internacional gerou mais um choque negativo pelo lado da demanda sobre a economia brasileira: como o resto do mundo ficou mais pobre, o volume e o preço das exportações brasileiras para o resto do mundo foram reduzidos. Por fim, a redução das vendas esperadas e a perspectiva de um alto número de falências geraram efeito riqueza negativo. Os ativos dos detentores de capital perderam valor, o que afetou negativamente sua capacidade de obter crédito. A elevação da percepção de risco fez com que bancos retraíssem a oferta de crédito. Assim, o efeito riqueza negativo gerou um choque negativo na oferta de crédito privado.

Em tempos de paz não existem exemplos na literatura de tantos choques negativos de tamanha magnitude, seja pelo lado da oferta, seja pelo lado da demanda, afetando tantos países ao mesmo tempo. Nesse contexto, o desafio para as autoridades governamentais em todo o mundo residiu em ajudar empresas e pessoas, especialmente aquelas mais vulneráveis à desaceleração do crescimento econômico, a atravessar esse momento. Nesse sentido, em linha com a maioria dos países do mundo, o governo federal anunciou um conjunto robusto de medidas de estímulo fiscal, creditício e monetário, bem como diversas medidas de reforço à rede de assistência social e de saúde pública, visando atenuar a crise econômica e social decorrente da pandemia.

Não era possível evitar o choque recessivo no curto prazo. Mas as medidas adotadas reduziram em muito a queda do PIB em 2020, e ajudaram a alavancar a retomada da economia em "V" já em 2021. No começo da pandemia, o FMI previu que a economia brasileira cairia 9,1% em 2020, e o Banco Mundial previu uma queda de 8,5% para o PIB do Brasil. A mediana das estimativas de mercado, presentes no relatório FOCUS do Banco Central previa, em junho de 2020, uma queda de 6,5% para o PIB brasileiro. O dado real foi uma queda bem mais modesta, de 3,3% do PIB em 2020 (queda inferior à ocorrida em 2015, e semelhante à ocorrida em 2016, num mundo sem pandemia)[118]. Em 2021 o PIB brasileiro cresceu 4,8%, confirmando a retomada em "V".

É difícil não creditar esses resultados ao acerto da política econômica adotada. Afinal, a queda no PIB em 2020 foi bem menor do que a estimada pelos especialistas de mercado, e esses mesmos especialistas desdenhavam da possibilidade de uma retomada em "V". Se em 2020 o PIB caiu menos do que o previsto pelos analistas de mercado, e se em 2021 a recuperação ocorreu em "V", fato que não era esperado pelos especialistas e jornalistas da área, então nos parece justo creditarmos esses fatos ao acerto da política econômica.

---

118. Em 2015 o PIB brasileiro caiu 3,5%, e em 2016 a queda foi de 3,3%.

## 10.3. A lógica econômica das medidas econômicas de combate à pandemia de Covid-19

O desenho econômico das medidas sempre esteve em acordo com a literatura internacional e seguiu as melhores práticas adotadas pelas principais democracias. Cabe destacar que várias das medidas econômicas de combate à crise adotadas pelo Brasil foram elogiadas pelo Banco Mundial e pelo Fundo Monetário Internacional. É importante ressaltar que o conjunto de medidas econômicas foi robusto, e que parte expressiva delas foi elaborada e implementada antes que o sistema público de saúde brasileiro entrasse em stress. Nesse sentido, podemos afirmar que a velocidade de resposta econômica do governo brasileiro à crise foi superior à de vários países desenvolvidos.

Nossa leitura era de que ao final da pandemia teríamos um aumento no endividamento público e no desemprego. Dada a enorme variedade de choques adversos gerados pela pandemia, era natural que tanto o Brasil como o resto do mundo saíssem da crise mais pobres, mais endividados e com maiores taxas de desemprego. Dessa maneira, mesmo durante a pandemia, insistimos em prosseguir, com o apoio do Congresso Nacional, numa robusta agenda de reformas pró-mercado. Também tivemos sucesso em aprovar no Congresso Nacional um importante conjunto de leis que garantissem o equilíbrio fiscal de nosso país.

As medidas econômicas implementadas para aliviar os efeitos socioeconômicos da pandemia de Covid-19 tiveram dois objetivos centrais: transferir recursos para salvar vidas e reduzir os efeitos recessivos da crise do coronavírus, impedindo que um choque transitório tivesse efeitos permanentes na economia. Para combater os efeitos negativos da pandemia sobre a economia brasileira, a política econômica adotada implementou diversas medidas em cinco frentes: i) transferência de recursos para o fortalecimento das estruturas de saúde; ii) proteção social; iii) preservação de empregos; iv) apoio às empresas; e v) transferência de recursos aos entes subnacionais (estados e municípios).

No que se refere ao objetivo número 1: salvar vidas, é importante ressaltar:

    **a.** as vultosas transferências feitas a estados e municípios para fortalecer suas estruturas de saúde pública;

**b.** a disponibilização imediata de recursos financeiros para a compra de vacinas (tão logo elas estivessem disponíveis);

**c.** A estruturação, em menos de trinta dias, do maior programa de transferência de renda da história brasileira, o auxílio-emergencial[119] que chegou a beneficiar quase 70 milhões de brasileiros com pagamentos mensais de R$ 600 ou R$ 1.200 (ao final de 2020, um total de R$ 288,7 bilhões tinha sido transferido a 69,3 milhões de brasileiros beneficiados pelo programa)[120].

No que se refere ao objetivo número 2: reduzir os efeitos recessivos da crise do coronavírus, impedindo que um choque transitório tivesse efeitos permanentes na economia, era nosso entendimento que manter a estrutura produtiva funcionando era fundamental para evitar um colapso econômico no curto prazo e, além disso, era fundamental para auxiliar na recuperação econômica do período pós-Covid.

Para alcançar os objetivos 1 e 2 foi implementado um amplo rol de medidas econômicas. Essas medidas podem ser agrupadas em cinco grandes grupos: a) transferência de recursos para a área de saúde (fortalecimento das estruturas federais, estaduais e municipais de saúde, e disponibilização de recursos para a compra de vacinas); b) ajuda à população carente; c) preservação de empregos e empresas; d) aumento da liquidez para irrigar o mercado de crédito; e) transferência de recursos a estados e municípios para que pudessem absorver a abrupta perda de receita pública. Abaixo damos mais detalhes das medidas implementadas.

## Medidas de proteção social

O mercado de trabalho brasileiro é caracterizado por seu alto grau de informalidade. Os informais representam 40% da força de trabalho ocupada. De acordo com a PNAD Contínua de fevereiro de 2020, os empregados sem carteira assinada eram 16,1 milhões, dos quais 4,5 milhões domésticos. Os empregadores sem CNPJ e trabalhadores por conta própria sem CNPJ superavam 25 milhões pessoas; e os trabalhadores

---

119. O Auxílio Emergencial foi um benefício financeiro criado para garantir renda mínima aos brasileiros em situação vulnerável durante a pandemia de Covid-19.

120. Disponível em: https://www.gov.br/pt-br/noticias/assistencia-social/2020/12/auxilio-emergencial-ja-pagou-mais-de-r-288-bilhoes-para-garantir-protecao-social-aos-brasileiros-1. Acesso em: 3 jan. 2024.

que auxiliavam a própria família eram mais de 2 milhões. Para além dos informais, os trabalhadores que estavam desempregados – mais de 12 milhões de brasileiros – passaram a ter dificuldade ainda maior de encontrar emprego. Somando-se a essas dificuldades, os trabalhos de complementação de renda ficaram mais escassos.

As necessárias medidas de isolamento social reduziram a renda desse enorme contingente de trabalhadores e autônomos, dificultando o pagamento de suas contas e despesas diárias e, até, impedindo a aquisição de bens essenciais, como alimentação e remédios. As medidas de proteção social buscam compensar temporariamente esse colapso de renda e dar amparo a esses trabalhadores e seus dependentes. Além do auxílio financeiro de R$ 600 aos empregados e autônomos informais e aos desempregados – benefício que foi estendido aos microempreendedores individuais de baixa renda – houve outras medidas de proteção. Entre elas, destaca-se a ampliação do número de famílias beneficiadas no programa Bolsa Família, que passou a incluir mais de um milhão de famílias que estavam inscritas, mas ainda não recebiam. O benefício foi ampliado para R$ 600 por três meses, sendo que havia possibilidade de acumulação desse benefício com aquele voltado para os informais. As famílias monoparentais do Bolsa Família e do Cadastro Único receberam três parcelas desse valor em dobro, equivalentes a pagamentos mensais de R$ 1.200,00. Também para proteção social foi antecipado o 13º salário para os aposentados e pensionistas do INSS e o pagamento do abono salarial. Ainda no âmbito da Previdência Social, foi suspensa por cento e vinte dias a exigência de recadastramento anual de aposentados, pensionistas e anistiados políticos civis, bem como a de realização de visitas técnicas para comprovação de vida.

O governo entendia que transferir recursos para as famílias naquele momento era fundamental para garantir as necessidades básicas e fortalecer a imunidade dos grupos mais vulneráveis.

### Medidas de proteção ao emprego

Esse grupo de providências tomadas pelo governo visava reduzir os custos de manutenção dos empregos durante o período de queda de receita das empresas decorrente das medidas de distanciamento social. Sabe-se que a decisão de demitir ou admitir pelas empresas é complexa. Quando os custos de manter um empregado superam os benefícios, a empresa tende a demitir. Entretanto, em razão dos custos significativos de um processo de demissões (encargos rescisórios, perda de capital humano, redução da capacidade produtiva, etc.) as empresas tendem a postergar tais medidas se perceberem o choque como temporário.

Naquele período de isolamento social, a queda da receita das empresas estava sendo tão pronunciada que poderia forçar muitos empresários a demitirem parte relevante de sua mão de obra, ainda que o choque fosse percebido como temporário. Para mitigar esse movimento de demissões, o governo atuou para garantir parte da renda dos trabalhadores empregados e reduzir o custo das empresas, de modo a impedir a destruição de postos de trabalho. Ao amenizar os efeitos negativos no emprego, há benefícios de curto prazo – a manutenção da renda dos trabalhadores –, e de médio prazo – a preservação das estruturas de pessoal das empresas –, o que possibilitou a retomada acelerada da atividade econômica quando passada a crise.

Com esse objetivo essencial de impedir a destruição de postos de trabalho, as medidas permitiram às empresas a redução de jornadas e de salários. Manter o emprego naquele momento evitaria o custo de prospecção e treinamento no futuro, além de facilitar a normalização da produção durante a retomada. Desse modo, foi criado o programa de financiamento da folha de pagamento. Os empréstimos contam com garantia do Tesouro de 85% do valor. Os demais 15% são risco das instituições financeiras.

Com esse mesmo objetivo de manutenção do emprego, foram regulamentadas as possibilidades de teletrabalho, trabalho remoto e trabalho à distância, além da permissão de antecipação de férias coletivas, feriados e de compensação de jornada de trabalho por meio de banco de horas. Essas medidas tiveram efeitos positivos na economia e na saúde, pois fortaleceram o distanciamento social dos trabalhadores e permitiram que continuassem produzindo. Outra iniciativa importante foi a extinção do Fundo PIS-PASEP e a incorporação de seu patrimônio ao Fundo de Garantia do Tempo de Serviço (FGTS), a partir de 31 de maio de 2020. Com esta transferência, foi possível permitir um saque de até R$ 1.045 por trabalhador das contas do FGTS. Esse ganho de renda foi uma forma de aliviar a perda temporária de remuneração. Essa medida beneficiou 60,8 milhões de trabalhadores, dos quais 30,7 milhões puderam sacar todos os seus recursos no FGTS. Assim, a metade dos trabalhadores com menor saldo, e, logo, de menor renda, teve acesso pleno a seus recursos, de forma que até 80% das contas foram zeradas. A medida atendeu de forma integral à maioria dos trabalhadores que eram os mais vulneráveis e com menor estabilidade no emprego. O volume previsto para saques foi de até R$ 37,8 bilhões, na hipótese de que todos os saques fossem realizados. Esperava-se que esses recursos fortalecessem a demanda agregada, o que auxiliou na retomada das atividades pelas empresas após o período de isolamento social. Além disso, devolver parte dos recursos do FGTS ao trabalhador foi uma medida que melhorou a alocação de capital na economia. Afinal, nos parece claro que o trabalhador sabe por si mesmo o que é melhor para ele.

Apesar de várias medidas tomadas para a manutenção dos postos de trabalho, é inegável que o carro-chefe da preservação de empregos durante a pandemia foi o Benefício Emergencial de Preservação do Emprego e da Renda (BEM). O BEM permitiu tanto a redução proporcional da jornada de trabalho e salário dos trabalhadores formais quanto a suspensão temporária do contrato de trabalho. Cabe ressaltar que tanto no caso da redução da jornada como no da suspensão temporária, o Tesouro Nacional arcou com parte dos custos desse programa, garantindo que o trabalhador mantivesse no mínimo 50% de sua renda. De acordo com dados do Ministério da Economia, quase 12 milhões de empregos foram preservados devido aos acordos celebrados entre empregados e empregadores. Essa medida trouxe benefícios de curto prazo – a manutenção da renda dos trabalhadores – e permitiu no médio prazo a preservação da estrutura de pessoal das empresas.

O pacote de proteção ao emprego realizado é o maior já efetuado na história do país, buscando salvaguardar os trabalhadores e a estrutura econômica, reduzindo ao máximo os efeitos de médio e longo prazos do coronavírus sobre a economia.

### Medidas de auxílio às empresas

Empresas não são somente o patrimônio tangível representado por imóveis e equipamentos. Elas são um conjunto de relações de aprendizagem, relacionamento, confiança e organização que evoluem de forma incremental ao longo de anos e décadas. Em uma crise repentina, como uma pandemia, a destruição de empresas eficientes representa a perda desse incalculável capital não tangível. Foi em parte para evitar essas perdas que foram adotadas políticas de suporte às empresas.

A forte redução das receitas devida ao isolamento social, mantidos os custos fixos, resultou em prejuízos e redução de caixa e de capital de giro. Em tempos normais, as empresas conseguem expandir seu crédito ao usar seus ativos como garantia, a chamada alavancagem. No entanto, em períodos de crise, há queda do valor desses ativos utilizados como garantias (ou colaterais) pelas empresas, o que reduz sua alavancagem e aumenta o custo do crédito. Os colaterais dados pelas empresas em operação de crédito são usualmente ativos físicos (imóveis, veículos, máquinas e outros equipamentos) ou a receita futura de vendas. A exemplo do que ocorre com as ações negociadas em bolsas de valores, os ativos físicos das empresas perdem valor nas crises. Com a redução do valor de seus ativos, cai o valor que a empresa pode tomar emprestado. A segunda forma de colateral, a cessão de valores de vendas futuras – faturas de cartão de crédito, duplicatas ou cheques – também perde valor porque caem as vendas, em razão do isolamento social.

As medidas econômicas tomadas visavam evitar o colapso do crédito provocado por essas duas tendências apontadas no parágrafo anterior. Procuravam preservar a liquidez do sistema bancário e garantir a manutenção de crédito para as empresas, inclusive reduzindo exigências de capital dos bancos para que pudessem renegociar empréstimos. Ao limitar a deterioração financeira das empresas, os empregos foram garantidos e tornou-se factível a retomada da economia. O foco principal dessas medidas foram as pequenas e médias empresas, as mais afetadas pela pandemia e que tinham menor poder de enfrentar a crise.

Foram vários programas de crédito para auxiliar as empresas a atravessarem a fase mais aguda da pandemia. Esses programas se dividiam entre os que facilitavam o uso de crédito tributário pelos bancos para reduzir a exigência de capital e facilitar os empréstimos (CGPE)[121]; os que utilizavam recursos do FGE e FGO para permitir que as primeiras perdas com inadimplência fossem assimilados por recursos do Tesouro

---

121. Disponível em: https://www.gov.br/pt-br/noticias/financas-impostos-e-gestao-publica/2020/07/regulamentado-programa-de-capital-de-giro-para-preservacao-de-empresas. Acesso em: 3 jan. 2024.

Nacional (PRONAMPE)[122]; os voltados às pequenas e micro empresas sem garantias para oferecer aos bancos (PEAC-Maquininhas)[123]; os voltados a garantir o pagamento da folha de pagamento (PESE)[124]; e, finalmente, aqueles disponíveis para empresas de qualquer tamanho (PEAC-FGI)[125].

O canal de crédito foi uma preocupação constante durante a pandemia, e fica aqui o registro de que foi graças ao sucesso desses programas que diversas empresas brasileiras conseguiram atravessar esse período conturbado da pandemia de Covid-19. Os dados do Banco Central do Brasil são muito claros, e mostram a forte expansão do crédito já no início da pandemia. Essa é uma evidência de que as medidas de expansão da liquidez tiveram um impacto robusto ao longo de todo esse período. O *Boletim MacroFiscal*, edição de julho de 2020, da Secretaria de Política Econômica, nas suas páginas 21 a 23 detalha várias medidas de expansão da liquidez tomadas pelo Conselho Monetário Nacional (composto pelo Ministério da Economia e pelo Banco Central do Brasil), pelo Banco Central do Brasil e pelo Ministério da Economia. Além disso, são apresentados dados da expansão do crédito ao longo do ano de 2020[126].

O gráfico a seguir mostra o efeito das medidas de crédito sobre a evolução do saldo total de crédito na economia em valores reais (saldo em milhões de reais, deflacionados pelo IPCA e base = 100 em janeiro/2020). O gráfico utiliza dados do Banco Central do Brasil e mostra a evolução do saldo total de crédito mês a mês para os anos de 2018, 2019 e 2020. Além disso, a linha pontilhada mostra a tendência de expansão do crédito para 2020 com base na evolução da série até fevereiro de 2020 (a linha de tendência foi calculada pela Secretaria de Política Econômica). Como as medidas de crédito só foram tomadas a partir de março de 2020, a distância entre a linha pontilhada (linha de tendência calculada com dados até fevereiro de 2020) e o valor efetivo do

---

122. Disponível em: https://www.gov.br/empresas-e-negocios/pt-br/credito/pronampe. Acesso em: 3 jan. 2024.
123. Disponível em: https://www.bndes.gov.br/wps/portal/site/home/financiamento/produto/peac-maquininhas. Acesso em: 3 jan. 2024.
124. Disponível em: https://www.bndes.gov.br/wps/portal/site/home/financiamento/produto/programa-emergencial-de-suporte-a-empregos. Acesso em: 3 jan. 2024.
125. Disponível em: https://www.bndes.gov.br/wps/portal/site/home/financiamento/garantias/peac/dados-operacionais-peac-fgi. Acesso em: 3 jan. 2024.
126. O *Boletim MacroFiscal* da SPE está disponível em: https://www.gov.br/economia/pt-br/centrais-de-conteudo/publicacoes/boletins/boletim-macrofiscal.

saldo de crédito em 2020 é uma *proxy* para se avaliar o grau de sucesso das medidas de crédito.

Como pode ser notado no gráfico, já a partir de março de 2020 ocorre forte descolamento entre a linha de saldo de crédito efetivo e a linha pontilhada representando sua tendência. Esse descolamento das linhas reflete a expansão nos saldos de crédito decorrente das medidas de crédito adotadas. A distância entre essas linhas é uma *proxy* para mostrar o quão expansivas e efetivas foram as medidas de crédito adotadas no combate a pandemia. É importante também ressaltar a velocidade dessas medidas. Notem que a expansão do crédito começa quase que imediatamente em seguida à decretação de calamidade mundial pela Organização Mundial de Saúde, em 11 de março de 2020. Com efeito, várias medidas de expansão do crédito foram feitas de maneira infralegal (sem necessidade de aprovação de lei específica pelo Congresso Nacional), seja por portarias ou resoluções do Conselho Monetário Nacional, do Banco Central ou do Ministério da Economia.

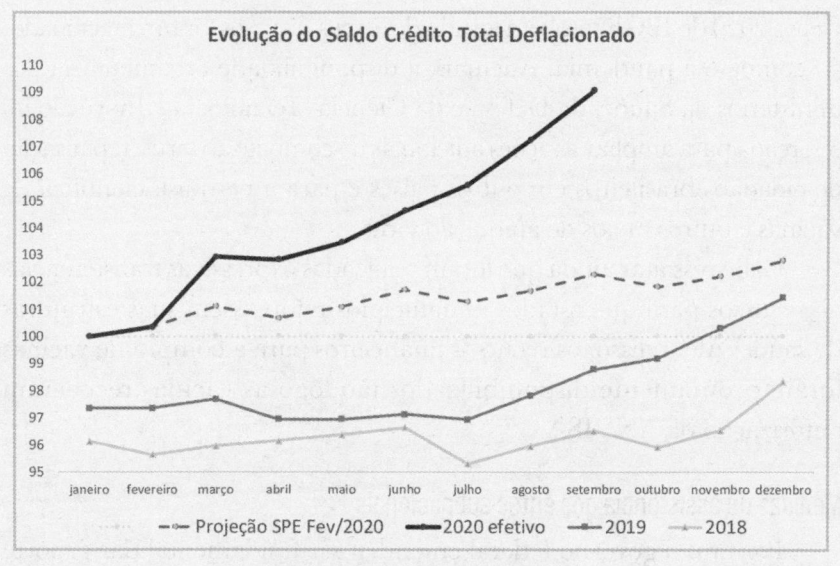

**Fonte:** Banco Central do Brasil.

A postergação (diferimento) do pagamento de impostos foi outra medida adotada. O governo federal suspendeu por três meses o recolhimento da parte referente à parcela da União no Simples Nacional e do FGTS pelas empresas em geral. Foram também criadas linhas de financiamento para pagamento da folha salarial com recursos do Tesouro Nacional, e linhas de crédito especiais ofertadas por bancos públicos. Outra iniciativa importante foi a isenção temporária do Imposto sobre Operações de Crédito, Câmbio e Seguro ou relativa a Títulos ou Valores Mobiliários (IOF) sobre as operações de crédito por um período de três meses. Isso criou mais um incentivo ao fornecimento de crédito às empresas e famílias e à renegociação de empréstimos em condições mais adequadas àquele momento de crise.

## Medidas de combate direto à pandemia

A proteção à vida foi um dos eixos básicos da política econômica do período de pandemia. A saúde da população e a mitigação dos efeitos nocivos da Covid-19 foram uma preocupação constante da política econômica. Por isso, recursos foram transferidos para a compra de materiais e a ampliação da rede de atendimento à população. Entre outras medidas, o governo reduziu a zero as alíquotas de importação e o IPI (Imposto sobre Produtos Industrializados) de alguns produtos de uso médico-hospitalar. O Censo 2020 do IBGE também foi adiado, e seus recursos foram direcionados ao combate à pandemia. Ademais, a disponibilidade orçamentária dos ministérios da Saúde, da Defesa e da Ciência, Tecnologia e Inovação foi reforçada para ampliar as ações adicionais de combate ao vírus, repatriação de cidadãos brasileiros em outros países e para a pesquisa científica de vacinas e outros meios de ataque ao vírus.

Cabe ressaltar ainda que foram realizadas expressivas transferências de recursos para que estados e municípios reforçassem suas estruturas de saúde. Além disso, os recursos financeiros para a compra de vacinas foram prontamente disponibilizados tão logo as vacinas receberam autorização da ANVISA.

## Medidas de assistência aos entes subnacionais

Por fim, o governo federal entendeu ser fundamental dar suporte aos entes subnacionais. A crise reduziu substancialmente a receita de estados e municípios, muitos do quais já se encontravam em situação fiscal difícil mesmo antes da pandemia. Um pacote de medidas foi implementado com vistas a transferir recursos para a área de saúde dos entes subnacionais, para financiar as ações emergenciais de combate à

Covid-19 e compensar perdas do Fundo de Participação dos Estados (FPE) e do Fundo de Participação dos Municípios (FPM) por meio de transferências de recursos e oferecimento de novas linhas de crédito.

O governo federal sancionou medida de apoio financeiro aos estados, ao Distrito Federal e aos municípios num valor total de até R$ 16 bilhões por um período de quatro meses, para compensar as eventuais quedas no FPE e FPM (Medida Provisória 938/2020). Também foi aberto crédito extraordinário da ordem de R$ 9,4 bilhões para o enfrentamento da Covid-19, sendo R$ 500 milhões destinados à Fiocruz e os restantes R$ 8,9 bilhões ao Fundo Nacional da Saúde (FNS), por meio do qual foram feitos os repasses a estados, Distrito Federal e municípios (Medida Provisória 940/2020). O governo federal também apoiou o Projeto de Lei Complementar (PLP 232/2019) que autorizou a desvinculação dos saldos financeiros remanescentes de exercícios anteriores constantes dos Fundos de Saúde dos entes subnacionais, no valor de R$ 11 bilhões, para as ações emergenciais de combate à pandemia. Em cooperação com o Congresso Nacional, foi aprovado um pacote de medidas no montante de mais de R$ 88 bilhões destinados a estados e municípios.

O leitor mais interessado pode encontrar uma lista inicial das medidas econômicas tomadas pelo Ministério da Economia na Tabela 1 da Nota Informativa *Medidas de Combate aos Efeitos Econômicos da Covid-19*, publicada em 17 de abril de 2020[127].

## 10.4. Considerações adicionais

A crise do coronavírus foi um dos maiores desafios à sociedade da história moderna, e representou um choque econômico sem precedentes na história econômica brasileira. Em um único momento, a economia confrontou-se com choques negativos de oferta, demanda, liquidez, externos, no mercado de trabalho e de endividamento público. O governo federal implementou um pacote de medidas que foi elaborado

---

[127]. Disponível em: https://www.gov.br/economia/pt-br/centrais-de-conteudo/publicacoes/notas-informativas/2020/nota-informativa-medidas-fiscais-coronavirus-final-17_04.pdf. Acesso em: 3 jan. 2024. A lista completa de medidas está disponível em: https://www.gov.br/economia/pt-br/acesso-a-informacao/acoes-e-programas/principais-acoes-na-area-economica/acoes-combate-a-covid-19. Acesso em: 3 jan. 2024. A lista está dividida em ordem cronológica, para mostrar as medidas tomadas em 2020, 2021 e 2022.

para atacar os principais canais da crise, visando construir um escudo de proteção à vida e a economia, buscando fornecer às pessoas, às famílias e às empresas condições de sobreviverem durante os períodos mais agudos da pandemia.

As medidas econômicas adotadas para amenizar o impacto da pandemia de Covid-19 foram o maior pacote de proteção à vida, à economia, ao emprego e à preservação da estrutura produtiva da história da economia brasileira. O valor total desse pacote de medidas, incluindo todas as medidas fiscais e parafiscais, de potencial de crédito e regulatórias correspondeu a aproximadamente R$ 3,5 trilhões. As medidas adotadas foram temporárias e em caráter emergencial, e vigoraram durante todo o período da pandemia. É importante ressaltar que, ao final de 2021, a dívida pública como percentual do PIB estava abaixo de seu valor em 2019, comprovando definitivamente nosso respeito e preocupação com o lado fiscal da economia. Aliás, de acordo com dados do FMI, no conjunto dos 100 maiores países do mundo (medidos pelo tamanho do PIB) a dívida pública como percentual do PIB cresceu em média 11 pontos percentuais entre 2019 e 2021, resultado do efeito expansivo da política fiscal adotada por diversos países para combater a pandemia de Covid-19. No Brasil, entre 2019 e 2021, a dívida pública se reduziu em 0,1 ponto percentual. Isso mostra que nossa geração pagou pelos custos fiscais associados ao combate à pandemia, fato inédito na história brasileira.

Para registro histórico, é importante destacar que o montante de R$ 3,5 trilhões incluiu medidas fiscais, parafiscais, regulatórias e de potencial de crédito. Isto dá a magnitude do tamanho econômico das medidas, e ilustra uma importante estratégia de política econômica que foi utilizada desde o começo da pandemia: várias medidas adotadas focaram em aprimoramentos e transferências com baixo ou nenhum custo fiscal. Isso reduziu sobremaneira o endividamento do governo, ao mesmo tempo que possibilitou a transferência de recursos para combater os efeitos econômicos da pandemia. Ao olharmos isoladamente o custo fiscal do pacote de medidas de combate a pandemia, chegamos aos seguintes números finais[128]:

---

128. Disponível em: https://www.tesourotransparente.gov.br/visualizacao/painel-de-monitoramentos-dos-gastos-com-Covid-19. Acesso em: 4 jan. 2024.

**a.** Em 2020, o valor efetivamente pago pelo Tesouro Nacional para as medidas de combate a pandemia foi de R$ 524 bilhões.
**b.** Em 2021, o valor efetivamente pago pelo Tesouro Nacional para as medidas de combate a pandemia foi de R$ 121,4 bilhões.
**c.** Em 2022, o valor efetivamente pago pelo Tesouro Nacional para as medidas de combate a pandemia foi de R$ 20,8 bilhões.

Em resumo, o custo fiscal total da pandemia foi bem inferior ao valor econômico total das medidas de combate à pandemia. Tal como fizemos na primeira onda de medidas, fomos aprimorando os instrumentos com baixo impacto fiscal e elevado valor econômico. O resultado foi um conjunto robusto de medidas econômicas a um custo fiscal possível de ser suportado pelo país. Além disso, como já mencionado, a dívida pública encerrou 2022 em 72,9% do PIB, valor inferior aos 75,3% do PIB que era a dívida pública em 2018. Ou seja, não deixamos que o custo fiscal da pandemia fosse transferido para as gerações futuras. Ao final de 2022, o Brasil estava com uma dívida pública em relação ao PIB inferior ao seu valor de 2018. Ao final de 2022, o Brasil tinha também um gasto público em relação ao PIB (18,3%) inferior ao de 2018 (19,3%), comprovando, uma vez mais, nosso compromisso com a consolidação fiscal do país, mesmo em cenários com choques fortemente adversos sobre as economias brasileira e mundial.

## 10.5. Seção Especial: Regras fiscais e a pandemia de Covid-19[129]

A falta de harmonia entre as principais regras fiscais era, e continua sendo, um problema premente no debate sobre as finanças públicas no Brasil. Regras de gerações totalmente diferentes conviviam (e ainda convivem) no ordenamento jurídico que disciplinava a condução da política fiscal brasileira quando do advento da pandemia de Covid-19. As principais regras naquele momento eram: **i)** Regra de Ouro, prevista no inciso III do art. 167 da Constituição Federal, de 1988; **ii)** Meta de Resultado Primário, concebida na Lei de Responsabilidade Fiscal (LRF) em 2000; e **iii)** Teto de Gastos, instituído pela Emenda Constitucional 95 de 2016 (EC 95).

---

129. Por Jeferson Bittencourt, que foi secretário do Tesouro Nacional.

Entre a concepção de cada uma destas regras se passou mais de uma década. Em períodos como estes, as bases teóricas e as evidências empíricas se alteram, e o debate sobre a condução da política fiscal evolui. Ante a resistência do desequilíbrio fiscal no país, foi natural que o Brasil adotasse, ao seu estilo, versões mais modernas dessas normas, compatíveis com essa evolução. O problema, no entanto, foi que as regras no Brasil foram concebidas de maneira estanque, e nunca se buscou harmonizá-las e racionalizá-las. Deste modo, na melhor das hipóteses, uma regra nova tirava potência/protagonismo de outra, ou, na pior, evidentes incongruências entre as regras passavam a existir.

O enfrentamento da calamidade decorrente da Covid-19 exigiu um uso rápido e intenso dos instrumentos de política fiscal, essencialmente despesas públicas e benefícios tributários. As séries de resultado primário do governo central e do saldo da Conta Única do Tesouro Nacional, ambas como proporção do PIB, refletem bem essa intensidade, como mostra o gráfico a seguir. Foi a maior queda da série para ambas as variáveis num período de doze meses. Sem a suavização da média, apresentada no gráfico abaixo, o saldo da Conta Única caiu 5,5pp do PIB entre julho de 2019 e julho de 2020. Já o resultado primário do governo central saiu de um déficit primário de -1,0% do PIB em 2019 para -9,8% do PIB de 2020.

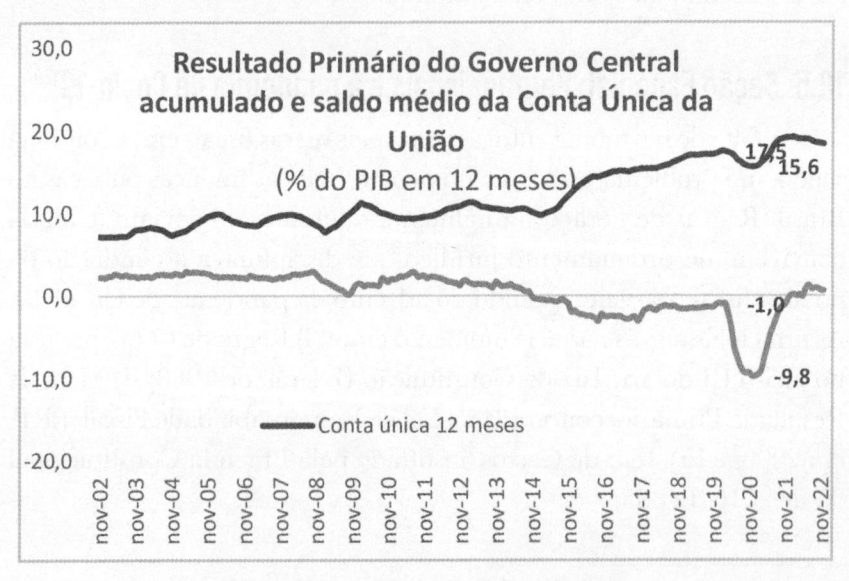

**Fonte:** Tesouro Nacional e Banco Central.

Essa forte mudança na posição fiscal testou os limites das regras em vigor, e acabou desnudando suas fragilidades, principalmente em termos de cláusulas de escape e das incongruências entre elas. O primeiro entrave se deu em relação a dispositivos legais que exigiam que o aumento de gastos tributários indiretos e despesas obrigatórias de caráter continuado tivessem demonstrada a origem dos recursos e a compensação de seus efeitos financeiros nos exercícios seguintes. Em um momento de gastos crescentes e urgentes, propor ou impor elevação concomitante da carga tributária, além de contraproducente do ponto de vista cíclico, poderia pôr em xeque a própria tempestividade do combate à pandemia.

Para tanto, o primeiro movimento foi uma ação direta de constitucionalidade, impetrada pelo Advocacia-Geral da União (AGU), solicitando interpretação, conforme a Constituição Federal, dos arts. 14, 16, 17 e 24 da Lei de Responsabilidade Fiscal (LRF), e do art. 114, caput e § 14, da Lei de Diretrizes Orçamentárias de 2020 (LDO/2020). O cerne da argumentação era que as exigências daqueles dispositivos, sem considerar a situação excepcional do estado de pandemia da Covid-19, violariam princípios constitucionais como a dignidade da pessoa humana e o direito à saúde.

Apenas entre abril e setembro de 2020, o Executivo pagou quase R$ 430 bilhões (em valores de outubro de 2023) em créditos extraordinários. Este montante representava 2,5 vezes o total de despesas discricionárias orçadas para aquele ano. Mesmo considerando a situação atual (de 2023), com um nível de despesas discricionárias mais alto sob a égide do novo arcabouço fiscal, aquele montante de despesas extraordinárias de seis meses em 2020 é quase duas vezes maior que a discricionária prevista no orçamento de 2024. Isso fez com que o volume de créditos extraordinários, que dificilmente alcançava 0,5% da despesa total, alcançasse 22,1% da despesa total em 2020.

Tamanha necessidade de recursos para sustentar os gastos do combate aos efeitos sanitários, econômicos e sociais da pandemia de Covid-19, em tão curto intervalo de tempo, fez com que, antes mesmo da decisão do STF sobre a ADI, o conflito entre a Regra de Ouro e o Teto de Gastos demandasse mais do que uma decisão da Suprema Corte para que se desse continuidade ao enfrentamento à pandemia.

**Volume Pago de Despesas Executadas via Crédito Extraordinario** – (R$ Mi de Outubro de 2023 – 2017 a 2022)

**Fonte:** Tesouro Nacional e Banco Central.

Com esse nível de crescimento de despesas, obviamente o orçamento do ano teria que ser ampliado. A maneira de se fazer isso, com a execução orçamentária em curso, seria através de créditos adicionais, que poderiam ser créditos suplementares (que elevam recursos para despesas já previstas no orçamento), créditos especiais (que incluem despesas não previstas no orçamento) ou créditos extraordinários (que só podem ser usados em casos extremos, como guerras e calamidades públicas).

Ocorre que as duas regras constitucionais da época, a Regra de Ouro e o Teto de Gastos, tinham cláusulas de escape incongruentes entre si, especialmente em situações extremas. A Regra de Ouro tem exceções para créditos suplementares e especiais (desde que aprovados por maioria absoluta), e a Regra de Teto de Gastos para créditos extraordinários. Com tamanha elevação da despesa, era evidente que seria necessário se endividar (fazer operações de crédito) para honrar despesas de custeio (transferências sociais e federativas, gastos com saúde e benefícios tributários), o que é vedado pela Regra de Ouro.

Todos os gastos diretamente ligados ao combate à pandemia podiam ser enquadrados na cláusula de escape da Regra do Teto, pois dada a calamidade poderiam ser feitos por crédito extraordinário, mas isso feriria a Regra de Ouro. Fazê-lo com as cláusulas de escape da Regra de Ouro, via crédito suplementar e especial, teria mais limitações quantitativas e seria menos célere, mas o grande entrave é que feriria o Teto dos Gastos, que não possuía exceções para despesas feitas por crédito suplementar ou especial.

Os problemas da administração macrofiscal tinham correspondência em problemas micro, no ordenamento da despesa. Várias regras de licitação, por exemplo, eram incompatíveis com a urgência dos gastos que se precisava realizar. Mas o problema se estendia para outras contratações públicas, que não somente a aquisição de bens. O enfrentamento da pandemia requeria contratação de pessoal, realização de obras (hospitais de campanha, por exemplo), aquisição de serviços, cada um com regramentos rígidos que ameaçavam a tempestividade da ação do Estado.

Deste cenário emergiu uma Proposta de Emenda Constitucional, a PEC 10 de 2020, apresentada no dia 6 de abril de 2020. Esta PEC, de iniciativa da Câmara dos Deputados, viria a conceber um regime extraordinário fiscal, financeiro e de contratações públicas, durante a vigência do estado de calamidade provocado pela pandemia. Desde a concepção até sua promulgação, a chamada PEC do Orçamento de Guerra contou com contribuições não só de parlamentares, mas do Executivo, do Judiciário e de órgãos de controle.

A Emenda Constitucional era o único veículo para afastar o cumprimento da Regra de Ouro, que já começava a sufocar a execução da despesa. O volume elevado de despesas, as medidas de diferimento de arrecadação e o baixo nível de emissão de dívida nos meses de março e abril deixavam cada vez menos espaço para a execução em bases legais seguras da política fiscal, justamente no período quando as demandas mais se aceleravam. Este cenário contribuiu para que o índice de liquidez em meses da dívida pública atingisse o seu menor patamar em quatro anos, com a reserva de liquidez (colchão da dívida) alcançando 6,8 meses de vencimentos.

Ao fim, a Emenda Constitucional 106 de 2020 (EC 106/2020) foi promulgada em tempo recorde, trinta e um dias após ter início a sua tramitação. Ela afastou, exclusivamente para as medidas de enfrentamento da pandemia, "as limitações legais quanto à criação, à expansão ou ao aperfeiçoamento de ação governamental que acarrete aumento de despesa e à concessão ou à ampliação de incentivo ou benefício de natureza tributária da qual decorra renúncia de receita". Desobrigou também o cumprimento da Regra de Ouro para a integralidade do exercício financeiro em que vigorasse a calamidade, e deu mais flexibilidade à gestão da dívida ao permitir que operações de crédito realizadas para o refinanciamento da dívida mobiliária pudessem financiar o pagamento de seus juros e encargos.

Acima de tudo, porém, a EC 106/2020 deixou cristalino o quanto podem ser danosos os pequenos defeitos no desenho das regras fiscais e, mais ainda, como pode ser arriscado sustentar incongruências entre essas regras.

### Ensinamentos da pandemia para o futuro das regras fiscais: a Emenda Constitucional 109/2021

O Decreto 6, de 20 de março de 2020, que reconhecia o estado de calamidade pública em função da emergência de saúde pública de importância internacional relacionada à Covid-19, tinha efeitos até 31 de dezembro de 2020, e a ele estava vinculado o regime extraordinário fiscal, financeiro e de contratações instituído pela EC 106/2020. Isso quer dizer que, quando a pandemia recrudesceu no início de 2021 com o surgimento de novas variantes do vírus e o crescimento do número de casos, alguns problemas da execução da política fiscal poderiam ressurgir.

Naquele momento, a necessidade de reestabelecer as transferências do Auxílio Emergencial às famílias através da emenda constitucional, para que houvesse conforto em relação ao cumprimento do teto dos gastos, gerou a oportunidade de um aperfeiçoamento mais amplo do regramento fiscal. O veículo utilizado foi a PEC 186, de 2019 (chamada de PEC Emergencial), que teve seu texto revisitado de modo a prover os recursos do auxílio de forma imediata à população, com contrapartidas de responsabilidade fiscal que, no caso da União e da grande maioria dos entes, se estenderiam ao médio prazo. A proposta foi convertida na Emenda Constitucional 109, de 15 de março de 2021 (EC 109/2021).

O desenho proposto trouxe avanços institucionais para o que se pode chamar de tempos de paz e guerra. Para os chamados tempos de paz, foram criados instrumentos para a promoção do reequilíbrio das contas, uma espécie situação de emergência fiscal que buscava preservar espaços mínimos nos orçamentos da União, estados e municípios para a execução de políticas e para a manutenção e realização de investimentos públicos, bem como para o pagamento das despesas necessárias ao dia a dia dos governos, ao mesmo tempo que controlava a dinâmica de certos gastos.

Para as situações extremas, como as vividas a partir de 2020 – os tempos de guerra – a emenda previu um ordenamento fiscal específico para a calamidade pública, incorporando ao texto constitucional permanente os princípios da EC 106/2021 (PEC de Guerra). Com isso, haveria o conforto de que os recursos necessários para atender a esses casos extremos estariam assegurados, sem os choques de regras vividos no início da pandemia, mas com preservação das contas públicas. Para tanto foi estabelecido um conjunto de regras que preservaram os valores de algumas despesas, em especial das obrigatórias, mas que restringiam seu crescimento durante a calamidade.

Para encaminhar a questão premente da coordenação das regras fiscais, a EC 109, de 15 de março de 2021, introduziu o inciso VIII no art. 163, determinando que uma lei complementar estabelecesse critérios de sustentabilidade para a dívida pública, compatibilizando-os com os níveis de resultados fiscais e limites de despesa, bem como estabelecendo medidas de ajuste fiscal, inclusive as previstas na Constituição Federal. Além disso, o art. 164-A e o §2º do art. 165 direcionaram os mecanismos orçamentários no sentido de se ter a dívida pública como referência tanto para a condução da política fiscal como um todo, como na elaboração da lei de diretrizes orçamentárias em particular.

Neste ponto são inegáveis dois grandes avanços. Com essa lei complementar seria possível promover um alinhamento de regras em prol do que é realmente importante do ponto de vista fiscal: manter a dívida pública em patamares sustentáveis. Além disso, os gatilhos, à semelhança dos que existiam para o teto dos gastos (Emenda Constitucional 95, de 2016), se tornaram ferramentas permanentemente à disposição dos gestores, viabilizando o controle de importantes gastos.

Para dar efetividade às várias regras que tentavam estabelecer limites para os gastos com funcionalismo, a EC 109/2021 buscou uniformizar os conceitos de despesa com pessoal, deixando claro que gastos com pensões, ou seja, benefícios para os dependentes de seus funcionários, compunham a despesa de pessoal. Esta medida era importante, já que muitos estados e municípios se valiam de brechas e interpretações elásticas da lei para continuar comprometendo elevados percentuais de sua receita com folha de pagamento.

Já para encaminhar aspectos claramente deficientes na efetividade da administração das finanças públicas no Brasil, a emenda determinou:

- a. quando da elaboração dos orçamentos, que os resultados do monitoramento e da avaliação das políticas públicas fossem considerados;
- b. que fosse estabelecida uma política periódica de avaliação de benefícios tributários, bem como a própria concessão do benefício fosse precedida de metas, em termos de resultados para a sociedade;
- c. a vedação da criação de fundos quando seus objetivos pudessem ser alcançados pela execução direta do orçamento.

A emenda também atuou no sentido de recompor a reserva de liquidez da gestão da dívida pública, que havia sido abalada pelo combate à pandemia, através da desvinculação de recursos parados em fundos públicos. Em 2021 foram desvinculados R$ 166,2 bilhões de fundos públicos e em 2022 mais R$ 46,7 bilhões, totalizando em dois anos R$ 212,9 bilhões em reforço para o colchão de liquidez da dívida pública.

O que se destacava nessa emenda constitucional era justamente esse equilíbrio, pois melhorias estruturais na institucionalidade das finanças públicas davam suporte para medidas emergenciais para continuar combatendo os efeitos remanescentes da pandemia. Da mesma forma que a proposta estabelecia as balizas para um marco fiscal e regras mais bem definidas para as situações de calamidade, para a situação ainda conturbada pela Covid-19 oferecia recursos para o pagamento de um auxílio para as pessoas mais necessitadas, e liberava recursos carimbados do caixa para a gestão da dívida.

Em 2023, o Congresso Nacional, na tramitação da proposta que culminou na Lei Complementar 200, de 30 de agosto de 2023 (Regime Fiscal Sustentável), em certa medida reconheceu a importância dos avanços trazidos pela EC 109/2021. O relator da medida na Câmara dos Deputados trouxe para a proposta do Executivo o estabelecido pelo inciso VIII do caput e parágrafo único do art. 163 da Constituição

Federal, introduzidos por aquela emenda. Com isso, a preocupação com a sustentabilidade e uma trajetória de convergência para a dívida pública foram incorporadas à nova regra fiscal proposta. Também foram incorporados os gatilhos para a correção da trajetória da despesa – não só no caso de descumprimento das metas, mas também em situações de elevado enrijecimento da despesa total pelo percentual de despesas obrigatórias – e o disciplinamento da condução da política fiscal em situações de calamidade pública.

Em suma, a EC 109/2021 pavimentou o caminho para a elaboração de uma regra fiscal eficaz e eficiente, trazendo congruência para as normas fiscais e direcionando os seus efeitos para o objetivo principal das regras, que é garantir a sustentabilidade fiscal do país. Ciente disso, o Congresso Nacional não se furtou a recuperar esses princípios e incluí-los Lei Complementar 200, de 30 de agosto de 2023, que hoje rege a condução da política fiscal. Se será feito bom uso do que a EC 109/2021 ofereceu, só o tempo dirá.

## 10.6. Seção especial: PEAC-Maquininhas (Lei 14.042/2022): o socorro aos realmente pequenos[130]

O Programa Emergencial de Acesso a Crédito na Modalidade de Garantia de Recebíveis, mais conhecido como PEAC-Maquininhas (Maquininhas), foi uma iniciativa do governo brasileiro incluída na MP 975/2020 e convertida posteriormente na Lei 14.042/2020. Este programa foi criado como uma resposta às dificuldades econômicas enfrentadas por microempreendedores individuais, microempresas e empresas de pequeno porte durante a crise gerada pela pandemia de Covid-19.

A pandemia de Covid-19 impôs severos desafios a empresas de todos os tamanhos, contudo um dos segmentos mais afetados foi o dos microempreendimentos. Apesar dos microempreendedores desempenharem um papel vital na economia, eles enfrentaram obstáculos desproporcionais no acesso a crédito. Talvez a maior dificuldade enfrentada na formulação das políticas de socorro para estes grupos se devia ao fato de eles não

---

130. Por Emmanuel Sousa de Abreu, que foi subsecretário de Política Microeconômica na Secretaria de Política Econômica do Ministério da Economia, e depois secretário-executivo Adjunto no Ministério de Minas e Energia.

possuírem garantias convencionais ou um histórico de crédito, o que os tornava inelegíveis para as linhas de crédito tradicionais, inclusive aquelas com suporte emergencial do governo, como PEAC-FGI ou PRONAMPE. Além disso, a natureza imprevisível da pandemia e o consequente ambiente econômico incerto aumentaram a relutância das instituições financeiras em fornecer empréstimos para este setor, considerado de alto risco.

Nesse contexto, o Maquininhas foi concebido como uma solução inovadora e viável financeiramente em um ambiente de forte restrição econômica e financeira. A ideia inicial partia do fato de que a única informação disponível de capacidade financeira dos microempresários brasileiros estava no seu instrumento de recebimento de pagamentos, ou seja, em suas maquininhas de cartão. Por isso, o programa utilizou as vendas futuras por meio de cartão como garantia para os empréstimos emergenciais, ao mesmo tempo que utilizou o histórico de fluxo financeiro das maquininhas como informação da necessidade e da capacidade financeira do microempresário. Por esse modelo, foi possível se resolver sérios problemas existentes para a concessão de crédito a esse segmento, notadamente de alto risco de inadimplência, seleção adversa e assimetria informacional.

O limite máximo de empréstimo era calculado com base no faturamento passado do microempresário, tipicamente um percentual das vendas realizadas por meio de cartões nos doze meses anteriores à pandemia. As taxas de juros eram bastante reduzidas em comparação às do mercado tradicional, tornando o crédito acessível, além dos prazos de pagamento serem estendidos, o que permitia que os negócios tivessem mais tempo para se recuperar financeiramente antes de iniciar o pagamento.

Cabe destacar outro ponto fundamental sobre a sistemática: as parcelas do empréstimo eram descontadas automaticamente dos recebíveis futuros das vendas realizadas na maquininha, facilitando o processo de pagamento e reduzindo o risco de inadimplência. Contudo, para essa implantação foi necessário superar um grande problema operacional da época, que era o processo de transição que estava em curso, do regime de créditos com "garantia fumaça" (baseado na trava bancária) para o regime de registro das vendas em cartões em câmaras registradoras.

Como a sistemática de registro ainda não existia, foi necessário criar uma sistemática de compartilhamento de informações entre as instituições financeiras e os sistemas de compensação e liquidação. Todo o processo exigiu grande trabalho e alta integração entre as equipes das instituições do sistema, do BNDES (agente financeiro), do Banco Central do Brasil (regulador) e da própria Secretaria de Política Econômica (formulador).

Com a sistemática operacional pronta, em apenas dois meses o programa forneceu R$ 3,2 bilhões em concessão de crédito, e alcançou cento e doze mil pequenos negócios, em sua maioria microempreendedores individuais. O novo modelo de crédito emergencial não só possibilitou o acesso ao crédito para microempresários que ainda não eram atendidos, mas também impulsionou o desenvolvimento do sistema financeiro, além de ter servido como um mecanismo de estímulo econômico, injetando liquidez em um segmento vital, porém frequentemente negligenciado, do tecido empresarial brasileiro. Assim, o Maquininhas não apenas atendeu a uma necessidade imediata de sobrevivência dos negócios durante a pandemia, mas também refletiu um entendimento mais profundo dos desafios únicos enfrentados pelos microempresários no acesso a recursos financeiros.

# 11. A IMPLEMENTAÇÃO DE UMA AGENDA ECONÔMICA LIBERAL NO GOVERNO FEDERAL, NOS ESTADOS E MUNICÍPIOS

Uma dúvida recorrente no debate sobre política econômica se dá sobre as reais possibilidades de implementação de uma agenda econômica liberal no governo (seja ele federal, estadual ou municipal). Este capítulo traça linhas gerais de atuação para que o formulador de política econômica compreenda com mais clareza como uma agenda liberal pode ser implementada com sucesso no governo.

## 11.1. Regras Gerais

### 11.1.1. Primeira lição: respeite o passado

A primeira e talvez mais importante lição: respeite o passado. Um país, um estado ou uma cidade não cresce do dia para noite, mas graças a um conjunto de acertos que são mantidos e erros que são corrigidos. Não insista em medidas que já deram errado repetidas vezes no passado. De maneira semelhante, mantenha as medidas que se provaram corretas. A economia cresce quando medidas corretas são mantidas e medidas erradas são corrigidas. Aqui vale a máxima de Nelson Piquet: "Não se ganha uma corrida na primeira volta, mas se perde". Evite desfazer tudo de bom que foi feito em governos anteriores; serenidade e parcimônia são fundamentais.

Respeitar o passado é uma lição importante. Quando se chega ao governo é natural que se chegue com um ímpeto reformista, muitas vezes com certo grau de arrogância, acreditando-se mais inteligente e honesto que mandatários anteriores. Cuidado! Construir leva tempo, mas medidas equivocadas têm impacto severo e rápido. Exatamente por isso é fundamental certo grau de ceticismo, certa habilidade para reconhecer que você não é tão inteligente assim. Melhor do que se aventurar em grandes saltos é caminhar a passos curtos e firmes na direção correta.

### 11.1.2. Importância de perseguir objetivos claros

No governo, você irá rapidamente descobrir que não é tão fácil andar em linha reta. Por vezes alguns passos para o lado são necessários para que se possa ir em direção ao norte traçado. Exatamente por isso é fundamental ter objetivos claros. Com objetivos claros, toda equipe consegue traçar suas estratégias para alcançar metas. Com objetivos claros, sua base de apoio tem mais facilidade em compreender o motivo de se ceder em determinadas áreas para ter o apoio político necessário para avançar em direção ao seu objetivo principal.

### 11.1.3. Uma democracia avança em consensos

Lembre-se: uma democracia avança em consensos. Não adianta querer atropelar processos. Criar consensos é fundamental. Dessa maneira, por vezes, o ótimo é inimigo do bom. Não deixe de avançar na agenda liberal porque não é possível fazer tudo do seu jeito e com as suas regras. Ceder faz parte do jogo democrático. É melhor ir aos poucos em direção a uma economia mais liberal do que ficar parado apostando numa grande reviravolta que permitirá que tudo o que você quer seja aprovado, do jeito que você quer. Claro que existem limites além dos quais você não deve ceder, e você deve sempre ter em mente quais são esses limites e deixá-los claros para todos.

### 11.1.4. Proteja o consumidor

O objetivo último de qualquer política econômica liberal é proteger o consumidor. Cuidado com medidas que restrinjam a competição. Muitas vezes políticas protecionistas são envelopadas em objetivos nobres. Ninguém chega para você e diz: "Quero impedir a competição para manter meu lucro". Os lobbies são sofisticados, eles elaboram discursos lindos para justificar a criação de barreiras artificiais à competição.

Lembre-se: seu objetivo final é aumentar o direito de escolha do consumidor; medidas que restrinjam o direito de escolha restringem também a competição e, em última instância, pioram o bem-estar da sociedade. Você irá ouvir incontáveis argumentos sobre externalidades, sobre curvas de aprendizado, competições predatórias, etc., etc., etc. Algumas vezes você terá que ceder, e quando ceder lembre-se de colocar prazo nas medidas. É ruim restringir a competição, mas é pior não colocar prazo para o fim dessa restrição. Quando você tiver que ceder nessa área, lembre-se sempre de colocar prazos finais para essas políticas. Claro que depois será outra luta para exigir que esses prazos finais não sejam prorrogados infinitamente, mas é assim que são as coisas no mundo real.

### 11.1.5. Existem falhas de mercado, mas existem também falhas de governo

Os livros são repletos de exemplos de falhas do mercado, e argumentam por situações em que o governo pode intervir para aumentar o bem-estar da sociedade. Sim, isso ocorre. Ocorre com menos frequência do que muitos argumentam, mas é importante reconhecer situações em que a atuação do governo é, sim, necessária. Por exemplo, no estabelecimento de direitos de propriedade. Mas lembre-se que toda vez que o governo intervém na economia ele também cria distorções, as chamadas falhas de governo. Falhas de governo costumam ter custos elevados para a sociedade e são de difícil remoção.

### 11.1.6. Reduzir a burocracia

É famosa a anedota da agência que cuidava das colônias inglesas: essa agência ganhou tamanho depois que a Inglaterra ficou sem colônias. Esse caso ilustra bem uma característica inerente do setor público: a burocracia estatal sempre busca espaço para aumentar seu controle. Isso é inerente ao setor público. Agências buscam ampliar seu poder para conseguir remunerar melhor seus funcionários e conseguir novos concursos públicos. Institutos buscam ampliar seu poder para garantir sua importância no longo prazo. Autarquias buscam novas atividades para justificarem seus orçamentos, e assim por diante. Atenção em demandas para aumento de regras, elas serão sempre acompanhadas por incremento da ingerência estatal na sociedade.

### 11.1.7. Fortalecer a previsibilidade e a segurança jurídica

Não é possível investir numa sociedade que não tenha previsibilidade e segurança jurídica. Evite ficar mudando regras a todo momento. Claro que por vezes é necessário realizar ajustes nas regras, e claro também é que muitas atividades precisam de regulamentação própria e que estas estão sempre sujeitas a alterações. Refiro-me à mudança pela mudança, evite criar ruídos. Quanto maior for a segurança jurídica do investimento, maior será sua previsibilidade e, por consequência, mais atrativa aquela localidade será para atração de investimento.

### 11.1.8. A política pública deve ser julgada por seus resultados, e não por suas intenções

Muitas vezes vemos políticas públicas maravilhosas na teoria, mas que fracassam estrondosamente na prática. Tais políticas públicas precisam ser revistas ou descontinuadas. Lembre-se sempre: políticas públicas precisam ser constantemente avaliadas e julgadas por seus resultados, e não por suas intenções. Em termos de bem-estar social, uma política pública bem-intencionada, mas que gera resultados opostos ao que seria desejável, é maléfica para a sociedade.

### 11.1.9. Não tenha medo de copiar o que funciona em outros locais

Vários estudos acadêmicos no mundo e no Brasil mostram políticas públicas que funcionam e que não funcionam, não tenha medo de ver os exemplos que funcionam e de tentar adaptá-los à sua realidade.

## 11.2. Regras específicas

### 11.2.1. Realizar o ajuste fiscal via redução dos gastos é um norte seguro a ser trilhado

Como disse certa vez Margaret Thatcher: "Não existe dinheiro público, existe dinheiro do contribuinte". Sendo assim, reduzir os gastos do governo (seja ele federal, estadual ou municipal) é uma forma de poupar o dinheiro da sociedade. Toda vez que um ajuste fiscal se fizer necessário para sanar as contas públicas, é importante que esse ajuste seja feito majoritariamente via redução de despesas.

### 11.2.2. Reforma administrativa

Funcionários públicos merecem todo o nosso respeito e admiração. São pessoas que estão no dia a dia da administração pública e que cumprem um papel fundamental na sociedade. Aqui parcimônia é fundamental, o funcionário público deve ser bem remunerado. Mas remunerações muito elevadas são características inerentes ao risco do setor privado. No setor público a remuneração precisa ser condizente com a qualificação e responsabilidade exigidas para o cargo em questão. Nesse contexto, uma reforma administrativa que melhore os salários que estão defasados na administração pública, ao mesmo tempo que corrija os excessos que inevitavelmente existem é fundamental. Muito se fala da necessidade de se reformar a administração pública federal, mas diversos estados e municípios também carecem de uma estrutura administrativa e burocrática mais eficiente.

### 11.2.3. Revisar constantemente a qualidade do gasto público

Certamente existem despesas importantes que o governo realiza. Despesas com saúde, educação, defesa nacional, entre outras, são apenas alguns exemplos. Mas é fundamental avaliar a qualidade desse gasto. Por exemplo, os gastos com educação estão cumprindo com seu papel de melhor educar nossos alunos? O desempenho de nossos alunos em testes internacionais de educação está evoluindo? Temos sempre que lembrar que uma política pública deve ser avaliada e julgada por seus resultados, e não por suas intenções.

Revisar o gasto público é uma importante medida de administração pública. Gastos mal focalizados ou que não estejam cumprindo com seu objetivo devem ser revistos. Essa revisão nos gastos possibilita que políticas públicas mais eficientes sejam elaboradas tornando o gasto público mais eficiente. Além disso, programas bem avaliados podem ser fortalecidos, premiando assim os locais onde o dinheiro público está realmente cumprindo com seus objetivos.

### 11.2.4. Sempre que for fiscalmente possível, reduza tributos

Na Idade Média, era comum os servos serem obrigados a trabalhar um dia por semana na propriedade de seu senhor (1 dia em 7 = 1/7 = 0,1428). Tiradentes morreu por se opor ao "quinto dos infernos", que equivalia a uma carga tributária de 20% (20% = 1/5, daí o nome "quinto dos infernos"). Hoje a carga tributária atinge quase 33% do PIB (1/3 = 0,3333). Em resumo, o brasileiro já se defronta com uma carga tributária elevada. Sempre que for possível, uma política econômica liberal deve buscar reduzir tributos.

No Brasil é comum o aumento dos tributos servir para financiar novos gastos públicos. O aumento da tributação acaba por aumentar o peso morto dos tributos, o que implica numa redução da eficiência econômica e, em última instância, reduz o crescimento da economia. Dessa maneira, sempre que for fiscalmente possível busque reduzir impostos. Isso ajuda o contribuinte, aumenta a renda disponível das famílias e permite que o próprio cidadão decida onde gastar (ou poupar) seus próprios recursos.

### 11.2.5. Sempre que possível, doe para famílias, ou para empresas, os imóveis abandonados do governo

Uma cena comum em muitas cidades brasileiras é ver prédios públicos abandonados e quase ruindo, retrato triste que ocorre em diversos centros urbanos. Muitas vezes é possível doar tais imóveis à iniciativa privada. Com essa propriedade em seu domínio, o setor privado consegue obter crédito e transforma não apenas aquele imóvel, mas por vezes toda a região.

Não faz o menor sentido a prefeitura, o estado ou o governo federal deixaram imóveis abandonados apodrecendo. Melhor doá-los à iniciativa privada. A recuperação desses prédios gera empregos e renda na região.

Que tal usar imóveis abandonados pelos governos para criar o programa "Minha Primeira Empresa"? Isto é, doa-se o imóvel para o setor privado que, de posse dele, consegue criar condomínios de *startups*, que usam o imóvel pagando apenas pelo custo de manutenção (taxa de condomínio). Já imaginou a ajuda que isso seria em comunidades carentes, onde o custo do aluguel por vezes torna inviável alguns empreendimentos? Além disso, estaríamos mostrando a todos os brasileiros que o governo não se preocupa apenas com o "primeiro emprego", mas também ajuda os brasileiros empreendedores a criarem sua "primeira empresa".

A doação de imóveis abandonados refere-se tanto a imóveis rurais como a imóveis urbanos. Não faz o menor sentido econômico deixar propriedades públicas abandonadas quando tantos brasileiros querem apenas uma chance de trabalhar. Dar, doar, transferir o direito de propriedade do imóvel do governo para um indivíduo, ou uma empresa, é uma importante política econômica liberal.

Para deixar claro: essa política se refere exclusivamente a imóveis públicos abandonados. Não se refere a propriedades privadas. Propriedades privadas devem ser respeitadas e protegidas.

### 11.2.6. Evitar criar leis que aumentam os custos de produção

O Brasil já conta hoje com um extenso conjunto de leis de proteção ambiental, urbanística, mineral, ao trabalhador, a proteção do solo, etc., etc., etc. Dado nosso estágio de desenvolvimento atual, não faz sentido criarmos novas leis onerando ainda mais a produção no Brasil. Essa regra é igualmente válida para estados e municípios. Antes de aprovar uma nova legislação, pergunte-se sempre qual será o impacto da nova lei nos custos de produção; qual será o impacto da nova lei no preço final que o consumidor brasileiro será obrigado a pagar. Cuidado antes de aprovar novas leis que oneram cada vez mais a população brasileira. Lembre-se: leis que aumentam os custos de produção reduzem o investimento, o emprego e a renda do trabalhador.

### 10.2.7. Evite criar leis que reduzam a competição entre empresas

Muitas vezes lobbies poderosos se utilizam de objetivos à primeira vista nobres para criarem barreiras à entrada de novos competidores no mercado. Evite aprovar leis que afastem a competição. Antes de aprovar uma lei, pergunte-se: "Essa nova lei irá aumentar ou diminuir a competição?". Leis que diminuam a competição estão associadas a um aumento do poder de mercado das empresas, o que costuma significar aumento de preços ou queda na qualidade do produto ofertado.

Lembre-se: com menos competição as empresas conseguem cobrar preços mais elevados e diminuir a qualidade do produto e do atendimento. É a competição que garante que as empresas se esforçarão para melhor atender seus clientes. Leis que inibem a competição geralmente são acompanhadas por redução na produção e aumento de preços. Em última instância, isso gera uma perda de bem-estar para o consumidor.

### 11.2.8. Privatizar empresas estatais, desde que associadas ao aumento da competição, costuma aumentar a eficiência econômica

Esse é um tema delicado. Várias empresas estatais podem e devem ser privatizadas. Contudo, é fundamental que o processo de privatização esteja associado ao aumento da competição no mercado. Trocar um monopólio estatal por um monopólio privado é um ônus político que nem sempre vale a pena ser enfrentado. Dessa maneira, antes de privatizar uma empresa estatal é importante criar salvaguardas para garantir a competição nesse mercado. Se isso não for possível, um amplo conjunto regulatório precisa estar pronto à época da privatização.

Sei que aqui decepcionamos alguns colegas liberais que preferem uma privatização total. Contudo, nossa experiência nos obriga a alertar que nem todo processo de privatização é benéfico à sociedade. Existem exemplos no mundo de processos de privatização que deram errado.

De maneira geral, temos restrições a processos de privatização que limitam a competição. Por óbvio, somos favoráveis a processos de privatização que venham acompanhados de medidas que gerem aumento da competição no mercado. Além disso, é importante ressaltar também que muitas vezes concessões e/ou parcerias público-privadas são soluções politicamente viáveis que merecem ser exploradas. Caso não seja possível ou desejável privatizar uma empresa estatal, é sempre bom tentar aumentar seu grau de governança via venda de participação da empresa estatal ao setor privado. Mesmo uma pequena participação acionária do setor privado na empresa estatal costuma vir acompanhada de uma melhora do desempenho econômico dessa empresa estatal. O fato de a empresa estatal ter sócios privados costuma melhorar sua eficiência e governança.

Ressaltamos ainda que todo processo de privatização precisa dar as salvaguardas necessárias para os funcionários dessas empresas estatais. Esses funcionários se dedicaram e acreditaram no projeto da empresa. Ao privatizar uma empresa estatal é fundamental preservar seu corpo técnico, dando-lhe inclusive garantia de emprego, mesmo que isso reduza o valor final de venda da empresa estatal. Respeitar os trabalhadores e dar-lhes garantia de empregabilidade é importante para o sucesso de um processo de privatização.

# 12. CONSIDERAÇÕES FINAIS[131]

*"É melhor ter 30% de alguma coisa do que 100% de nada".*
Paul Newman, em The Hustler.

Neste último capítulo apresentamos algumas conclusões sobre nosso período no governo e alguns prognósticos sobre as economias brasileira e mundial.

Em relação à nossa orientação de política econômica, adotada no período 2019-2022, algo relevante, mas pouco comentado, foi a manutenção e aprimoramento de reformas aprovadas no governo anterior. Com efeito, o governo Temer conseguiu aprovar uma série importante de reformas. No governo Bolsonaro, para além de aprovarmos uma série maior ainda de reformas econômicas, tivemos sucesso também em manter e aprimorar as reformas aprovadas pelo presidente Michel Temer. Aparentemente, poucos deram destaque a esse fato. Muitos analistas parecem tomar como certo que essas reformas seriam mantidas independente de qualquer governo, o que efetivamente não é verdade.

Veja, por exemplo, que o governo que começou seu mandato em 2023 já acabou com o Teto de Gastos, tenta rever pontos da reforma trabalhista, quer alterar a lei das estatais, e já criou mecanismos para que o BNDES possa voltar a emprestar a taxas subsidiadas. Estas reformas haviam sido aprovadas no governo Temer, foram mantidas durante o governo Bolsonaro, mas estão sendo revertidas agora. Aqui não vai nenhuma crítica ao novo governo. É importante ressaltar que o atual presidente, durante sua campanha, deixou explícito diversas vezes que iria fazer tais mudanças. Ou seja, o governo tem toda legitimidade para tentar implementar sua agenda econômica. Aqui não há crítica alguma de nossa parte, estamos apenas mostrando que nem sempre

---

131. Esse capítulo foi escrito e concluído em março de 2024.

reformas aprovadas num governo são tidas como positivas e mantidas pelo governo que o sucede.

A partir de 2023, não apenas as reformas do governo Temer têm sido revertidas ou questionadas pelo atual governo, mas também uma série de iniciativas econômicas do governo Bolsonaro passaram a ser desfeitas, ou pelo menos enfrentam críticas severas. Por exemplo, a tentativa de reversão e o forte questionamento sobre a capitalização da Eletrobras, o fim do processo de privatização, a tentativa de intervenção em empresas privadas (como no caso da Vale)[132], a reversão do processo de venda de refinarias por parte da Petrobras[133], o questionamento constante sobre a autonomia do Banco Central, a reversão do processo de redução de tributos, a reversão do processo de redução dos gastos do governo, entre diversas outras iniciativas que marcam a diferença da política econômica adotada pelo novo governo.

Entre 2016 e 2022 o Brasil viveu um período de seis anos de intensas reformas econômicas. Dentre elas podemos citar: reforma trabalhista, reforma da Previdência, Teto de Gastos, independência do Banco Central, privatização e concessões, abertura econômica, novos marcos legais, transação tributária (já novou mais de R$ 500 bilhões), novos instrumentos financeiros e aprimoramentos nos mercados de crédito, capitais, seguros e garantias, redução do crédito direcionado e aumento do financiamento do investimento via agentes privados, forte processo de digitalização no governo federal, redução dos gastos públicos, redução estrutural e permanente de tributos, entre diversas outras reformas econômicas que foram listadas ao longo deste livro. Essas reformas aumentaram a produtividade da economia brasileira e, com o passar do tempo, se consolidarão cada vez mais, alavancando o crescimento de longo prazo da economia brasileira.

A partir de 2023, com um novo governo à frente do país, ocorreu uma mudança no mix de política econômica. O quadro abaixo reflete as principais alterações nas diretrizes e na condução da política econômica, sem qualquer juízo de valor. Economistas de vertente mais liberal

---

132. Disponível em: https://www.bloomberglinea.com.br/negocios/lula-indica-aliado-para-ceo--da-vale-enquanto-mineradora-avalia-sucessao/. Acesso em: 21 fev. 2024.
133. Disponível em: https://exame.com/economia/prates-petrobras-deve-recuperar-refinaria--de-mataripe-na-bahia-no-1o-semestre/. Acesso em: 21 fev. 2024.

provavelmente preferirão o mix adotado entre 2019-2022; já economistas de viés mais intervencionista irão preferir o mix pós-2023. É importante ressaltar que o quadro é apenas uma descrição simplificada da orientação geral da política econômica e, como em qualquer simplificação, não é capaz de abarcar todas as medidas adotadas no período. Assim, certamente existem exceções e políticas que não se encaixam, e outras que até o contrariam.

Reforçamos, uma vez mais, que governos focam em mix de políticas. Dar foco ao investimento público não significa esquecer do investimento privado. De maneira semelhante, reduzir o gasto público não equivale a dizer que ele não é importante. Um mix de políticas refere-se apenas à gradação aplicada. Por exemplo, um mix de política econômica focado no investimento privado não implica que o investimento público não é importante, significa apenas que o investimento privado será o carro-chefe do processo. O quadro abaixo, metaforicamente, pode ser compreendido como um aparelho de som: entre 2019 e 2022 aumentou-se o volume de som do setor privado e reduziu-se um pouco o volume do setor público. A partir de 2023 ocorreu o inverso: aumentou-se o volume do setor público. Novamente, são escolhas legítimas e não há qualquer juízo de valor aqui.

**Orientação geral de política econômica**

| Orientação geral de política econômica | 2019 a 2022 | 2023 |
|---|---|---|
| Ajuste fiscal | Ajuste fiscal realizado pela redução do gasto público | Ajuste fiscal realizado pelo aumento da tributação |
| Mix de política fiscal | Redução de gastos públicos e redução de tributos | Aumento de gastos públicos e aumento de tributos |
| Diretriz para o setor privado | Aprimoramento de marcos legais e do mercado de capitais para fortalecer o investimento privado | Protagonismo do investimento e financiamento público para impulsionar o investimento privado |

| Orientação geral de política econômica | 2019 a 2022 | 2023 |
|---|---|---|
| Bancos públicos | Desalavancagem dos bancos públicos (melhorando a eficiência alocativa do investimento para induzir crescimento) | Fortalecimento dos bancos públicos (crédito público induzindo crescimento) |
| Política econômica | Consolidação fiscal e reformas pró-mercado. Setor privado como protagonista no crescimento econômico | Aumento do gasto e uso dos bancos públicos e empresas estatais para estimular o setor privado. Governo como protagonista no crescimento econômico |

**Fonte:** Elaboração própria.

O Brasil tem tudo para entrar numa trajetória sustentável de crescimento econômico. Após seis anos consecutivos de importantes reformas macro e microeconômicas, temos um país preparado para ser o grande porto seguro do investimento mundial. O Brasil terminou 2022 com inflação menor do que os Estados Unidos, e crescimento econômico similar ao da China, fatos inéditos em nossa história econômica. Ao final de 2022, a dívida pública e os gastos públicos estavam sob controle, e novos e melhores marcos legais haviam sido aprovados (saneamento, gás, cabotagem, ferrovias, garantias, cambial, registros públicos, securitização, *startups*, agências reguladoras, contas sociais digitais, liberdade econômica, Lei do Agro, novo FGTS, nova Lei de Falências, etc.), garantindo assim um virtuoso ciclo de investimentos sustentando o aumento da produtividade, do emprego e da renda na economia brasileira.

O futuro do Brasil depende hoje fundamentalmente de ajustarmos as contas públicas, não é possível mantermos o déficit público no patamar em que este se encerrou em 2023. O Brasil depende única e exclusivamente de si mesmo para entrar numa longa e sustentável trajetória de crescimento econômico. Basta ajustar as contas públicas e reverter o crescimento da dívida pública ocorrida em 2023, que o Brasil terá alguns anos de sólido crescimento econômico pela frente.

Em 2023, de acordo com dados do Banco Central, o setor público consolidado (governo federal, estados, municípios e empresas estatais) teve um déficit primário de R$ 249 bilhões, aproximadamente 2,3% do PIB. Em 2022, as contas públicas haviam registrado um superávit de R$ 126 bilhões. Ainda de acordo com dados do Banco Central, a dívida bruta do Brasil fechou 2023 em 74,3% do PIB, uma elevação de 2,6 pontos percentuais do PIB em relação ao registrado em 2022, quando a relação dívida/PIB ficou em 71,7%. Esse tipo de trajetória não é sustentável e precisa ser revertida.

Se pegarmos a arrecadação acumulada em 2023 e compararmos com a de 2022, veremos que em valores reais a arrecadação está praticamente constante. De acordo com o relatório da Receita Federal, "a arrecadação total das receitas federais alcançou R$ 2,318 trilhões em 2023. Esse resultado representa alta de 4,49% em termos nominais e retração de 0,12% em termos reais (já descontada a inflação, medida pelo Índice Nacional de Preços ao Consumidor Amplo – IPCA) em comparação a 2022, quando o montante atingiu R$ 2,218 trilhões (valores em preços correntes)"[134]. Isto é, não podemos atribuir o elevado déficit fiscal ocorrido em 2023 a queda de arrecadação. O déficit nas contas públicas em 2023 foi consequência direta do aumento dos gastos do governo federal.

Claro que sempre é possível justificar o aumento dos gastos ocorridos em 2023: promessas de campanha, questão dos precatórios, reajuste de salários para funcionários públicos, mudanças na orientação de política econômica e outros fatores certamente tiveram influência no resultado fiscal de 2023. Acredito que mais importante do que tentar justificar o resultado de 2023 é mostrar que tal resultado foi um ponto fora da curva, e que a partir de 2024 os resultados fiscais virão mais em linha com uma trajetória sustentável da dívida pública. Bastam algumas poucas boas notícias do lado fiscal da economia para o Brasil ingressar numa trajetória sustentável de crescimento econômico.

O ano de 2024 começou com desafios não triviais para as principais economias mundiais. Taxa de juros, preço da energia e inflação,

---

134. Disponível em: https://www.gov.br/fazenda/pt-br/assuntos/noticias/2024/janeiro/arrecadacao-federal-de-2023-somou-r-2-318-trilhoes. Acesso em: 23 fev. 2024.

endividamento e guerras podem complicar razoavelmente o desempenho das principais economias do mundo. É importante ressaltar que a velocidade da subida da taxa de juros internacional entre 2021 e 2023 não encontra paralelo nos últimos quarenta anos. O efeito disso ainda não apareceu, mas aos poucos os sinais vão ficando cada vez mais claros. Esse forte incremento na taxa de juros irá complicar razoavelmente a vida de uma ampla gama de famílias e empresas nos Estados Unidos e principais países da Europa.

A guerra entre Rússia e Ucrânia, a instabilidade no Oriente Médio e as dúvidas sobre a economia chinesa também são peças importantes nesse tabuleiro. O preço do petróleo pode pressionar os custos de produção e encarecer o custo de vida ao redor do mundo, com a consequente perda de poder aquisitivo das famílias europeias e americanas. Dúvidas sobre a economia chinesa, principalmente no setor imobiliário, também podem causar fluxos de capitais migrando em busca de segurança, o que é bom para os Estados Unidos, mas não tão bom para o Brasil. No cenário internacional, também precisamos incluir a possibilidade de uma redução na taxa de crescimento chinesa, com seus consequentes impactos na economia mundial. E, claro, também é importante analisar o impacto disso sobre a geopolítica do Leste Asiático. Uma redução no crescimento chinês pode ter como consequência o aumento da instabilidade em determinadas disputas geográficas na Ásia.

Ainda no cenário internacional, precisamos ressaltar o elevado nível de endividamento de governos, empresas e famílias. Muito desse endividamento foi decorrente de medidas para aliviar a crise da Covid-19. Contudo, contribuiu também para esse endividamento uma década de taxa de juros real baixa, e em muitos países próxima de zero, fazendo com que diversas empresas e famílias se endividassem, como se esse cenário fosse de equilíbrio de longo prazo. O aumento da taxa de juros internacional irá pressionar muito o custo de rolagem da dívida de governos, empresas e famílias. Ajustes serão necessários, e não será surpresa se tivermos em 2024 vários países importantes do mundo com crescimento baixo ou mesmo negativo. Enfim, o cenário externo será desafiador nos próximos anos.

Para o Brasil, o cenário será igualmente desafiador. De um lado, temos um país que passou por importantes reformas macroeconômicas (reforma trabalhista, reforma da Previdência, autonomia do Banco Central) e microeconômicas (melhoria nos marcos legais; aprimoramento nos mercados de crédito, capitais e seguros; concessões e privatizações; abertura econômica; entre outras) nos últimos anos. Essas reformas aumentaram o PIB potencial brasileiro e começam a mostrar seu efeito benéfico na economia. Por outro lado, temos um endividamento e gasto público que preocupam. A velocidade do crescimento da dívida pública brasileira entre 2022 e 2023 preocupa. É uma taxa de crescimento elevada demais e que precisa ser contida.

Sobre o longo prazo da economia brasileira, é importante ressaltar que as reformas econômicas realizadas no Brasil entre 2016 e 2022 aumentaram nosso PIB potencial; o crescimento da produção interna de petróleo (aliado a algumas commodities) e a força do agronegócio brasileiro nos levam a crer que teremos expressivos superávits em nossa balança comercial. Esse movimento fortalece a moeda brasileira e tem consequências benéficas para toda a população, notadamente na ajuda que o fortalecimento da moeda propicia no combate à inflação. Além disso, a alta taxa de emprego, aliada ao aumento da renda, sugere que o consumo pode continuar resiliente. Por fim, é fundamental ressaltar que a queda da taxa de juros, em conjunto com os novos marcos legais para os mercados de crédito e capitais, sugere vigorosa expansão do crédito para os próximos anos. Só com o Mais Garantias Brasil (Novo Marco de Garantias, Modernização dos Registros Públicos, aprimoramento das garantias agro e Novo Marco Legal da Securitização) espera-se uma expansão do crédito de R$ 100 bilhões ao ano pelos próximos dez anos, algo como um crescimento de 1 ponto percentual do PIB ao ano em novas operações de crédito.

O mundo passa hoje por um movimento de realocação do capital internacional. O capital sai de zonas de conflito e procura "portos seguros" para aportar. Além disso, a transição energética ganha força. O Brasil, com uma matriz energética majoritariamente limpa, tem tudo para se posicionar muito bem nessa nova realidade global. Energia limpa, possibilidades grandes de investimento em infraestrutura, reformas econômicas que solidificaram a economia brasileira e aumentaram nosso PIB potencial, inflação sob controle e indo para a meta, excedentes na balança comercial e posição geográfica longe de zonas de conflito internacional tornam o Brasil o grande porto seguro do investimento internacional. Em longo prazo, as expectativas sobre a economia brasileira são positivas.

O Brasil executou nos últimos anos uma ampla série de reformas macroeconômicas (reforma trabalhista, teto de gastos, reforma da Previdência, autonomia do Banco Central), que, aliadas às reformas microeconômicas (Novo Marco Legal do Saneamento, Novo Marco Regulatório do Gás Natural, Novo Marco Regulatório da Cabotagem, Novo Marco Legal das Ferrovias, Novo Marco Legal da Securitização, aprimoramento de garantias do agronegócio, modernização da legislação de registros públicos, Novo Marco de Garantias, Novo Marco Cambial, concessões e privatizações, abertura econômica etc.), aumentaram estruturalmente a produtividade da economia brasileira, com resultados positivos sobre o crescimento sustentável de longo prazo. Em outras palavras, o PIB potencial da economia brasileira aumentou graças à intensa agenda de reformas econômicas.

Claro que existem riscos externos para 2024. Guerras e taxas de juros elevadas continuam jogando muita pressão na economia mundial. Contudo, o sucesso econômico do Brasil no longo prazo depende apenas de nós mesmos. A agenda de reformas continua dando resultados, o emprego bate seguidos recordes e a renda da população cresceu. Além disso, a produção interna de petróleo está em trajetória ascendente, o agro continua forte, e tudo leva a crer que teremos fortes superávits comerciais, o que tende a apreciar nossa taxa de câmbio, ajudando no combate à inflação. A inflação segue para a meta, e aos poucos os estudos acadêmicos comprovarão o aumento do PIB potencial.

O grande desafio interno da economia brasileira é o lado fiscal. Como apontado anteriormente, a literatura internacional deixa claro que ajustes fiscais são mais eficientes e têm maior probabilidade de sucesso quando são executados majoritariamente via redução do gasto público. É fundamental recolocar a trajetória de endividamento público numa trajetória decrescente.

Em 2024 o Brasil tem tudo para ter um bom desempenho econômico, e não será surpresa se voltarmos a ter crescimento elevado. As reformas econômicas continuam gerando bons resultados, o nível de emprego está elevado, a taxa de juros está em queda, o mercado de crédito e capitais encontra-se em expansão e a inflação converge para a meta. Além disso, os superávits comerciais continuarão a pressionar pelo fortalecimento de nossa moeda. Se o Brasil conseguir melhorar o quadro das contas públicas, não será surpresa termos um crescimento econômico expressivo nos próximos anos.

Nossa análise para o Brasil é simples: se tivermos sucesso em reduzir o déficit primário, se tivermos sucesso em reduzir o gasto público, se tivermos sucesso em recolocar a trajetória de endividamento do governo geral para valores abaixo de 75% do PIB, o Brasil terá um excelente ano, e poderá ser o grande porto seguro do investimento mundial. Num mundo em instabilidade, onde ocorre uma grande realocação do portfólio mundial de investimentos, com capitais saindo de zonas de conflito e buscando um porto seguro, o Brasil tem tudo para ser a bola da vez, no bom sentido do termo. Basta cuidar do lado fiscal da economia e não desfazer as reformas feitas entre 2016 e 2022, e teremos um grande afluxo de capitais vindo para o Brasil e gerando empregos, renda e crescimento econômico.

Em resumo, o Brasil depende apenas de si mesmo para ter um bom desempenho econômico em 2024 e nos próximos anos. Se fizermos a lição de casa no lado fiscal, evitando aumentar o gasto público num ano com eleições municipais, o Brasil tem tudo para se tornar o grande porto seguro do investimento mundial. Infelizmente, o oposto é igualmente verdadeiro: se o lado fiscal perder sua ancoragem, o Brasil se somará ao grupo de países instáveis e, em vez de receber investimentos, veremos o capital privado sair do país.

O cenário externo está instável demais para que qualquer país se aventure em grandes planos. O momento atual é de fazer os ajustes internos na economia, fazer o dever de casa e aguardar os ajustes que se aproximam na economia mundial. Insistir nas reformas microeconômicas e no processo de consolidação fiscal é uma agenda vencedora, independentemente da orientação ideológica de quem estiver à frente do país.

# SOBRE OS AUTORES

**Paulo Guedes** é PhD em economia pela Universidade de Chicago. Foi professor de economia e de matemática no Instituto de Matemática Pura e Aplicada (IMPA), na Pontifícia Universidade Católica do Rio de Janeiro (PUC-RJ) e na Fundação Getúlio Vargas. Ainda no setor de educação foi o fundador das Faculdades IBMEC (hoje desdobradas em IBMEC (Rio de Janeiro e Belo Horizonte) do grupo YDUQS, e INSPER (São Paulo). Foi idealizador e fundador de uma consolidação de escolas brasileiras de medicina (AFYA), que foi então listada na NASDAQ tendo como principal acionista o grupo Bertelsmann. Tornou-se no biênio 2023-2024 chairman da Universidade de Vila Velha (UVV), no Espírito Santo.

No setor financeiro foi cofundador do Banco Pactual (hoje BTG Pactual), do JGP Hedge Fund, fundador, *chairman* e CEO da BR Investimentos (depois Bozano Investimentos, hoje Crescera). Em 2023 foi co-fundador e chairman da YVY Capital. Como serviço à comunidade em defesa da democracia, do estado de direito e das economias de mercado foi co-fundador em 2005 do *think tank* Instituto Millennium e, em 2024, trouxe para o Brasil, a convite de Mario Vargas Llosa, a Fundação Internacional para a Liberdade (FIL).

Paulo Guedes foi ministro da Economia no período 2019-2022. Período único em que o Ministério da Economia passou a englobar cinco outros ministérios: Fazenda, Planejamento, Indústria e Comércio, Trabalho e Previdência. Foi o responsável direto pelas principais reformas macro e microeconômicas implementadas no período: reforma da previdência, autonomia do Banco Central, novos marcos legais (saneamento, gás, agências reguladoras, nova lei cambial etc.), privatizações, desburocratização, digitalização de serviços públicos e abertura econômica. Além de desenhar e estruturar as medidas de mitigação dos efeitos econômicos decorrentes da pandemia de Covid-19.

**Adolfo Sachsida** é doutor em Economia pela Universidade de Brasília e pós-doutor pela Universidade do Alabama. Também é advogado. Na academia foi professor de economia na Universidade Católica de Brasília, onde foi diretor da graduação e da pós-graduação, e na Universidade do Texas (Estados Unidos). Também é servidor público concursado do Instituto de Pesquisa Econômica Aplicada (IPEA). Publicou diversos artigos científicos em respeitadas revistas acadêmicas nacionais e internacionais, tem experiência nas áreas de macroeconomia, política econômica, política energética e política mineral. Escreveu também os livros "Fatores Determinantes da Riqueza das Nações", "A Crise de 2007-09: Uma Explicação Liberal", e "Considerações Econômicas, Sociais e Morais sobre a Tributação".

Adolfo Sachsida foi ainda ministro de Minas e Energia no período maio a dezembro de 2022 e Secretário de Política Econômica, no Ministério da Economia, no período janeiro de 2019 a abril de 2022. No Ministério da Economia foi responsável direto pelas reformas microeconômicas, notadamente nas legislações que fortaleceram os mercados de crédito, seguros, capitais e garantias (Saque-Aniversário de FGTS, FI-AGRO, novo marco de garantias, novo marco de securitização, aprimoramento das garantias agro, modernização dos registros públicos etc.). Como Ministro de Minas e Energia tem como legado ter aberto o mercado de energia de Alta Tensão, finalizado o acordo judicial que permitiu o início das obras do Linhão Manaus – Boa Vista (que estava parado há mais de dez anos), e elaboração do decreto do Lítio (que desburocratizou o comércio e exploração de lítio no Brasil. Essa medida é responsável por bilhões de reais de investimentos no Vale do Jequitinhonha em Minas Gerais). Em sua breve passagem a frente do Ministério apoiou a iniciativa do Congresso Nacional de realizar uma ampla, e significativa, desoneração de tributos para energia elétrica, combustíveis e telecomunicações. Essa medida gerou um inédito período de três meses consecutivos de deflação no Brasil (julho, agosto e setembro de 2022) tamanho seu impacto sobre a redução nos custos de produção.

# CONHEÇA TAMBÉM OUTROS TÍTULOS DE ECONOMIA QUE A LVM LANÇOU

## A LVM também recomenda

**MURRAY ROTHBARD**

PREFÁCIO DE
EDWARD P.
STRINGHAM

# GOVERNO
# — E —
# MERCADO

Em "Governo e Mercado", Murray Rothbard oferece uma análise profunda e crítica sobre a interferência estatal na economia, defendendo que a intervenção do governo distorce o livre mercado, gerando ineficiências e injustiças. Rothbard explora como políticas governamentais, como controle de preços, regulações e monopólios, minam a eficiência econômica e a liberdade individual, e argumenta a favor de uma economia totalmente livre, onde as decisões de mercado são guiadas exclusivamente pelas escolhas voluntárias dos indivíduos.

## A LVM também recomenda

**Murray Rothbard**

*Prefácio de Antony Mueller*

### Indivíduo, Economia e Estado

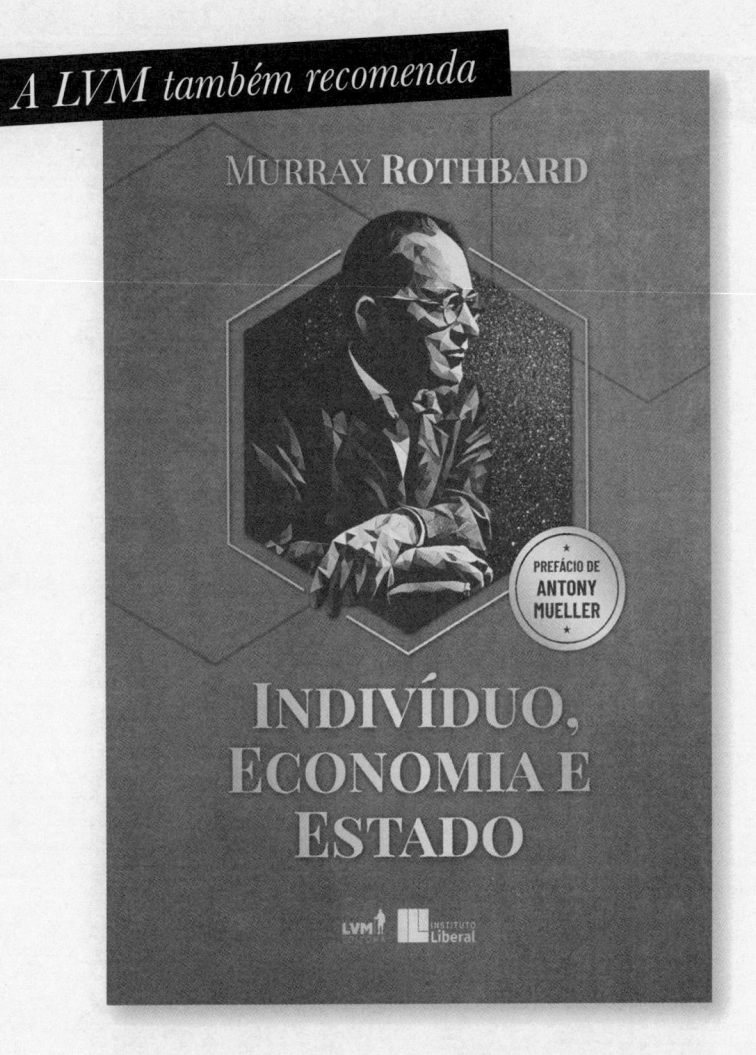

Nesta obra essencial, Murray Rothbard apresenta uma introdução abrangente à economia a partir da perspectiva da Escola Austríaca, explorando desde os fundamentos da ação humana até a complexidade das interações de mercado. Com clareza e rigor, Rothbard explica conceitos econômicos fundamentais, como a formação de preços, a função do capital, e os efeitos da intervenção governamental, oferecendo uma defesa robusta do livre mercado e da liberdade individual como pilares para o desenvolvimento econômico e social.

## A LVM também recomenda

**LUDWIG VON MISES**

# AÇÃO HUMANA
#### UM TRATADO DE ECONOMIA

*A MAGNUM OPUS DE MISES*

"Ação Humana", de Ludwig von Mises, é uma das obras mais importantes da economia moderna, onde o autor expõe sua magnum opus sobre a praxeologia, a ciência da ação humana. Mises detalha como todas as atividades humanas são guiadas por escolhas racionais, com cada indivíduo buscando alcançar seus objetivos através da ação deliberada. Ele analisa as implicações dessas ações no âmbito econômico, demonstrando como o livre mercado é o resultado natural dessas interações e defendendo que qualquer intervenção estatal apenas prejudica o processo espontâneo de criação de riqueza e progresso social.

## A LVM também recomenda

**PLANEJANDO PARA A LIBERDADE**

LUDWIG VON MISES

DEIXEM O MERCADO FUNCIONAR
UMA COLEÇÃO DE ENSAIOS E DISCURSOS

LVM EDITORA

"Planejando para a Liberdade", de Ludwig von Mises, é uma defesa vigorosa do liberalismo econômico e uma crítica contundente ao planejamento centralizado. Mises argumenta que a liberdade econômica é essencial para o progresso e a prosperidade, e que as tentativas de planejar a economia resultam em tirania e estagnação. Ele examina como o planejamento governamental destrói a eficiência do mercado e a autonomia individual, advogando por um sistema onde as decisões econômicas são deixadas para os indivíduos em um mercado livre e competitivo.

Acompanhe a LVM Editora

🅞 @lvmeditora

Acesse: www.clubeludovico.com.br

🅞 @clubeludovico

Esta edição foi preparada pela LVM Editora e por Décio Lopes,
com tipografia Baskerville e Bebas Neue, em agosto de 2024.